심재 한태동 전집 2

기독교문화사

심재 한태동 전집 2
기독교문화사

2003년 3월 15일 초판 1쇄 인쇄
2025년 5월 21일 개정판 1쇄 발행

지은이   한태동
엮은이   연세대학교 한국기독교문화연구소
펴낸이   김영호
펴낸곳   도서출판 동연
등 록   1-1383호(1992. 6. 12)
주 소   서울시 마포구 월드컵로 163-3
전화/팩스   02-335-2630 / 02-335-2640
이메일   yh4321@gmail.com
인스타그램   instagram.com/dongyeon_press

ISBN 978-89-6447-802-8 04100
ISBN 978-89-6447-800-4 04100(심재 한태동 전집)

연세신학 아카이브　심재 한태동 전집 2

기독교문화사

한태동 지음 | **연세대학교 한국기독교문화연구소** 엮음

동연

개 정 판 을 펴 내 며

연세대학교 신과대학 110주년이 되는 2025년에『심재 한태동 전집』의 개정판을 발간하게 된 것을 매우 기쁘게 생각합니다.『심재 한태동 전집』은 신과대학의 역사이며 산 증인이신 한태동 교수님의 사상과 가르침을 모아 후학들이 출판한 큰 의미가 있는 저술입니다.

한태동 교수님은 1924년 1월 8일 중국 상해에서 태어나 중국에서 의학을 공부하시고, 1947년 한국으로 귀국하셨습니다. 그러나 의사의 길을 택하지 않고 미국으로 유학을 떠나 미국 프린스턴신학대학원(Princeton Theological Seminary)에서 1953년 신학석사를 그리고 1956년에 한국인 최초로 신학박사 학위를 취득하셨습니다. "역사 방법론: 랑케와 토인비의 방법론 연구"(Methodology of History: A Study of Method from Ranke and Toynbee)라는 논문으로 박사학위를 마친 한태동 교수님은 1957년 연세대학교 신과대학 부교수로 임용되어 교회사를 가르치셨으며, 이후 32년 동안 연세대학교에 재직하며 많은 후학을 양성하는데 큰 기여를 하셨습니다.

이번에 개정된『심재 한태동 전집』은 연세대 출판부에게 출간되었던 6권 중 먼저 3권을 출판하게 되었습니다.『심재 한태동 전집』은 그동안 교수님이 연세대학교에서 가르친 내용과 논문들을 후학들이 모아서 출판한 서적입니다. 한태동 교수님은 자신의 이름으로 서적을 남기려고 하지는 않으셨지만, 후학들은 교수님의 사상과 가르침을 정성껏 모아서 전집으로 엮어 놓았습니다. 이번에 출간되는『심재 한태동 전집』은 제1권『성서로 본 신학』, 제2권『기독교 문화사』, 제3권『사유의 흐름』으로 구성되어 있으며, 교수님이 평생을 걸쳐 연구하셨던 사유의 근본과 동서양의 철학을 설명한 교수님의 강의와 논문으로 구성되어 있습니다. 초판 머리말을 쓰신 손보기 교수님이 평하신 것처럼,『심재 한태동 전집』은 그리스 사상과 기독교 신학 그리고 서양 철학을 두루 연구하고 동양 철학과 역사학을 분석 정리하였으며, 더 나아가 수학과 천문학 그리고 물리학까지 자연과학의 주요 학문을 포괄하였습니다. 한태동 교수님은 서양 사상에 경도되어 있는 기독교 신학의 한계를 지적하고, 동서양의 융합적 연구를 통해 인간 사유의 근본과 구조를 제시함으로써, 신학의 새로운 가능성을 제안하셨습니다. 2003년에 초판으로 발행된『심재 한태동 전집』을 연세대학교 신과대학 부설 한국기독교문화연구소(이하 기문연)에서 올해 다시 개정판으로 출판하게 된 것을 대단히 기쁘게 생각합니다.

　기문연은 1965년에 설립되어 세계의 기독교 신학에 공헌할 수 있는 자생적인 한국의 신학을 발전시키고 지역과 교파를 뛰어넘어 하나가 되는 교회라는 에큐메니칼 정신을 체현하고자 하는 목표로 설립되었습니다. 기문연은 2023년부터 연구소 장기 프로젝트로 "연세신학 아카이브 프로젝트"를 진행하여, 연세신학의 진리와 정신을 보존하며 새로운 미래를 제안하고 있습니다.『심재 한태동 전집』은 연세신학 아카이브 프로젝트의 일환으로 동양과 서양을 연결하고, 지역과 교파를 통합해 온 연세신학의 정신을 계승하는 주요 성과로 볼 수 있습니다. 특별히 신과대학 110주년을 맞이하는 2025년에 이 프로젝트를 위해 밤낮을 가리지 않고 수고해 주신 전임 기문연 소장 손호현 교수님께 진심으로 감사드립니다. 지금 현재 기문연 연구소장을 맡아 연세신학 아카이브를 진행하고 있는 김정형 소장님께도 감사드립니다. 또한 개정판을 위해 교정과 출판을 담당해서 헌신적으로 수고해주신 도서출판 동연 김영호 대표님께도 진심으로 감사를 드립니다.

『심재 한태동 전집』을 통해 연세신학이 지금까지 걸어온 발자취를 확인하고 교수님의 신학적 전망을 통해 연세신학 200년을 계획할수 있는 학문적 담론의 장이 펼쳐지기를 기대합니다. 감사합니다.

2025년 2월
연세대학교 신과대학 학장 김현숙

심재 한태동님은 깨우침을 쉬이 일깨워 주는 스승이다. 많은 학인에게 매우 알기 쉽게 사유와 논리를 알게 하고 동서양의 철학을 쉬이 터득하게 하는 학인들의 사표이시다. 이러하신 심재님은 중국 상해에서 진교 어른의 아드님으로 태어나셨다.

원래 진교 어른은 1887년에 태어나신 후 1914년 중국 상해에 광복을 주선하는 해송양행을 세우시고, 황성린, 선우혁 님과 더불어 상해에 독립지사의 자제를 훈육하는 인성학교를 세우시고, 1919년에는 민국의 임시정부를 세우는 데 참여하여 임시의정원 위원까지 되셨다. 이어서 조동호님 등과 신한청년당을 결성하여 청년운동을 주도하여 마침내 1977년 건국포장을, 1990년에는 애국장을 받으신 겨레의 선각자이셨다.

이러한 선친의 정훈 아래 심재님은 여운형님의 보살핌까지 받아 지·덕·체의 함양은 물론 국권 회복에 대한 안목과 포부도 길렀다. 그리고 한편 김두봉, 김구 선생의 사랑과 가르침은 물론 주시경, 신채호, 김규식 선생들의 훈도에도 크게 영향받은 바도 적지 않았다.

이렇듯 남다른 정훈과 훈도를 받으신 심재님은 일제 식민지 굴레를 탈피한 올곧고 강건한 학인으로 우뚝 섰다. 그리하여 심재님은 사유의 근본과 동서양의 기초 소양과 철학의 기본 과정을 두루 갖추면서 양의 동서를 망라한 고전을 모조리 섭렵하면서 그리스 사상, 기독교의 신학, 아우구스티누스, 보카치오, 갈릴레이, 비베스와 발라, 루터, 칸트와 헤겔, 만하임과 마르크스, 부르크하르트 역사학, 베이컨과 불 등 빠짐없이 두루 연구하였다.

그러나 서양 학문에만 치우치지 않고 동양의 역사학에서 공자의 논어, 묵자의 의협, 한비자의 법, 석가의 금강과 심경 그리고 퇴·율의 도학까지 정리하여 우리로 하여금 교양과 문화인으로서의 긍지를 음미케 하셨다.

사유와 학문에 대해서도 토인비의 사학방법론, 유대 철학, 콰인의 수리논리학, 중용소석, 미래학의 가치관, 역위의 역사철학, 도교의 자연관, 의상과 원효의 사상, 의상의 법계도와 원효의 판비량론, 이데올로기와 유토피아, 묵자의 변증론들을 두루두루 다루고 있다. 이에 덧붙여 심재는 거칠 것이 없는 풀이로 사고와 사유를 달리하면서 모택동, 유소기, 김일성 등을 다루고 있다. 이어서 한국의 종교 전통, 한국 종교의 상징성, 한국 종교의 현대성 등을 다루고 있다.

나아가서 구석기 문화의 이해 그리고 모계사회를 갑골문의 발달과 사회구조와 시대 관계의 연관에서 인식하고 풀이하는 시각과 인식은 뛰어난 것으로 여겨진다. 훈민정음의 음성구조를 과학적 방법으로 풀어내고 악학궤범의 완성이 현대 서양음악 이론보다 선행한 업적이었음을 밝혀낸 철학자요 자연과학자로서 뛰어난 관찰, 실험 그리고 증명한 것은 길이 남을 업적이라 하겠다.

심재의 아버지가 길이 빛나고 질년을 넘기면서 하느님의 축복이 깃들기를 바라마지 않는다.

2003년 2월
연세대학교 박물관 연구실에서 파른 손보기

차례

제3부 기독교의 신앙 ·241

제1부

기독교의 역사

제 1 장

기독교의 일반적 배경

기독교의 역사적 기원을 알기 위해 먼저 그 일반적인 배경, 즉 그 발생지인 팔레스틴(Palestine)의 지리와 그 당시의 정치 그리고 그 시대를 주도하던 그리스 문화와 기독교의 직접적인 배경이 되는 유대교를 살펴볼 필요가 있다.

1. 지리적 배경

기독교가 처음 발생한 팔레스틴은 길이가 약 150마일, 폭이 약 60마일로 우리나라 강원도보다 작은 땅이다. 동쪽으로는 넓은 아라비아 사막이 있고, 서쪽에는 푸른 지중해가 있으며, 북에는 해발 9,000피트가 되는 헐몬산(Mt. Hermon)에 항시 흰 눈이 쌓여 있어, 그곳으로부터 흐르는 물은 갈릴리 호수(Sea of Galilee)와 요단강(Jordan River, 약 60마일)을 이루고 남쪽 사해(Dead Sea, 해저 308m)에 이른다.

팔레스틴은 북위 31°~34°, 동경 35°~36°의 온대에 속한 지역이다. 사막에서 불어오는 뜨거운 바람으로 여름 동안은 더위가 심하여 건조

하나 10월부터 시작하여 4, 5개월 비와 추위가 계속된다. 구약 문헌에 이 땅을 젖과 꿀이 흐르는 땅이라고 하였으나 비옥한 곳은 별로 없는 산지이다. 따라서 몇몇 골짜기는 농업에 적용되었으나 일반적으로 포도원과 목장으로 이용되고 있었다.

예수 당시 인구는 약 150만 명으로 그들의 가옥은 보통 평가로 창이 없고 출입구로 들어오는 광선이 있었을 뿐이고, 어떤 집은 지붕 한복판에 창을 만들어 광선을 받고, 그것으로 굴뚝을 대신하기도 하였다. 음식물은 빵과 꿀, 치즈, 마른 생선 등이었다. 겨울에는 화로를 쓰고 밤에는 구워서 만든 접시 램프를 사용하였다.

예수가 자라나던 나사렛(Nazareth)은 팔레스틴에서 비교적 고요하고 아름다운 곳이었다. 나사렛은 신록 또는 새 가지(枝)라는 뜻인데 북위 32°, 동경 35°, 해발 375m 지점에 있는 산언덕에 자리 잡고 있으며, 멀리는 갈멜산이 보인다. "공중에 나는 새", "들에 피는 백합화"를 말씀하신 예수의 말씀은 이러한 아름다운 자연을 반영하는 것 같다. 그렇지만 팔레스틴 전체를 일괄해서 표면적으로 볼 때 대부분 불모의 보잘것없는 땅이었음이 사실이다.

그러나 지리적으로 볼 때 고대 세계의 근동에서는 매우 중요한 위치를 차지하고 있었다. 즉, 그곳은 아프리카와 아시아 그리고 유럽을 연결하는 다리의 역할을 하던 곳으로 평시에는 대상들이 동서의 문물을 나르는 통로가 되었고, 전쟁 시에는 삼 대륙에 정복자들의 싸움터가 되었으며, 바빌론, 앗시리아, 페르시아, 이집트, 시리아, 마케도니아, 로마 등 여러 나라에 승리의 관건이 되었었다.

2. 정치적 배경

기독교가 탄생하던 당시 세계는 정치적인 통일을 이루고 있던 시대였다. 이 통일은 로마 황제 카이사의 공적이었는데 군소국가의 혼돈 상태는 없어지고, 로마라는 한 정치세력 하에 모든 나라는 지배되고, 팔레스틴 역시 이 로마제국의 통치하에 놓이게 되었다.

로마제국이 성립되기는 기원전 1세기부터였고, 그전에는 하나의 공화국이었다. 기원전 약 3세기에 이르러서부터 100년간 북아프리카에 있는 카르타고군을 푸닉 전쟁(Punic Wars, 264~241, 218~201, 149~146 B.C.)에서 격파하고, 동시에 마케도니아와 시리아를 평정하여 지중해의 패권을 장악하게 되었다. 그래서 귀족들은 넓은 토지를 소유하고 노예를 사용하게 되면서 국내에는 실업자가 증가하게 되고, 중산계급이 차츰 소멸하게 되어 부호와 빈민 간에 극단적인 분열이 생기게 되었다. 대외적으로는 로마가 지중해 세계를 장악하였으나 내부적으로 귀족 간의 투쟁과 빈민들과의 갈등이 심하였다. 이러한 대에 우국의 청년 그락쿠스(Graccus) 형제가 호민관으로 선출되어(133 B.C.) 빈민을 위해 크게 힘썼다. 형인 티베리우스 그락쿠스(Tiberius Graccus)는 빈민당의 지도자가 되어 "토지법"을 세우고 부호의 토지를 몰수하여 빈민에게 분배하려 했으나 지주 및 원로원의 반대로 뜻을 이루지 못하고 호민관을 사직하였으며, 그 후 그는 지주 계층에게 암살당하였다.

그의 동생 가이우스 그락쿠스(Gaius Graccus)는 기원전 123년에 호민관으로 선출되어 곡물을 염가로 빈민에게 제공하였다. 그는 특히 아테네(Athens)의 민주정치를 이상으로 생각하여 모든 라틴인에게 로마 시민권을 줄 것을 주장하였으나 부호와 귀족들의 반대로 뜻을 이루지 못하고 자살하고 말았다.

그락쿠스 형제가 죽은 후 빈민당의 지도자 마리우스(Marius)와 귀족당의 지도자 술라(Sulla) 사이에 세력 다툼이 벌어졌다. 때마침 폰토스(Pontos)왕이 소아시아의 로마 영토를 침범하자 술라가 이를 방어하기 위하여 출전한 틈을 타서 마리우스는 로마의 실권을 잡았으나 곧 병사하였다(107 B.C.). 이로 인하여 귀족당의 수령인 술라가 정권을 독점하였다.

술라가 죽은 후에는 그의 부장이었던 폼페이우스(Pompeius)가 부호귀족의 장수가 되었는데 그는 본래 외국 원정에서 큰 무훈을 세워 명성이 높았다. 이에 원로원은 그를 시기하여 인정하지 않았다. 이에 불만을 품은 폼페이우스는 빈민당 편을 들어 당시 로마의 일류명사였던 율리우스 카이사(Julius Caesar)와 부호 크라수스(Crassus)와 결탁하여 정권을 잡고, 이른바 삼두정치를 시작하였다. 이 세 사람은 각각 자기의 임무를 맡아 카이사는 갈리아(Gallia) 지방의 총독이 되고, 크라수스는 시리아 총독이 되어 파르티아(Parthia)를 공략하다가 전사하였고, 폼페이우스는 이스파니아(Ispania) 총독이 되었으나 혼자 로마에 남아 있다가 원로원과 합작하여 카이사를 없애고자 하였으나 거기서 암살 당하고 말았다. 그래서 카이사는 천하를 통일한 후 임페라토(황제 Imperator, 45 B.C.)라는 최고의 종신직에 앉아 문무의 패권을 한 몸에 지니고 많은 치적을 남기게 된 것이다.

카이사는 귀족 출신으로 빈민당의 수령이 되었고 황제가 되어 모든 귀족의 위에 올라선 특이한 존재로서 귀족과 평민 사이의 조화를 가져왔다. 로마법도 카이사 때에 비로소 통일이 되어 법치 정신을 세우게 된 것이다. 공화정치 때만 해도 도시마다 자기들의 관습에 따라 제정된 법을 사용하였고, 특히 당쟁이 심한 시기에 이르러 그중 한 도시가 세력을 잡게 될 때 자기 지방의 법을 표준하여 그들의 이권을 옹호하며 상대방을 불리하게 하는 폐단이 있었다. 그러나 카이사는 이러한 폐단 많은 지방 관습법을 로마의 전체적인 통일된 법과 조화시켜 큰 이점을 남기게 되었다. 더욱이 카이사로 말미암은 로마 내의 평화, 교통의 편리, 언어의 통일 등은 후일 기독교를 전파하는 데에 많은 도움이 되었다.

3. 사상적 배경

외적인 활동과 정치적인 면에서는 로마제국이 강대하였으나 그들 전체의 내적인 생활을 주도한 것은 그리스 문화와 철학 사상이었다. 그러므로 그리스 문화는 로마정치 이상으로 기독교의 배경에 있어서 중요한 비중을 차지한다.

그리스도 문화가 왕성하던 때 알렉산더(Alexander the Great, 356~323 B.C.)의 영향을 받아 그리스 문화를 피정복 지역에 이식시키고, 전 세계를 그리스화 하는 데 노력을 아끼지 않았다. 더욱이 팔레스틴이 그리스 문화에 열중하던 셀류시드(Seleucid) 왕가에 종속되면서 유대인들 사이에 많은 변화를 가져왔다. 그중에도 유대 사람들을 그리스화 하는 데에 가장 이름난 왕은 안티오쿠스 에피파네스(Antiochus Epiphanes IV, 175~164 B.C.)였다. 그는 유대인들이 존중하는 모세의 율법을 도덕적 절대주의로 대치하였다. 그래서 금식을 버리고 식도락을 주장하며, 신앙 대신에 회의주의를 소개하고, 회당과 성전을 체육장으로 만들고, 제사장을 예술가와 조각가로 대체하였다. 이렇게 안티오쿠스는 예루살렘 사회를 모독하고, 제사장이 유대 율법을 위반하게 만들었다. 이에 유대인 마카비(Mathathias Maccabiaeus)는 그의 아들들과 함께 혁명을 일으켜(167 B.C.) 독립하게 되었다. 이 독립은 약 1세기를 지속하다가 다시 기원전 63년에 로마제국의 통치를 받게 되었다.

대부분의 본토 유대인들은 그리스 문화를 거부하였지만, 기원전 6세기에 앗시리아와 바빌론의 포로가 되었다가 자기 고향으로 돌아가지 못하고 '외지에 흩어져 있는 유대인'(Jews of the Dispersion)들은 그리스 문화를 받아들였기 때문에 그리스화한 유대인(Hellenistic Jews)이라고 한다. 특히 이집트의 알렉산드리아는 그리스화의 중심지였는데 알렉산드리아시에서 예수와 같은 시대에 살았던 유대인 철학자 필로(Philo, 20 B.C.~A.D. 40)는 플라톤, 스토아 사상, 피타고라스 등 그리스철학의 영향을 많이 받아 유대교의 경전을 비유적으로 해석하고 유대교 신학과 그리스철학의 조화를 시도하였다. 기독교가 세계화하는 데에 있어서 이들의 매개적인 역할이 적지 않았다. 지대했던 사도 바울도 그리스화한 유대인이었다.

이러한 그리스화 운동을 통하여 예수 당시의 지중해 연안에서 사용되던 국제적 용어 가운데에 그리스어가 중요한 자리를 차지하게 되었고 신약성서도 그리스어로 기록했으며 문체와 이론 전개의 방법에서 그리스적인 요소를 많이 볼 수 있다.

그리스 문화는 또한 관용의 정신을 배양하여주었기 때문에 기독교 선교의 내용이 새로운 것이었음에도 불구하고 사람들이 귀를 기울일 수 있도록 마음을 준비하여 준 셈이다. 특히 그들이 삶의 길을 찾고 있었으므로 초대 전도자들이 모세의 율법과 예수의 윤리를 전할 때 그들은 쉽게 이해할 수 있었다.

그러나 계속적인 정치적 변화와 전쟁은 사람들로 하여금 외부적 세계로부터 내부적 세계로 눈을 돌리게 하였으며, 그 결과 후기 그리스철학은 그 성격이 일변하였다. 마음의 평안, 행복, 실제적 지혜를 구하는 그들의 요구에 응하기 위하여 나타난 것이 에피쿠로스 사상(Epicureanism)과 스토아 사상(Stoicism)의 두 윤리체계였다.

에피쿠로스 사상은 보통 향락주의로 알려져 있는 윤리 사상으로서 에피쿠로스(Epicuros, 342~270 B.C.)라는 사람으로 말미암아 설립된 학파의 사상이다. 에피쿠로스는 종교를 대신하는 철학적 체계로서 행복이 무엇인가 하는 것을 물었다. 이 학파에 의하면 행복은 쾌락이다. 에피쿠로스는 쾌락을 정의하기를 '고통의 결여'라고 보았으며, 이는 우리가 음식을 먹고 '흡족한' 상태와 같다고 하였다. 그러므로 에피쿠로스 사상은 보통 사람들이 생각하는 바와 같이 '먹고 마시자 내일이 오면 우리는 죽는다'라고 하는 일시적 향락을 고취하지는 않았다. 오히려 이들은 간소한 생활, 정신적 쾌락, 우정 등이 행복을 가져올 수 있는 조건으로 생각한 것이다. 그리하여 이들의 표어는 '마음의 평정'(Ataraxia)이었다. 에피쿠로스 사상의 형이상학은 그리스의 원자론이었고, 이러한 철학과 향락주의를 합하여 고대 자연주의 철학의 전형을 볼 수 있다. 에피쿠로스의 사상은 기원전 1세기에 로마의 시인 루크레티우스(Lucretius, 99~55 B.C.)란 사람이 그의 저서 『우주의 본질 De Rerum Natura』이란 책 속에 시적으로 개요 하여 놓았다.

에피쿠로스 사상이 행복을 인간의 목표로 삼고 종교의 불필요성을 주창한 데 반하여, 스토아 사상은 종교적 색채를 많이 띠고 있을 뿐만 아니라 기독교에 많은 영향을 준 사상이었다. 스토아 사상은 키프로스의 제논(Zenon, 336~264 B.C.)이라는 사람으로부터 시작한 사상으로서 로마 시대에 와서 성행한 철학이다. 로마의 유명한 사상가인 세네카(Seneca), 에픽테투스(Epictetus), 마르쿠스 아우렐리우스(Marcus Aurelius) 같은 사람들은 다 스토아 사상사들이었다. 스토아 사상은 유물론적 사상과 결정론과 범신론을 종합한 철학 체계였다. 이 철학에 의하면 모든 것이 물질로 되었다는 것이고, 우주의 과정이 결정론적 법칙에 의하여 움직이고 있다는 것이다. 그러나 이 우주의 운행은 입법자인 신이 움직이고 있다는 것이다. 여기에서 신은 지고의 세력으로서 이 세계와 격리되어 있는 분이 아니라 이 우주의 "영혼"이라고 해석되었고, 인간들은 그 "신화"(神火)의 일부분을 내포하고 있다고 주장되었다. 그러므로 개인 생활이 이 자연에 합치될 때에 선(善)하다고 보았고, 자연과 조화시키려는 '의지'를 덕(德)으로 보았다. 이들은 건강이나 행복이나 부를 중요하게 생각하지 않고 오직 덕이 유일한 선이라고 보았기 때문에 스토아 사상은 '덕을 위한 덕'(Virtue for Virtue's Sake)을 강조한 것이다. 인생의 행복이 스토아 사상에서는 모든 고통에 대하여 무감각(Apathy)할 때 올 수 있다고 보았으므로 이 철학으로부터 인내, 침묵의 순종, 냉소 등의 생활 태도가 발달되었다고 볼 수 있다.

우리에게 중요한 사실은 스토아 사상이 기독교의 발전을 위하여 적지 않은 공헌을 하였다는 점이다. 스토아 사상에서 강조하는 개념 중에는 기독교 사상과 흡사한 부분이 있다. 곧 (1) 사해동포의 개념, (2) 인간은 수단이 아니라 목적, (3) 인간의 자연적 조건에 대한 비관(인간타락성), (4) 로고스(Logos) - 말씀, 도(道)의 이론 등은 기독교에서도 중요한 개념으로 여겨졌다.

예를 들어 "로고스"를 스토아학파에서 "우주의 마음", "창조의 원리", "존재를 갖추게 하는 원리"라고 하였는데, 신약성서 요한복음 1장에는 "태초에 로고스(말씀)가 계시니라. 이 로고스가 하나님과 함께 계셨으니 이 로고스는 곧 하나님이시니라. 그가 태초에 하나님과 함께 계셨고 만물이 그로 말미암아 지은 바 되었으니 지은 것이 하나도 그가 없이는 된 것이 없느니라"(요한복음 1:1-3)고 기록된 부분이 있다.

그러나 타율적인 스토아 사상과 현세적인 에피쿠로스 사상의 두 이질적 요소는 서로 조화될 수 없었으므로 그 시대 사람들에게 조화로운 정신적 안정을 선사하지 못하였다.

4. 종교적 배경

4.1. 일반 종교

여러 작은 나라들의 연방으로 된 각 도시의 민족 간에는 각기 고유한 신앙이 있어 그들의 수호신을 신봉하며 제사와 의식을 행하는 한편, 제각기 자기들의 전통과 풍습을 따라 정신적 안정을 구해보려고 여러 가지의 미신과 신비적인 방법을 사용하고 있었다. 더욱이 로마제국이 그들을 통치하기 시작한 후 야심 많은 황제들은 옛 미신을 새롭게 부각하여 애국정신을 함양시키며 국가와 군주를 숭배하게 하였다. 로마 사람들은 공화 시대부터 로마제국을 신성화하여 숭배하였고 기원전 29년에 국가와 황제를 위하여 신당을 세웠다. 정치적 목표를 위하여 종교를 이용한 것이다.

이러한 다신교적 경향과 정치적인 목표로 종교를 혼란하게 하는 데에 반하여 플루타크(Plutarch, A.D. 40~120)는 모순된 신화와 재래의 다신교를 수정하여 유일신을 주장하고, 이 모든 신들이 사실은 하나의 신의 속성이거나 부속된 것이라는 것과 함께 내세의 상벌과 엄격한 도덕을 가르쳤다. 결국 플루타크는 카이사가 로마의 법을 통일하듯 종교를 일원화려고 애썼던 사람이었다.

그러나 대중들은 이런 것을 따르지 않고 오히려 신비와 성례를 고조하며 구속을 가르치는 동바의 신비종교를 환영했다. 이는 그들의 생활이 심한 억압하에 놓여 있어 생의 여력을 거의 소진하여 기적이 아니면 더 살아나갈 도리가 없다고 하는 데에서 그 이유를 찾아볼 수도 있다. 이와 같은 신비종교들은 각각 그 방법과 목적이 달랐으나 죽었다가 다시 살아난 구원의 신을 중심으로 하여 비밀리에 의식이 거행되는 점은 공통적이었다. 그래서 성례에 참여하는 자는 구원의 신을 상징하는 짐승의 피와 살을 먹음으로써 신의 능력을 나누어 가지고 구원을 얻는 것이라고 믿었다. 그중에 어떤 종교들은 새로 입교하는 자에게 거룩한 물로 목욕을 시키는 세례 의식을 행하는 것도 있었다.

이와 같은 신비종교들 가운데에서도 널리 유포된 것은 소아시아의 시벨레 신(Cybele), 아티스 신(Attis)과 이집트의 이시스 신(Isis), 세라피스 신(Serapiss) 그리고 페르시아의 미트라 신(Mithra) 등이 있었다. 이러한 신비종교파들은 제국의 발전된 교통과 동방에서 팔려오는 노예들을 통해서 도입되었다. 그 밖에 그리스에서 전래된 디오니수스 종파(Cult of Dionysus)나 오르픽 종파(Orphic Religion)도 당시에 성행한 신비종교들이었다. 그러나 이러한 신비종교 역시 그 시대의 사람들에게 구체적인 만족을 주지 못하였다.

4.2. 유대교

유대교는 기독교의 직접적인 배경이 되는 종교이다. 어떤 의미로는 기독교가 유대교의 완성이라고 볼 수도 있다. 예수는 고의로 유대교의 교훈과 전승을 파괴한 것이 아니라 유대교가 생명력을 잃고 형식에만 치우치며 그 중심 문제를 상실하였기 때문에 결과적으로 하나의 새 종교를 이룬 것이다. 그러므로 예수는 유대교의 정신과 율법을 내적으로 더 발전시키고 완성한 인물이라고 볼 수 있다.

유대교의 경전인 구약성서는 그대로 기독교에 경전으로 채용되었으며 구약성서의 신은 예수에게서 구현되었다. 하나님은 창조자요 지배자요 역사를 주장하시는 사랑의 아버지로서 더욱 친근하게 해석되었다. 그러므로 유대교를 도외시하고는 기독교를 제대로 다룰 수 없다.

유대교의 출발은 타락한 인간을 구원하기 위한 창조주 하나님이 여러 나라 백성 중에 이스라엘을 택하여 그들을 통해서 인류를 구원하려고 그들과 계약을 맺는 사건에서 시작한다. 그래서 창조주 하나님과 선민 이스라엘의 계약은 이스라엘의 민족 해방자요 율법을 수여받은 모세(Moses)에게서 구체화된다. 모세가 받은 그 구체적인 율법은 모세오경(Pentateuch), 즉 창세기, 출애굽기, 레위기, 민수기, 신명기에서 찾아볼 수 있다. 그러므로 하나님과 이스라엘과의 계약인 이 모세의 오경은 유대교의 중요 내용이며 기초가 되었다.

유대교에서는 하나님이 이스라엘 민족을 택하여 그들을 통해 타락한 인간들을 구원하신다고 해석한다. 창조주 하나님은 선민 이스라엘의 지도자 모세에게 십계명을 주어 그 민족과 인류를 가르치신다는 것이다. 십계명은 3부분으로 되어 있다. 처음 1, 2, 3계명에서는 하나님 외에 다른 신을 만들지도 말고, 섬기지도 말며, 하나님의 이름을 망령되이 일컫지 말라고 했다. 이 세 계명의 주제는 사람이 하나님을 어떻게 바르게 섬겨야 하느냐 하는 것이다. 다시 말하면 하나님과 사람 사이의 바른 관계를 가르쳐 준 것이다. 다음 5, 6, 7계명은 사람과 사람 사이에 관한 것으로, 자기를 낳아 준 부모를 공경할 것과 대인 관계에 있어서 상대방을 죽여서도 안 되고 정욕으로 더럽혀도 안 된다고 가르친 것이다. 8, 9, 10계명은 사람과 자연(물질)의 관계를 가르치고 있다. 도둑질하지 말며, 법정에 나가 이해관계에 따라서 거짓 증거를 하지 말고, 물질에 대하여 탐내지 말라고 가르친 것이다. 다시 말하면 십계명이란 사람과 하나님, 사람과 사람, 그리고 사람과 자연 사이의 바른 관계에 관한 계명이다. 그중에 제4계명은 안식일에 관한 것이다. 이날에는 자연 관계에 대한 저주에 의해 땀 흘려 수고해야 했던 인간이 그 수고로부터 쉬며, 상호 소외된 인간이 다시 한 자리에 모여 멀리했던 하나님을 다시 전심으로 섬기라고 가르친 것이다. 다시 말하면 제4계명은 세 부분으로 요약된 아홉 계명을 다시 하나로 묶어 천·지·인의 조화를 재강조한 것이다.

하나님과 이스라엘과의 계약은 제사장과 예언자들에 의하여 계승되었다. 제사장은 모세의 형 아론(Aron)의 후손에게서 세습적으로 이어간 레위 지파에서 나왔고, 종교의 제도와 형식 면을 중시했다. 예언자는 일정한 계급이 없이 어느 부족에서든지 소명에 응해서 배출된 인물들이었는데 종교의 형식보다 내적인 생명력을 문제 삼고, 불의와 죄악을 지적하여 하나님 앞에서의 회개를 촉구하며 하나님의 계명인 율법(Torah)을 따라 그의 뜻에 복종할 것을 선포했다. 특히 유대교의 유일신관, 즉 신은 오직 한 분밖에 없으며 우상을 섬기는 것이 모든 악의 근원이 된다고 정립한 것은 예언자들의 공헌이었다.

　예언자들은 다만 하나님의 말씀, 즉 토라(Torah)의 약속만이 유일한 소망이라고 하였다. 이 계약의 말씀은 현세에만 국한되는 것이 아니라, 세상 종말 시에 메시아(Messiah)의 도래를 통하여 정의와 사랑과 평화의 세계를 이룩할 때까지 지속될 것으로 기대되고 있었다. 특히 정치적으로 불리한 처지에 놓여 있는 이스라엘 백성은 메시아가 나타나 불행으로부터 구원하여 모든 불의와 악을 제거하고 부귀와 자유와 평화를 누리게 하신다고 믿었다. 이러한 메시아 사상은 경건한 평민층에 많이 유포되어 신비적이고 종말적이며 내세적인 색채를 띠고 있었다.

　그 후 예수시대 유대교의 2대 지배층에 속하는 바리새파(Pharisees)와 사두개파(Sadusees)는 율법을 왜곡하여 큰 과오를 범하게 되었다. 바리새파는 극단의 쇄국주의자들로서 대중에게 율법을 가르치는 직업적 율법사들이었다. 그들은 엄격히 율법을 준수하며 전통에 따라 살았던 유대교의 청교도적 존재였다. 그러나 그들의 율법주의는 종교의 경직화를 초래하여 결국 유대교를 형식화된 종교로 전락시켰다.

　한편 사두개파는 하나의 귀족당으로 일반 대중과는 거리가 멀었으며, 모세의 오경만을 경전으로 인정하고 전통을 부인하여 내세나 부활을 배제하였다. 그리고 저들은 다만 모든 사회적 현상과 정치세력을 그대로 유지하려는 데에 관심이 있었기 때문에 어떠한 변화도 그들 주위에서 생기는 것을 거부하였다. 왜냐하면 그들은 당시의 정치, 종교, 사회적인 기구에서 백성을 착취할 수 있는 유리한 위치에 있었기 때문이었다.

　그러므로 대부분의 백성들은 정치적으로나 사상적으로나 종교적으로 예수의 표현한 말과 같이 마치 '목자 없는 양'과 같은(마가복음 6:34) 불쌍한 무리였다. 그래서 유대의 백성들은 구약시대에서 약속된 대망의 메시아가 오기만을 고대하고 있었던 것이다.

제 2 장

예수의 생애와 교훈

1. 예수 이야기의 자료

예수의 생애와 교훈에 대한 사료는 주로 신약성서에 포함되어 있다. 20세기의 신학자들은 이 사료에 과학적인 비판을 가하여 좀 더 정확하게 지난 사실을 재현하여 보려고 노력하였다.

이런 비판적인 연구가 약 1세기 전부터 시작된 이래 어떤 학자들은 성서 기사의 사실에 대하여 회의를 가지게 되었고, 심지어는 예수의 역사적 실재성까지도 부정하는 일도 일어나게 되었다. 즉, 예수는 역사적 인물이 아니고 이상적 인간을 묘사하기 위한 신화적 인물이라는 것이다. 그러나 예수 시대의 비기독교인 로마 역사가들인 수에토니우스(Suetonius)나 타키투스(Tacitus) 등이 예수에 대하여 기록한 바에 의하면 이러한 과격한 주장은 자연스럽게 배격되는 동시에 예수의 역사성을 긍정해주는 좋은 변증이 되었다.

예수는 자기가 이룬 업적에 대하여 기록을 남기지 않았으며 또한 자서전도 쓰지 않았다. 또한 그의 제자들에게 명하여 그런 것을 기록하게 한 일도 없었다. 그는 다만 제자들에게 '천국 복음을 전파하라고' 명하였다. 따라서 예수의 생존 시나 그 직후에도 현재의 복음서는 물론 그와 비슷한 기록도 없었다. 예수의 분부대로 제자들은 복음을 전하는 일에 주력하였으므로 그의 생애와 교훈은 단지 구전(Oral Tradition)을 통하여 전승되었다.

이러한 구전들이 현존하는 복음서가 편성되기 전, 약 50년경에 문서화되었다. 이 문서화된 구전을 학자들이 쿠엘레(Quelle)라고 한다.[1] 그 이전에는 문서적 기록이 없었던 것으로 추정된다. 그러나 시일이 경과하고 정황이 변화됨에 따라 복음서를 기록할 필요를 느끼게 되었다.

복음서의 기자가 각각 다르고 그 기록된 연대와 장소가 다른 것으로 보아 기록된 동기도 다양했다. 그럼에도 불구하고 공통된 동기를 고찰해 본다면, (1) 예수의 행적과 교훈을 생생하게 기억할 때는 문서적 기록이 없이 구전만으로 바른 전승을 보존할 수가 있었으나 시일이 지남에 따라 목격자와 증인들이 점점 사라졌고 거기에 근거도 없는 이야기들이 끼어들게 되자 공식적인 기록의 필요성을 느끼게 되었다. (2) 초대교회는 예수의 재림이 멀지 않았다고 보는 가운데서 문서적으로 영구한 기록을 남길 필요를 느끼지 아니하였으나 재림이 지연되자 장기적인 대비책으로 복음서가 필요했다. (3) 유대인의 회당에서 예배 때에 낭독하던 시편이나 예언서 대신에 예수의 언행록을 낭독하기 위하여 기록이 필요하게 되었다. (4) 무엇보다도 구체적인 동기는 간접적으로 기독교의 변증과 전도를 하기 위하여 복음서의 기록

---

1 Q는 독일어 Quelle의 약자로 사료라는 뜻이며, 처음에 J. Wellhausen이 사용한 것을 지금도 따르고 있다.

을 필요로 했다고 할 수 있다.

신약성서에는 마태, 마가, 누가, 요한이 기록한 4복음서가 있는데 그중 역사적으로 최초의 복음서는 마가복음이다. 이 복음서는 예수의 생애, 특히 예수의 수난을 주제로 하여 그의 교훈과 함께 저술한 최초의 전기 문학으로 70년경에 기록된 것이다.

마태복음[2]은 80년경에 마가복음과 Q 자료를 사료로 하여 기록된 것이다. 마태복음 기자는 사료를 보충하여 수정 및 개편하였다. 전설에 의하면 저자는 예수의 제자인 세리 마태라고 하나 학자들은 수리아의 안디옥에 사는 유대 기독교인의 한 사람이라고 추정한다.

누가복음은 마태복음이 기록된 때와 거의 같은 기원 80년경에 기록되었다. 누가는 마가복음과 Q를 사료를 사용하고 있으나 마태복음과 직접적인 접촉이 없었던 것 같다. 누가는 시리아의 안디옥에서 출생한 그리스인 의사였다. 그는 청년기에 이미 기독교로 개종하여 오랫동안 신앙생활을 하였고, 바울의 동역자로서 그를 도와 전도 여행에도 수행하였으며, 예수의 전기인 누가복음과 초대 기독교의 역사인 사도행전을 기록하여 초대교회의 역사를 알리는 일에 크게 공헌하였다.

마태, 마가, 누가의 세 복음서를 공관복음서(Synoptic Gospels)라고 부른다. 그 이유는 공통된 관점에서 예수의 전기를 기록했다고 해석되었기 때문이다. 그러나 요한복음은 공관복음서와는 성격이 현저하게 구별된다. 1세기 말경에 이르러 기독교는 유대적 제약을 초월하여 그리스 문화의 자극과 영향을 받아 새로운 기독교적 변증의 필요성을

---

2 이 복음서의 저자 이름을 마태라고 한 것은 히에라폴리스(Hierapolis) 감독 파피아스 (Papias, A.D. 80~155)가 전하는 바와 같이 마태에 관한 사료를 많이 사용한 것을 교회가 알고 저자를 예수의 제자 마태라고 불렀다.

느끼게 되었다. 단순한 사실 자체가 아니라 사실의 의미가 중요한 관심사가 되었으며 그리스도의 인격에 대한 신학적 해석이 요구되었다. 그것이 곧 1세기 말부터 2세기 초에 걸쳐 소아시아의 에베소 지방에서 기록된 것으로 추정되는 요한복음이었다. 저자에 대하여는 예수의 제자 요한이나 혹은 그의 영향을 받은 장로 요한이라는 설 등이 분분하다. 요한복음 내에서는 다만 예수의 사랑하는 제자라고만 기록되어 있고 이름은 나타나 있지 않았다. 특별히 주목되는 것은 구역적 제약을 극복하고 점점 세계적 성격의 종교가 되면서 종말론적인 경향보다는 논리적 경향을 보여 주었다.

복음서 이외에도 예수전의 사료로서 신약성서의 서간들을 들 수 있다. 그러나 그것은 복음서에 비교할 만큼 중요한 것은 아니다. 신약성서 이외에도 요세푸스(Josephus, A.D. 90)[3]나 타키투스(Tacitus, A.D. 110)[4]의 저서 가운데 예수에 관한 기록이 있고 2세기 이후 외전 복음서가 많이 저술되었으나 너무 단편적이고 믿을 만한 것이 되지 못했다. 결국 신약성서의 복음서가 가장 믿을 만한 예수 이야기의 사료라고 할 수 있다.

복음서의 자료는 예수의 생애와 교훈을 여러 입장에서 보여 준다. 첫째로 예수상을 보여 주며, 둘째로는 역사 이상의 의미를 우리에게 가르쳐 준다. 그래서 이 복음서를 읽을 때마다 독자들은 그 속에서 하나님이 친히 말씀하시고 보여 주시는 뜻을 대면하게 되고 초대교회의 진지한 신앙고백을 경험하는 기회를 제공받는다. 그러므로 이 복음서

---

3 *The Antiquities of Jews*, XX. 9.1.
4 *Annals of Tacitus*, XV. 44.

는 무엇보다도 교회의 전통과 신앙적인 전망에서 해석되어야 할 것이다.

2. 예수의 생애

　예수의 유년기와 소년기에 관한 별도의 전승이 있기는 하나 명확하고 자세하게 전해 주는 기록은 찾아볼 수 없다. 복음서 중에서 마태복음과 누가복음에서 이에 관하여 다소 언급하고 있으나 예수가 교역하기 전 30년간의 기간보다는 짧은 3년간의 공적인 삶에 집중되어 있다.

　로마 황제 카이사 아우구스투스가 인구 조사령을 반포하여 사람들은 제각기 본적지에 가서 호적등록을 하게 되었다(9~6 B.C.). 예수의 부친인 요셉은 목공업으로 생계를 유지하고 있었으나 정혼한 마리아와 호적등록을 위하여 본적지인 베들레헴(Bethlehem)에 가게 되었다. 베들레헴의 여관에는 이미 사람들이 가득 차서 요셉과 마리아는 유할 곳을 얻지 못하였다. 때마침 마리아는 만삭이 되어 할 수 없이 마구간에서 아기 예수를 낳게 되었으니 그때가 주전 약 6~4년이었다.[5]

　그때 주변에서 양을 치던 목자들과 먼 동방에서 온 박사들이 말구유에 나신 아기 예수를 찾아와 경배하고 예물도 드렸다. 아기 예수가 유대교의 관습에 따라 8일 만에 예루살렘 성전에 올라가 모세의 율법

---

5 복음서에는 예수 탄생의 정확한 연대와 시일에 관하여 언급한 구절이 하나도 없다. 우리가 현재 탄생일로 축하하는 12월 25일은 주후 4세기경부터 시작한 절기이다. 우주 창조가 서양 옛 달력 3월 25일에 해당하는 춘분에 되었다고 생각하였다. 그리스도로 말미암은 새 창조도 그와 같은 날에 시작되었으리라고 생각하여 3월 25일부터 기원을 계산하여 태중 만 9개월 후의 같은 날, 즉 12월 25일을 예수의 탄생일로 믿었다. 그날은 공교롭게도 미트라스(Mitras)교 태양신의 탄생일에 해당하였기 때문에 개종하는 사람에게는 더욱 암시적이었다. 그 외에도 여러 가지 전설이 있으나 생략한다.

에 따라 할례를 받을 때 예언자 시므온(Simeon)이 나타나 아기를 품에 안고 축복하였다(누가복음 2:8-40).

그 후 12세 되던 해에 예수는 부모를 따라 예루살렘에 올라가 유식한 종교가들과 토론하는 중 그의 탁월한 능력을 나타냈다(누가복음 2:41-52). 이 외에 예수의 유년기와 소년기의 행적은 자세히 알 수 있는 사료는 극히 빈약하다.

누가복음에 의하면 예수가 30세 되던 즈음에 요한이 유대 광야에서 '회개하라 천국이 가까웠다'라고 전파하면서 요단강에서 죄를 고백하고 사죄함을 받는 세례를 베풀었다. 그는 유대인들에게 '독사의 자식들'이라고 준엄하게 선언하며, 회개에 합당한 열매를 맺고 성령으로 세례를 주며, 천국 복음을 땅 위에 세울 능력자, 즉 예수 그리스도를 믿으라고 증거하였다. 요한은 예수가 자기에게 나아오시는 것을 보고 "보라 세상 죄를 지고 가는 하나님의 어린양"이라고 표현하였다. 그는 자기도 그분이 누구인지 알지 못하였으나 자기를 보내어 물로 세례를 주라 하신 그이가 계시하여 주기를, 예수가 성령으로 세례를 줄 하나님의 아들이심을 증거하여 주었다고 하였다. 예수는 세례 요한의 만류에도 불구하고, 그에게 세례를 받았다. 그때 하늘에서 소리가 있어 말하기를 "이는 내 사랑하는 아들이요, 내 기뻐하는 자라" 하는 음성이 들렸다고 복음서는 기록하였다(누가복음 3:1-22).

예수는 세례를 받은 후 40주야를 금식하며 광야에서 시험을 겪은 뒤 세례 요한이 감옥에 잡혀간 소식을 듣고, 그때부터 "회개하라 천국이 가까웠다"라고 전파하면서 그의 사역을 시작하셨다. 그는 "수고하고 무거운 짐을 진 사람들은 다 내게로 오라", "나는 잃어버린 자를 찾아 구원하러 왔노라" 했고, "나를 본 자는 곧 하나님을 본 것이라" 하였다.

그는 30년간의 목공생활을 중지하고, 자기의 때를 깨닫고 하나님 나라의 역사를 시작하였다. 그는 자기에게 나아오는 병자를 고쳐주고, 가난하고 불쌍한 사람들을 위로하며, 형식화한 종교 지도자들을 책망하였다. 회당과 거리에서, 해변과 들에서, 수많은 군중이 그의 설교를 들으려고 몰려들었다.

예수를 따르던 무리 가운데에는 천대받는 세리, 빈곤한 노동자, 무력한 여인들, 압박에 시달리는 사람들이 포함되어 있었다. 예수는 고난에 잠긴 군중의 황폐한 마음속에 안위와 거룩한 신의 성품을 회복하려고 온갖 노력을 다 기울였다. 그리고 그는 충일한 생명 가운데에서 약동하는 하나님의 사랑을 인간에게 보여 주었다. 이러한 것을 통하여 사람들은 그가 바로 이스라엘의 예언자들이 수백 년간 꿈꾸어 오던 이상의 실현자, 즉 메시아임을 인식하기 시작하였다.

예수를 따르던 군중은 언제나 두 갈래로 구분되어 있었음을 복음서를 통하여 발견할 수 있다. 예수가 행하는 일과 교훈을 믿고 환영하는 무리도 있고 동시에 다른 일부는 그를 오해하고 배척하였다. 특히 권세 있고, 지식 있고, 돈 많은 사람들은 교만하여 그 복음의 진미를 깨닫지 못하고 멸시하기도 하였다. 특히 (1) 그는 진정한 지도자를 찾지 못하여 헤매는 대중과 매우 친근하게 접촉하였다는 이유로 동일한 멸시를 받게 되었고, (2) 종교의 순수성을 강조하다가 종교적 전통을 멸시했다는 이유로 기성 종교 지도자들의 반감을 사게 되었으며, (3) 정치적 해방과 독립을 기대한 군중들은 자신들의 욕구에 불응하였다고 예수에게 등을 돌렸다.

기성 종교가들과 집권자들은 어떻게 하든지 구실을 만들어 예수를 제거하려고 기회를 노렸다. 그들은 예수가 종교적 전통을 무시한다는 것이 신성을 모독하는 일이라고 정죄하였다. 때마침 예수의 제자 중 한 사람인 가룟 유다(Judas Iscariot)가 변절하여 예수를 체포할 기회를 제공함으로써 예수는 유대의 권세자들의 손에 잡히게 되었다. 그다음 그들은 우매한 군중들을 선동하여 백성이 결의하는 형식으로 로마 총독인 빌라도(Pilate)에게 예수의 사형선고를 강요하였다.

예수는 십자가에 못 박혀 처참하게 처형되었다. 십자가형은 로마의 형 중에서도 가장 잔인한 사형법의 하나였다. 그래서 로마인에게는 금지된 사형법이었다. 제자의 손에 팔려 십자가 극형을 받기까지 예수가 받은 고난과 수치와 모욕은 그가 이 세계와 인류를 위하여 바친 사랑과 봉사와 헌신에 좋은 대조를 이룬다. 예수는 "다 이루었다"(Tetelestai)[6]라는 마지막 한 마디를 남기며 그의 30여 년의 삶을 다 이루었다.

3. 예수의 교훈

복음서가 알려주는 예수의 교훈을 요약하면 '하나님의 나라' (Basileia tou Theou)이다. 유대 민족은 예언자 아모스 이전부터 '야웨의 날'을 기대하고 있었다. 그것은 야웨 하나님이 유대 민족을 모든 불행에서 구출하는 축복의 날이었다. 그러한 사상이 점점 발전하여 예수 시대에는 하나님의 나라가 갑자기 임하여 세계에서 악의 세력을 내어 쫓고 하나님의 통치를 실행하신다는 대망으로 발전하였다. 유대인들은 대개 하나님의 나라가 실현될 그날을 자기들의 상실된 국권을 다시 찾

---

6 요한복음 19:30.

는다는 문제에 적용하였다. 그러나 예수는 하나님의 나라가 갖는 종교적이고 성서적인 의미를 다시 풀이하여 하나님의 나라는 이미 개시되었으며, 누구든지 회개하고 하나님의 뜻에 순종할 때는 '현재, 여기에' '하나님의 나라'가 임재하는 것을 깨달을 수 있다고 하였다. 예수에 의하면 '하나님의 나라'에 들어갈 자는 어린아이와 같이 사악함이 없고 순진하여 하나님의 가르침에 순종하는 자라야 한다고 가르쳤다.

예수가 말한 '하나님의 나라'의 개념은 그가 가르친 기도(주기도문) 속에 잘 요약되어 있다. 주기도문을 보면 "이름이 거룩히 여김을 받으시오며"라고 했다. 이는 십계명에 있는 하나님의 이름을 망령되이 일컫지 말라는 말씀에 대한 긍정형의 표현으로, 하나님과 올바른 관계를 맺고 살 것을 의미한 것이다. "우리가 우리에게 죄지은 자를 사하여 준 것같이 우리의 죄를 사하여 주옵시고"라고 한 것은 사람과 사람 사이의 올바른 관계를 회복하라는 뜻이다. "일용할 양식을 주옵시고"라고 한 것은 물질과 올바른 관계를 말하는 것이다. 이 세 가지 간구는 천(天)·지(地)·인(人)의 조화(Shalom)를 기원한 것인데, 이것이 '하나님의 뜻'이며 그 뜻이 "하늘에서 이룬 것 같이 땅에서도 이루어지는 것"이 '하나님 나라'의 임재라는 것이다. 그 반면에 이 뜻을 사탄이 쉬지 않고 시험하고 있으므로 "악에서 구하옵소서" 하고 기원했다.

예수는 유대교의 전통인 유일신관(Monotheism)을 계승하였다. 그는 결코 신의 존재를 논증하려 하지 않았으며, 다만 자신의 삶으로 신의 성품을 보여 주었다. 유대교는 신을 지고한 왕, 엄격한 심판자로 간주했다. 그러나 예수는 하나님이 하나의 생명을 온 천하보다도 귀하게 여기시고, 타락한 죄인까지도 불러 자녀로 삼으시는 사랑의 아버지시라고 가르쳤다. 그래서 그는 하나님을 자기의 아버지일 뿐만 아니라 모든 인류의 아버지라고 불렀다. 하나님은 마치 시계 제작자가 시계를 틀어 놓고 자동적으로 움직이게 한 다음에는 간섭하지 않는 것과 같이 세계와 인간을 방관하는 분이 아니라 인류 역사에 참여하며 친히 활동하시는 하나님이라는 것이었다. 그래서 "내 아버지께서 지금까지 일하시니 나도 일한다"고 예수는 말하였다(요한복음 5:17). 예수는 신의 성품을 깨닫게 할 뿐만 아니라 행동을 통하여 친히 보여 주었다. 병자를 고치고 애통하는 자를 위로하며 죄인을 용서하는 그의 삶은 하나님의 사랑과 자비를 계시해 주었다. 예수가 행한 기적도 자기의 권위를 위하여가 아니라 하나님의 영광과 품성을 증거하기 위한 것이었다. 사람들은 예수가 행한 일을 보고 하나님의 성품에 대한 산지식을 얻을 수 있었다.

유대인들과 로마인들은 법률에 치중하였다. 로마인들은 로마법을 자랑하고 유대인들은 모세의 율법을 지키기에 몰두하였다. 따라서 외면에 나타난 결과에만 사로잡혀서 종교는 경직화되고 순수성을 잃고 윤리적 내면이 결핍되었다. 그러나 예수는 윤리의 내적 동기를 강조하고, 율법은 문서로서만 가치가 있는 것이 아니라 마음에 새겨 행동함으로써 가치가 있다고 가르쳤다.

예수는 비유로 말하기를 "좋은 나무는 좋은 열매를 맺고, 악한 나무는 악한 열매를 맺는다"라고 하였다. 예수는 "네 원수까지도 사랑하라"고 가르쳤다. "이웃을 미워하는 것이 곧 살인이요", "여인을 음욕을 품고 보는 것이 곧 간음한 것이라"고 가르쳤다. 그는 악에 대한 보복을 금하였으며, 오른편 뺨을 치거든 왼편 뺨을 돌려대는 자유를 가르쳤다. 이런 의미에서 예수의 윤리는 절대적이었다. 개인의 인격을 존중하는 윤리였고, 능동적이며 긍정적이고 사랑하는 윤리였다.

예수의 생애와 교훈 전체를 일관하여 흐르는 사상의 하나는 종말론(Eschatology)이었다. 예수는 낡은 시대가 지나가고 새로운 시대가 다가온다고 믿었으며 새 시대, 즉 '하나님의 나라'는 자신의 활동을 통하여 시작된다고 믿었다. 새 시대가 '이미 여기에' 시작되었을 뿐만 아니라 완성의 종말이 '가까운 장래'에 임박했다는 확신을 가지고 있었다. 그래서 예수의 모든 행적은 바로 새 시대의 표적(Sign)이었다.

4. 그리스도에 대한 증언

예수가 십자가에 처형된 지 며칠 후 예루살렘에는 큰 사건이 발생했다. 예수를 따라다니던 사람들이 거리에 뛰어나와 십자가에 처형된 예수가 다시 살아났다고 증언했다. 그중에도 가장 열정적이었던 사람은 베드로였다. 예수가 죽은 지 사흘 만에 인봉된 무덤을 열고 부활했다는 것이다. 제자들과 목격자들은 확신과 용기를 가지고 전파하였다. 그들은 모든 관원과 집권자들 앞에서도 조금도 두려워하지 않고 "너희가 죽인 예수를 하나님의 아들로 믿고 구원함을 받으라"고 설교하면서 담대한 목소리로 부활의 소식을 전하였다.

예수가 처형당한 직후에 그의 제자들은 모두 '목자 잃은 양떼'와 같이 사방으로 흩어지고 절망과 공포에 쌓여 제각기 옛날의 일터로 돌아갔었다. 반역자로 처형된 예수를 자기의 스승으로 공언하는 것은 극히 위험한 일이었기 때문이다. 그러나 비겁했던 제자들이 불과 두 달도 못 되어 확신과 용기를 가지고 예수의 제자임을 공언할 뿐만 아니라 예수를 죽인 죄를 책망하고 도리어 그를 믿고 속죄함을 받으라고 설득하였다. 대체 어떻게 이런 놀라운 변화가 일어났는가? 이것을 어떻게 설명할 수 있을 것인가? 이 엄청난 변화는 다만 한 가지 사실로 말미암아 일어났다. 즉, 예수께서 다시 살아나셨다는 놀라운 사건이었다. 예수는 다시 살아나서 생명력을 가지고 현재에 활동하신다는 것이다. 죽음의 세력이 결코 예수를 무덤 속에 영구히 가두어두지 못한다는 것이다. 이러한 예수의 부활을 경험한 제자들에게는 모든 것이 새로워졌다. 권위 있는 예수의 교훈과 기적적인 행적의 의미를 이전에는 깨닫지 못했었으나 부활을 체험한 후에는 그것이 곧 하나님께서 하신 일들이라고 확신하게 되었다. 그래서 그들은 새로운 용기를 얻어 거리에 나가서 증언하였다. 베드로는 십자가에 못 박힌 예수가 곧 '주님'이요 '그리스도'7라고 설교하였다(사도행전 2장). 바울은 다메섹에 가던 도중 부활하신 그리스도를 만나 회심하고, 후에 "그는 하나님의 아들로서, 사람의 모양으로 자기를 낮추어서 죽기까지 복종하여 십자가에서 죽었다. 그러므로 하나님이 그를 높이 올리사 그에게 가장 뛰어난 이름을 주시고, 모든 무릎을 그 앞에 꿇게 하며, 모든 입으로 하여금 예수 그리스도를 주님이라고 고백하게 하였다"라고 고백하였다(빌립보서 2:6-11).

독특한 예수의 인격을 해석하려는 시도는 다양했다. 이러한 해석들은 물론 해석하는 시대에 사고방식의 제약을 벗어나기는 어렵다. 베드로와 바울 후에 최초로 기술된 기독론(Christology)은 마가복음에 있다. 마가복음은 예수의 행적이 세례받은 사건에 근거하여 있다고 말한다. "예수께서 요단강에서 요한에게 세례를 받으시고 곧 물에서 올라오실 때 하늘이 열리고, 성령이 비둘기같이 자기에게 내려오심을

───────────

7 희랍어 Chritos는 메시아의 번역어로 기름부음을 받은 사람(anointed)이라는 의미이다.

보시더니 하늘에서 소리가 나기를, 너는 내 사랑하는 아들이라, 내가 너를 기뻐하노라 하시니라"(마가복음 1:10-11). 누가는 예수께서 12세 때에 예루살렘 성전에서 율법학자들과 변론하여 그의 탁월한 지혜를 보이고 사람들에게 칭송을 받았다는 사실을 묘사한다. 마태는 족보를 통하여 예수가 이스라엘 왕 다윗의 후손임을 강조하고 마리아에게서 발생한 기적적 탄생을 보도하여, 이스라엘의 예언자들이 오랫동안 대 망하던 메시아가 곧 예수라고 기록하였다. 요한은 예수 그리스도가 태초부터 '하나님의 말씀'(Logos)이었다고 하였고, 그것에 근거하여 예수의 생애와 교훈을 해석하였다.

시일이 경과함에 따라 한 인물의 독특한 배경과 기원을 점점 뒤로 소급해 올라가 찾으려고 하는 경향이 있다. 예수 그리스도의 인격의 비밀을 설명하려고 한 사람들도 그런 경향을 보였다. 그래서 처음에 는 예수의 십자가형에서 시작하여 죽기까지의 복종, 세례, 탁월한 소 년기, 기적적인 탄생 그리고 마지막에는 그의 영원 전부터의 선재 문 제를 다루게 되었다.

예수의 능력을 경험한 사람들은 그 비밀을 설명해 보려고 부단히 시도했으나 아무도 이 '영원한 생명력'을 완전히 설명하지는 못할 것이다. 그를 믿지 않고 아무런 신앙적 경험도 없는 사람들에게는 그리스도의 신비를 설명하는 것이 전혀 흥미 없는 일이 될 수도 있을 것이다. 마치 바울의 말과 같이 "예수의 십자가가 유대인에게는 지치는 것이 되고 그리스인에게는 어리석은 것"이 될지도 모른다. 그러나 그보다도 더 중요한 것은 사실 자체 곧 예수 그리스도 자신일 것이다. 그래서 예수 그리스도를 경험하며 사는 것이 무엇보다 중요하다. 그리스도의 실재가 다양한 해석을 요청한 것이지 기독론이 예수를 만들어

낸 것은 아니기 때문이다.

제 3 장

초대교회와 바울

1. 교회의 발생

예수가 십자가에서 처형된 후 그를 따르던 제자들은 공포와 실망 가운데 사방으로 흩어지게 되었다. 그들은 관원의 눈초리가 무서웠고, 한 마디의 반항도 없이 죽어간 선생의 죽음에 절망을 느꼈다.

그러나 그때 예수를 따르던 일부의 부녀자들이 사흘째 되던 날 무덤에 찾아갔다. 뜻밖에 무덤은 비어있고 죽었다던 예수가 다시 살아서 나타나심을 보게 되었다. 그들은 놀랐고, 곧 이 소식을 흩어져 있던 제자들에게 전하였다. 제자들은 이 소식을 듣고 예루살렘으로 다시 모여들기 시작하였다. 그리고 예수 그리스도 자신이 친히 부활의 몸으로 그들 앞에 나타났고 그때 우매한 제자들도 그가 이스라엘의 예언자들이 오랫동안 선포하고 고대하던 "메시아",[1] 즉 만인을 구원할

---

1 메시아는 히브리어로 기름부음 받은 자(Mashiah)란 뜻인데, 옛 유대 나라에서는 왕, 제사장, 그리고 선지자에게만 시행되었다. 그러나 이 말이 후에 특수한 명사로 사용될 때 인류를 구원하실 자를 의미했다. 이 말을 그리스어로 번역하여 그리스도(Christos)라고

구세주임을 확신하게 되었다. 제자들은 하나님의 구원의 경륜대로 예수가 고난을 받으신 다음 부활하여야 할 것을 들은 바 있었으나 그것을 널리 전할 용기까지는 없었던 상태였다. 그때 부활한 예수는 놀랐던 양 떼를 이해하는 목자와 같이 책망하기보다는 위로하며, 제자들로 하여금 앞으로 강림할 성령의 능력을 힘입어 이 복음을 땅끝까지 전하는 복음의 역군이 될 것을 부탁하였다. 이런 간곡한 부탁을 남겨두고 부활하신 예수는 그들을 떠나 승천하셨다고 한다(사도행전 1:5).

그리스도의 분부대로 약 120명에 달하는 제자들이 예루살렘 있는 한 집회소에 모여 기도하고 있었다. 모임이 열흘째 되던 오순절² 아침, 그들은 강렬한 성령의 강림을 경험하게 되었다(사도행전 2:1). 그때가 마침 종교적 절기였으므로 경건한 유대인들이 세계 각처에서 예루살렘으로 모이게 되었다. 그때 베드로가 대표로 각국에서 모인 군중들을 향하여 다양한 언어로 예수가 하나님의 아들이며 또한 죽은 자 가운데에서 사흘 만에 부활하시고, 승천한 것을 열렬히 전하였다. 이것을 보는 무리는 서로 놀라 말하기를 저들은 새 술에 취했다고 조소하였다.

그때 예수의 수제자였던 베드로가 군중 가운데에 서서 그 이유를 설명하며 이러한 현상은 술 취했기 때문이 아니라, 요엘(Joel) 선지자가 예언한 대로 하나님이 말세에 모든 사람에게 부어주신 성령의 역사 때문이라고 증거하였다. 하나님께서 나사렛 예수를 세워 그의 행하신 권능과 기사와 이적을 통하여 예수가 메시아이심을 사람들 앞에

한다.
2 오순절(Pentecost)은 본래 유대교의 절기였는데 이날이 그리스도가 부활한 지 50일째 되던 날이다.

증거하였으나 사람들이 예수를 믿지 않았다는 것이다. 그러나 하나님은 그를 다시 살려서 영광의 자리로 올리셨으니 제자들은 그리스도의 부활의 증인이요 성령의 강림은 그리스도께서 약속하신 대로 하나님께서 베푸신 은총이라는 것이 베드로의 증언이었다. 이러한 은총은 베드로를 위시한 소수의 무리가 지어낸 것이 아니라, 이스라엘 종교사의 전통에서 뚜렷한 근거가 있음을 다윗[3]의 예언을 인용하여 설교하였다.

베드로의 선포는 결론에 이르러 그 절정에 달하였다. "그런즉 이스라엘의 전 족속이 마땅히 알아야 할 것은 너희가 십자가에 못 박은 이 예수를 하나님이 주와 그리스도가 되게 하셨으니… 너희가 회개하여 각각 예수 그리스도의 이름으로 세례를 받고 속죄함을 받으라. 그리하면 성령을 선물로 받으리라"(사도행전 2:36-38). 베드로는 무리의 회개와 신앙의 결단을 촉구하였다. 이러한 베드로의 설교를 통하여 우리는 초대교회의 신앙의 내용을 엿볼 수가 있으며 그리스도 교회의 신앙의 주제는 '주 예수 그리스도'인 것을 알 수 있다.

베드로의 이 증언을 듣고 약 3천 명이나 새로 믿게 되었다. 그들은 사도들에게서 회개의 세례를 받고, 성찬을 나누며[4] 성도의 교제를 갖고 예수 그리스도를 배우기에 힘썼다(사도행전 2:37-47). 이러한 과정을 통하여 교회가 발생하였으며 이 교회를 구성하는 데에는 네 가지의

---

3 다윗(David)은 이스라엘의 제2대 왕으로 이스라엘의 판도를 넓히고 선정을 베푼 위대한 왕으로 평가받았다.

4 기독교에는 성례가 있는데 그것은 세례(Baptism)와 성만찬(Eucharist)이다. 세례는 완전한 신도로의 입교의식이며 이를 받은 자는 그리스도의 몸과 피의 언약인 성만찬에 참여할 수 있다.

중요한 요소가 있음을 알 수 있다. 그것은 (1) 성령의 역사, (2) 예수 그리스도, (3) 모임, (4) 증언이었다.

교회는 오순절 성령의 강림 후 예루살렘의 조그마한 다락방에서 시작하여 뜨거운 선교열을 가지고 세계로 뻗어나가 여러 곳에 다시 교회가 세워지게 되었다. 동시에 교회 자체 내에도 기반을 튼튼히 하게 되었다. 예루살렘 교회는 당시에 '디아스포라'(Diaspora)[5]의 개종한 교도들을 위하여 일곱 지도자를 선택하였다. 바울의 서신에 의하면 그가 세운 교회의 감독과 장로들이 있었고, 여러 가지의 부서와 직책이 있었던 것을 볼 수 있다. 그리고 초대부터 예루살렘 교회는 모든 교회의 모교회로서 그 권위를 인정받고 있었다. 이와 동시에 교회 내에 여러 가지 복잡한 문제가 대두됨에 따라 교회는 더욱 견고한 조직과 제도를 고려하지 않을 수 없었다.

2. 바울

사도 바울은 아직도 팔레스틴에서 벗어나지 못한 기독교를 당시 그리스-로마 세계(Greco-Roman World)에 소개함으로써 세계 기독교 수립의 길을 열어 놓은 위대한 선교자였고 또한 기독교 신학을 체계화하는 데에 뛰어난 신학자였다. 그는 하나님이 부르셨음을 굳게 믿고, 소명감에 불타 자기 평생을 이방 세계에 그리스도를 전파하는 일에 바쳤다. 우리는 그의 서신을 통해서 그가 당시 교회가 당면하고 있는 신학적 문제인 하나님과 인간과의 관계, 동시에 이방인과 유대인

---

5 외국에 흩어져 있는 유대인을 말함.

의 관계, 그리스도의 인격과 사역에 대한 문제, 성도들의 생활 속에서의 성령의 은사에 관한 문제 등에 대하여 지혜로운 해답을 주고 있음을 볼 수 있다. 이런 점에서 그는 높은 수준의 경건한 사색가이며 목회적 상담가라고 평가될 수 있다.

바울은 32~35년에 기독교인을 박해하기 위하여 다메섹(Damascus)으로 가던 중 초자연적인 신비로운 경험을 하고 기독교로 개종한 뒤 62~64년 그가 로마에서 순교할 때까지 약 30년 동안 그리스도의 사도로 눈부신 활동을 하였다. 기독교 역사에 있어서 바울은 복음의 사자(Messenger of Gospel)로서 또한 신학자로서 특별한 인물이었다.

바울의 본명은 사울(Saul)인데 그는 길리기아(Cilicia)의 다소(Tarsus)시에서 출생하였다. 그의 부모는 '디아스포라'의 한 사람으로 경건한 유대교 신자로 추정된다. 당시 다소시는 문화의 중심지로 교육이 발달하여 원근 각처에서 모여든 학자들과 유명한 저술가들이 학문을 강론하며 문하 제자들을 양성하던 곳이었다. 그들의 철학 사상은 주로 스토아 철학 사상이었다.

사울은 어렸을 때부터 유대교를 신봉하는 경건하고 엄격한 가정에서 자라면서 종교적인 감화를 받았을 뿐만 아니라, 그가 살고 있던 환경이 그리스적인 사상의 중심지였기 때문에 그의 사고와 시야는 자연히 그러한 주위의 영향을 받으며 훈련되었다. 이러한 그의 환경은 장래의 선교적 업적을 성취하는 소재가 되었다. 그의 부친은 로마제국의 시민권을 가지고 있었는데, 그가 전쟁에서 공을 세운 대가로 얻은 것인지 또는 재물로 취득한 것인지는 확실치 않으나 그것이 후에 바울의 선교활동을 위하여 큰 도움이 되었으며 결국 교회의 발전을 위하여서도 간접적인 힘이 되었다고 할 수 있다.

사울은 감수성이 가장 예민한 시기를 예루살렘의 유명한 율법 학자인 가말리엘(Gamaliel) 문하에서 보냈다. 가말리엘은 바리새파에 속하는 유대교 율법 학자로 굴지의 율법 학자인 힐렐(Hillel)의 손자이다. 당시에 쟁쟁한 수재들과 명문의 자제들이 모여 있던 이 학원은 우수한 인재들을 배출하였다. 엄격한 유대교적 경건의 훈련과 세밀한 율법의 해석이 교육의 중점이었다. 사울의 히브리 경전에 정통하였고 그 경전에 대한 랍비식 해석에 능숙하였을 뿐만 아니라, 후에 그가 아테네(Athens)의 아레오바고에서 행한 연설을 보면 그리스의 논리학과 시가(詩歌)에도 조예가 깊었음을 보여 주고 있다. 사도 바울의 배경에는 다음과 같은 세 가지 중요한 요소가 있었다. (1) 사울은 정통적인 히브리 가문 출신으로 유대교의 율법교육과 (2) 아울러 그리스철학에 의하여 양성되었고, (3) 로마제국의 시민으로서 식민지의 피지배인이 아니라 로마인으로서의 당당한 특권을 보유하고 있었다. 이와 같은 배경을 생각하며 우리는 위대한 사도요 신학자이며 전도자인 바울의 모습을 가늠해 볼 수 있다.

2.1. 바울의 개종

사울은 정규 교육을 마친 후에 예루살렘에서 그가 속한 바리새파의 한 직책을 맡게 되었다. 당시에 정통적인 유대교도들에게는 예수의 교훈이 그들의 신성한 토라(Torah)[6]를 모독하는 것이고, 예수의 추종자들은 이교도로 여겨졌다. 그래서 그들의 '참된 종교'를 위협하는

---

6 토라(Torah)란 '하나님의 가르침'이란 뜻으로 구약의 모세오경을 말한다.

예수의 추종자들의 '거짓 신앙'을 박해하고 멸절시키는 것을 하나님께 대한 최고의 충성으로 생각하였다. 누구보다도 유대교에 열심이었던 사울은 그리스도인 박해의 선두에 섰고, 군중을 선동하여 스테반(Stephen)의 사형을 주도하였다.

율법에 대한 정통한 지식과 불타는 종교적 열심은 있었지만, 사울은 내적인 평화를 얻지 못하였다. 아는 것과 행하는 것의 거리가 좁혀지지 않았다. 해야 될 줄 알면서도 행하지 못하는 데에서 인격의 파탄이 증가되었다. 그는 율법의 요구를 명확히 알면 알수록 그것을 행하기에 자신이 무능력하다는 것을 깨달았다. 세밀한 율법의 규칙을 형식적으로 따라서 지킴으로 내적인 평화를 얻기에는 그의 종교적 통찰이 너무도 깊은 것이었다. 속과 겉 사이에 계속 모순이 생겼다. 바울에게 "네 이웃을 네 몸과 같이 사랑하라" 한 레위기(19:18)의 율법은 이웃에게 해를 끼치지 않는 율법적인 준법의 정도로 만족하는 유대교적 형식주의 이상의 것이었다. 그의 이러한 종교적 통찰은 스토아철학의 윤리 사상이나 예수의 적극적인 윤리관에 의하여 각성되었는지도 모른다. 그는 후에 당시의 내적 투쟁의 경험을 다음과 같이 고백하였다. "내 속 사람으로는 하나님의 법을 즐거워하되, 내 지체 속에서 한 다른 법이 내 마음의 법과 싸워 내 지체 속에 있는 죄의 법 아래로 나를 사로잡아 오는 것을 보는도다. 오호라! 나는 곤고한 사람이로다. 이 사망의 몸에서 누가 나를 건져내랴!"(로마서 7:22-24)

율법의 요구에 대한 자신의 무능력을 깨닫고 인격의 파괴가 심화되면 될수록 사울의 종교적 열심은 더욱더 극단적인 경향을 드러내게 되었다. 그러한 결과는 곧 그리스도인에 대한 박해로 나타났다. 그는 유대교의 최고 회의 기관인 산헤드린(Sanhedrin)의 위촉을 받아 부하를 이끌고, 다메섹 성내에 피난한 그리스도인을 전멸하기 위하여 예루살렘을 떠났다. 그는 박해의 살기로 가득 찼고, 다메섹에 있는 그리스도인들은 사울이 그들을 박해한다는 정보를 듣고 공포와 전율에 사로잡혔다. 그러나 그 다메섹이 사울의 생애에 있어서 일대 전환의 분수령이 되었다. 그가 다메섹성에 가까이 갔을 때 갑자기 급격한 변화가 그에게 일어났다. 그는 신비적인 황홀경에 싸여 큰길에 엎드리게 되었다. 그곳에서 사울은 부활하신 그리스도의 현현을 체험하였다. 그곳에서 그는 자기가 박해하고 진멸하려던 그리스도께 도리어 사로잡힌 바 되었다. 사울이 의식을 회복했을 때는 시력을 완전히 잃고 있었다. 이러한 사울의 다메섹 도상에서의 경험에 관하여는 누가가 묘사해주고 있다(사도행전 9:1-9). 다메섹 성내의 그리스도인들은 처음에 사울이 개종하였다는 사실을 믿지 않고 자기들의 실정을 정찰하기 위한 위장이라고 의심하였으나 바나바가 위험을 무릅쓰고 사울을 면회하고 사건의 진상을 파악한 다음에 그리스도인들에게로 사울을 안내하였다.

다메섹 도상에서의 사울의 경험은 그의 내적 투쟁에 결정적인 해소를 이루어 주었다. 인간이 하나님 앞에 의인으로 인정을 받는 것이 율법을 행함으로써 이루어진다고 하는 율법주의에 대하여 율법의 요구에 대한 인간의 무능력으로 그것이 불가능한 것을 통감한 사울은, 의인(Justification)은 오직 하나님의 은혜로 가능한 것임을 깨달았다. 즉, 구원이란 인간의 행위로 가능한 것이 아니라 위로부터 내려주시는 하나님의 은혜로 가능하다는 것을 고백하게 된 것이다. 이러한 의로움을 인정받게 된다는 것이다. 사울의 체험과 신앙고백은 후에 그의 신학의 기본 사상을 이루었다.[7]

2.2. 바울의 선교

사울은 개종한 후에 조용한 곳을 찾아 아라비아로 갔다. 그 이유는 그의 서신중에 명확히 나타나지는 않았으나 아마도 예루살렘의 동료들의 비난과 박해가 두려웠거나 새로운 신앙에 대한 더 깊은 명상과 기도가 필요했기 때문이라고 추정해 볼 수 있다. 그가 은둔생활을 끝마치던 해(주후 37년경)와 시리아의 안디옥교회에서 활동을 시작하던 해(주후 46년경) 사이에 이루어진 일은 정확하게 알기 어렵다. 그간 바울이 선교활동에 종사했으리라고 추측이 되나 그 무대가 어디였는지에 대해서도 의견이 분분하다. 바울은 시리아의 안디옥교회에서 시무하는 바나바에게 초빙을 받아 주로 이방인 신자로 구성된 그 교회에서 바나바와 같이 일하게 되었다. 다메섹 도상의 개종자 사울은 그리스도의 부활의 증인으로 헌신하기를 공개적으로 시작하게 되었다.

전도 여행에 나선 바울은 처음에 바나바와 함께 활동하였다. 바나바의 고향은 시리아에서 가까운 지중해의 키프러스섬(The Island of Cyprus)이었는데, 바나바와 바울은 안디옥에서 동역한 후에 교회의 동의를 얻어 선교를 위하여 여행을 떠났다 하였다. 그들은 키프러스섬을 지나 북쪽의 밤빌리아(Pamphylia)에 상륙하여 비시디아의 안디옥(Antioch of Pisidia), 이고니움(Iconium), 루스드라(Lystra)를 거쳐 더베(Derbe)까지 이르렀다가 그 길로 되돌아 왔다(사도행전 13:1-15, 36). 이것을 가리켜 제1차 선교여행이라 한다.

얼마 후에 바울과 바나바는 다시 선교여행을 떠나기로 하였으나

---

7 바울신학을 집약한 것으로는 로마서, 갈라디아서, 고린도전후서를 참고하라.

마가(Mark)의 동반 여부로 그들 사이에 의견충돌이 생겼다. 바나바는 마가를 동반하고 키프러스로 떠나고, 바울은 실라(Sila)를 동반하여 비시디아의 안디옥을 거쳐 에베소(Ephesus)에 이르렀는데 병을 얻어서 의사 누가와 함께 드로와(Troas)에 이르렀다. 꿈에 마게도니아 사람이 구원을 청하는 환상을 보고 마게도니아의 빌립보(Philippi)로 건너 갔다. 거기서 다시 전진하여 데살로니가(Thessalonia), 베뢰아(Beroea), 아테네(Athens)를 거쳐 고린도(Corinth)에 이르렀다가 다시 에베소로 건너가 잠시 기류한 후에 예루살렘으로 돌아왔다. 이것은 그의 제2차 선교 여행이었다(사도행전 15:35-18:22). 현존한 바울 서신중에서 최초로 기록된 것이 데살로니가 전서인데(51~52년경), 그것은 제2차 선교 여행 도중에 고린도에서 써 보낸 편지로 알려져 있다.

예루살렘회의는 바울을 이방인 교회의 사도로 안수하고 정식으로 인정하였다. 그때 팔레스틴 지방에는 흉년이 들어 물질적 빈곤이 극심하였다. 바울은 이 기회를 놓치지 않고 이방인 세계에서 복음을 전하는 동시에 이방교회로부터 예루살렘교회를 위한 구제헌금을 거출하여 흉년의 재난을 돕고 유대인 신자와 이방인 신자 간의 화목과 상호 이해를 도모하려고 하였다. 그래서 그는 제3차 선교여행을 떠났다. 비시디아의 안디옥에서 직접 에베소에 이르러 빌립보, 데살로니가, 고린도를 거쳐 에베소에 잠시 머문 후에 그동안 모은 구제헌금을 가지고 예루살렘을 방문하였다. 그가 에베소에 머물고 있을 때 고린도 교회에 네 번 편지를 썼으나 현존한 것은 고린도전후서 두 권뿐이다.

바울이 이방교회에 거출한 구제헌금을 가지고 예루살렘에 왔을 때 온 교회에는 기쁨이 넘쳤다. 그러나 바울은 이방인을 성전 안뜰에 까지 안내하였다는 이유로 유대인들의 오해를 사서 체포되고 고소를 당하게 되었다. 그는 카이사랴(Caesarea) 지방의 감옥에 수감되어 재판을 기다리고 있다가 로마시민의 특권에 따라 황제에게 재판을 받기 위하여 로마로 호송되었다. 바울의 로마 옥중 생활에 대한 자세한 기록은 없으나 그는 죄인의 몸으로 있으면서도 형사범이 아니었기 때문에 자유로이 면회하고 복음을 전할 수 있었던 것 같다. 옥중에 있으면서 빌립보서, 골로새서 등의 각 교회에 보내는 공한을 썼고 빌레몬에게 보낸 사적인 서신도 썼다. 그 이후의 일에 대한 기록은 없다.[8] 전설에 의하면 바울은 로마 옥중에서 석방되어 스페인에까지 선교 여행한 후에 다시 체포되어 로마에서 순교하였다고도 한다.

2.3. 바울의 공헌

전 교회사를 통하여 성 바울(St. Paul)이 위대한 인물이었음은 가톨릭이나 프로테스탄트 교회가 한결같이 인정하는 사실이다. 무엇보다도 바울은 최초의 대규모 이방 선교를 한 인물이었다. 그리스도교는 바울의 활동에 힘입어 유대교적 구습을 벗어나 팔레스틴의 테두리를 넘어 세계무대에 등장하게 되었다. 바울이 세운 중요한 교회로는 갈라디아 지방의 비시디아의 안디옥교회, 빌립보교회, 데살로니가교회 그리고 에베소교회 등을 들 수 있다. 로마에서는 옥중에 수감되어 있으면서도 접촉하는 인사들과 주위의 명사들에게 복음을 전파하였다.

바울은 허다한 박해와 고난을 참으며 난관에 봉착할 때마다 신앙으로 극복하였다. 그리스도께 바친 충성과 복음 선교를 위한 열정은

---

8 누가는 바울의 로마 옥중생활로 사도행전의 끝을 맺고 있다.

비할 데가 없었다. 바울 자신의 말을 빌린다면 그는 "수고를 넘치도록 하고 옥에도 여러 번 갇히며, 매도 수없이 맞고, 여러 번 죽을 뻔하였으니, 유대인들에게 40에 하나를 감한 매를 다섯 번 맞았으며, 세 번 태장으로 맞고, 한 번 돌로 맞고, 세 번 파선하는데 일주야를 깊음에서 지냈으며, 여러 번 여행에, 강의 위험과 강도의 위험과 동족의 위험과 이방인의 위험과 시내의 위험과 광야의 위험과 바다의 위험과 거짓 형제들의 위험을 당하고, 또 수고하며, 애쓰고, 여러 번 굶고 춥고 헐 벗었노라. 이 외의 일은 고사하고 오히려 날마다 내 속에 눌리는 일이 있으니 곧 모든 교회를 위하여 염려하는 것이라"(고린도후서 11:23-28) 라고 하였다. 바울의 생애는 후세의 그리스도인에게 산 모본이 되고 있다.

바울은 헌신적인 활동가였을 뿐만 아니라 위대한 사상가였다. 유대교의 훈련과 그리스철학의 소양은 기독교 신앙을 위한 바울의 사상과 저술에 활용되었다. 그는 기독교 신앙을 유대율법종교의 기반에서 구출하였을 뿐 아니라 그리스철학의 논리와 사고를 활용하여 서술하였다. 바울의 모든 공헌 중 으뜸가는 것은 기독교를 체계화한 일에 있다고 할 수 있다. 그는 인간의 속 깊은 곳에 숨어서 우리의 마음을 불안하게 하는 모순을 지적하였다. 그는 죄의 상태가 어떠함을 숨김없이 직시하고 이런 상태에서는 자기가 자신을 구원할 수 없음을 느끼면서 극심한 투쟁을 계속하였다. 그러한 심각한 내적 투쟁 가운데에서 위로부터 내리는 하나님의 은혜를 깨닫고 하나님과 교통할 수 있음을 직접 체험한 후에 이 같은 처지에 놓여 있는 전 인류에게 구원에의 길을 제시하였다. 바울은 이와 같은 진리를 유창한 문학적 방법과 열정가득 찬 웅변으로 기록했던 것이다. 그는 최초의 기독교 문서 저술가이다. 그뿐 아니라 그의 저술은 그 양에 있어서 신약성서의 과반수를 차지하고 있으며 기독교 사상의 체계를 이루고 있다. 그의 주요한 저술은 신약성서 중의 로마서, 갈라디아서, 고린도전후서, 데살로니가전서, 빌립보서, 빌레몬서 등이다. 바울로 인하여 유대교 신앙과 그리스철학은 로마의 실생활과 통합되어 기독교 신학에 반영되었고, 바울의 신학은 오랜 역사를 통하여 교회에 지대한 영향을 주었다.

제 4 장

고대의 기독교

1. 고대교회의 조직과 예배

바울과 사도들의 선교를 통하여 기독교는 지리적으로 국한되었던 팔레스틴의 테두리와 유대교적인 전통의 제약을 벗어나 당시 서구를 통치하던 로마제국으로 진출하였다. 새 터에 싹트는 교회들은 로마제국을 형성한 도시 중심적인 제도를 수용하기 시작하였다.

고대교회는 주후 2세기 초엽까지는 초엽 '사도'들과 '교사'와 '예언자'의 관할을 받아 왔다. 사도들은 자기들이 친히 목격한 사실과 들은 교훈을 교인들에게 알리고, 교사들은 그 교훈과 구원의 역사가 그때그때 회중의 환경과 처지에 적용되도록 해석하고 가르쳤으며, 예언자는 하나님의 말씀을 대언하며 앞으로 교회가 직면할 일을 예고하였다. 그래서 교회는 이들을 통하여 과거와 현재와 미래에 있을 하나님의 섭리와 경륜을 배우고 따랐다. 이들의 직책은 어느 사람에게서 받은 것이 아니고 예수의 부르심과 성령의 감화로 이루어진 것이었으므로 그들의 일터도 어느 개체 교회에 국한된 것이 아니라 전체 교회를 상대하여 활동하였다.

　세월의 흐름에 따라 예수를 몸소 섬기던 그리스도인들은 차츰 별세하여 사라졌고, 직접 영감을 받았다는 교직자들도 그 일이 하나님과 당사자 사이에 국한된 주관적인 사실이었으므로 다른 사람이 시비를 판별하기가 어려운 상황이 전개되었다. 이러한 상황을 불순한 무리가 기회로 삼아 신자들의 열심을 악용하여 불미한 계책을 꾸며서 교회를 적지 않게 소동하게 하였던 일도 생겼다.

　이상에서 말한 전체적인 교직자들이 있는 반면에 지방마다 지방의 교직 제도도 병립하여 있었다. 지방교회는 감독과 장로와 집사로 구성되었다. 감독은 경건한 사람으로 성령의 은사를 입은 철저한 생활과 신념의 사람이 선출되었다. 장로와 집사도 그 지방 사람들의 인준을 받은 자로 감독이 지명하게 임명받게 되었다. 지방 감독은 교회를 다스리며, 장로는 교인을 가르치고, 집사는 봉사에 주력했다.

　세월이 지나자 지방교직 제도가 전체교직 제도를 대신하게 되었다. 지방 감독들은 사도의 후계자로 자처하며 동시에 성령의 은사를 받은 것으로 공인을 받았으므로 시간이 지남에 따라 전체교직을 독차지하게 되었다. 주후 3세기경에는 감독의 권위가 더 높아져서 교회를 대표할 만큼 되었다. 본래 평신도들의 선거로 선출된 감독이 결국은 평신도 위에 위치하여 일종의 특권계급이 되었다. 마치 유대교에 있어서 제사장의 직임과 같이 감독은 평신도를 대표하여 예배를 드리며 하나님을 대신하여 그들의 참회를 들으며 속죄를 하게 되었다.

　전체교직이 지방 교역자들로 대체되어 채워지게 되자 개체 교회 사이의 연락과 관계를 맡을 사람이 필요하게 되었다. 원시 교회의 조직망이 상실되자 새로운 것이 필요하게 되었는데 그것을 로마제국의 체제로 대체되었다. 로마제국은 도시와 구역제로 치리되고 있었다. 이탈리아 본토에서는 주로 큰 도시, 즉 로마(Rome), 베니스(Venice), 플로렌스(Florence) 등을 중심으로 하여 그 근방 지역을 다스렸다. 그리고 식민지에 있어서는 구역제(Provincia)를 실시하여 분봉왕이나 총독으로 관할하게 하였다. 대도시의 감독은 대주교(Metropolitan)가 되어 그 주변까지 처리하게 되었는데, 그 당시 정치적인 중심이 되는 로마(Rome), 알렉산드리아(Alexandria), 안디옥(Antioch), 카르타고(Carthage), 예루살렘(Jerusalem) 등지에 허용되었다. 그중에도 로마는 수도였기 때문에 교회 정치에 있어서도 다른 도시의 감독보다 우월한 지위를 차지하였다. 지방에서는 교회가 구역제를 채택하여 지역감독(Chorepiscoups)을 설치하였으나 그들의 대부분은 대주교에게 예속되어 있었다.

교회의 조직이 달라짐에 따라 예배형식도 변하였다. 교인은 입교 전 약 1년간 교의 수강이 있은 후 그의 생활이 신앙과 조화되면 세례를 받고 입교한다. 바울의 가르침에 의하면 세례는 초대교회에 있어서 그리스도의 죽음과 부활에 동참함을 뜻하는 것이다. 그러나 고대교회는 세례를 통하여 예수의 생애와 사업을 연상시키는 것보다 죄 사함을 받음과 영생을 얻는데 필수조건이 된다는 점을 더 강조하였다.

예배 형식에 있어서도 초대교회는 2부로 나누어 (1) 기도와 설교 (2) 공동식사와 성만찬식이 있었다. 제1부에는 누구나 참석할 수 있게 되었고 제2부, 특히 성만찬식에는 세례교인만 참석하게 하였다. 이 예식은 그리스도가 잡히시던 전날 밤 제자들에게 시범한 예식인데, 포도주와 떡으로 그의 피와 몸 곧 그리스도의 죽으심과 한 형제됨을 상징하는 것이다. 사도 바울은 이 떡과 포도주를 곧 주의 참된 몸과 피로 여겨 구원과 영생을 얻는 것이라고 생각하였다(고린도전서 11:23-26). 2세기 중엽에 이르러 이 성찬식은 공동식사와 분리되었고, 예배의 중요한 부분을 차지하였다. 특히 이 성찬식에 예수께서 친히 임하시어 영생을 준다고 믿기 시작하였다. 이러한 중요성을 가지게 된 성만찬 예식은 감독만이 집례할 수 있는 것이 되었다. 감독은 제사장의 입장에서 그리스도를 속죄 제물로 드리는 의식을 예배 때에 재현하였다. 그러므로 그 당시의 교회와 조직이 교직자 중심으로 옮겨진 것처럼 예배 양식도 제사의 형식으로 변화되었다.

2. 박해와 호교론자

2.1. 박해

기독교가 처음 박해를 받기는 네로(Nero) 황제의 때였는데 그것은 기독교인이라는 종교적 이유 때문이 아니라 방화하였다는 혐의로 이루어진 것이었다. 그러나 90년경에는 기독교인이라는 이유로 체포하여 악형을 가하게 되었고, 트라얀(Trajan) 황제 때에는 기독교인을 의례히 죄인으로 생각하게 되었다. 그의 후계자 하드리안(Hadrian, 117~138)과 안토니우스 피우스(Antonius Pius, 138~164)도 트라얀의 정책을 따랐고, 마르쿠스 아우렐리우스(Marcus Aurelius, 161~180)는 이 방종교 축출령을 내려 코모디우스(Commodius, 180~192)가 직위할 때까지 박해가 심하였다. 그러나 코모디우스는 관용한 태도로 기독교를 방관하여, 그 결과 대체로 250년경까지는 전국적인 박해는 없었다.

로마의 통치자들이 기독교를 반대한 이유는 기독교인이 무신론자

(Atheist)이고 무정부주의자(Anarchist)였다는 점에 있었는데, 그것은 기독교인들이 사교를 배척하며 황제 숭배를 거부하였기 때문이다. 그리고 성만찬에는 교인들만이 비밀리에 살과 피를 먹는다고 오해하여 인육을 먹는 야만인(Anthropohagus)이라고 정죄하였고, 저녁에 비밀히 모여서 남녀가 불미한 행동을 한다는 오해까지 받게 되어 156년에는 폭동이 발생하고, 이때 적지 않은 기독교인이 순교하였다. 그 외에 여러 가지 부도덕한 행동을 한다는 이유로 177년에는 리옹(Lyons)과 비엉(Vienne)에서도 폭도가 일어나 기독교인들을 박해하였다. 그래서 기독교인 박해는 국가법과 재판에 의하지 않고 대개는 지방 장관의 직권에 일임하여 두는 경우가 많았다. 284년에는 디오클레티안(Diocletian)이 로마 황제로 즉위하였는데, 그는 군인 출신으로 성격이 포악했으나 국방과 내정을 개혁하였다. 특히 건국 100주년을 맞이하여 로마의 신을 성대히 숭배하게 하였으나 기독교인들이 거부하는 것을 보고 전국적인 박해를 가하여 이때 많은 순교자와 배교자가 생겼다. 그가 퇴위한 후 312년에 기독교의 자유가 완전히 허용되기까지는 부분적인 박해가 그치지 않았다.

2.2. 호교론자(Apologists)

기독교인에 대한 일반의 오해와 로마 정부의 적대적 태도에 대하여 기독교를 변호하고 변증하기 위해 일어난 사람들을 호교론자(또는 변증론자, Apologists)라고 부른다. 그들은 기독교의 진리를 이론적으로 설명하여 기독교에 대한 부당한 오해를 제거할 뿐 아니라 지식 계층을 개종하려고 노력하였다. 최초의 호교론자는 아테네 사람 쿠아드

라투스(Quadratus)인데 그는 125년경 변증론을 써서 하드리안 황제에게 올렸다. 이러한 변증론자들 중에도 가장 유명한 이는 유스틴(Justin)이었다.

　유스틴(Justin)은 팔레스틴 네아볼리의 기독교 가정에서 태어났다. 그는 일찍이 스토아 사상, 아리스토텔레스(Aristotle), 피타고라스(Pythagoras), 플라톤(Platon)의 철학을 연구하였다. 처음에 스토아학파에 가서 배우려 하였으나 그 주장이 너무 유물론적이었기 때문에 거기에서 떠나 아리스토텔레스학파에 전학하게 되었다. 그런데 그곳에서는 가르치는 것은 적으면서 학비는 많이 받아 다시 피타고라스학파로 옮기게 되었다. 피타고라스는 유스틴에게 철학을 공부하기 전에 수학과 천문학을 공부해야 한다고 하여 그곳에서도 떠나게 되었다. 유스틴은 마침내 플라톤학파에 가게 되어 비로소 만족을 얻게 되었다. 공부하던 중 하루는 해변에 나가 명상을 하고 있었는데 어떤 백발노인을 만나게 되었다. 그가 "예수를 아느냐" 하고 묻는 말로 담화가 시작되어 결국 유스틴이 예수를 믿게 되었는데 이때부터 자기가 믿는 신앙을 배워온 철학으로 표현하는 데 노력하였다. 그는 플라톤의 철학으로 예언서를 해석하여 "내 마음속에 진리의 불이 일어나 예언자들과 그리스도의 친구들을 사랑하게 되었으니 그들의 철학이 과연 참 철학이라" 하였다. 유스틴은 무엇보다도 기독교는 가장 영구적이고 신성한 철학이라고 확신하였다. 다른 철학은 다 진리에 관한 말을 하고 있으나 기독교는 진리 자체인 로고스(Logos)가 화육되어 그리스도로 나타난 것을 믿으니 곧 진리 자체를 가지고 있는 유일한 철학이라고 보았다. 153년경에 그는 이러한 내용의 기독교 변증론을 써서 안토니우스 황제와 그 양자에게 올려 로마 정부의 기독교인 박해와 이교도의 교회 비난을 반박하였으며, "트리포(Tryphpo)와의 대화"라는 글을 써서 유대인의 반대를 무릅쓰고 기독교를 변증하였다. 그는 165년에 로마에서 전도하다가 순교하였는데 후에 사람들은 그를 '순교자 유스틴'(Justin Martyr)이라고 불렀다.

한편 기독교가 세계에 진출하여 여러 가지의 종교와 철학 사상을 접촉함에 따라 이단 사상이 생기게 되었다. 2세기경에 기독교를 크게 위협한 것은 영지주의(Gnosticism)이었다. 이것은 바빌론의 점성술, 페르시아의 이원적 우주론, 이집트의 유출론 등을 종합한 일종의 종교철학이었다. 영지주의자들은 이원론에 근거하여 선과 악, 빛과 어둠, 영과 육을 분리한 다음, 이를 극단으로 대립시켜 영의 세계는 빛이고 선하다고 보았으며, 육의 세계는 어둡고 악하다고 하였다. 이 사상이 교회에까지 침투하여 교리와 생활면에 있어서 소동을 일으켰다. 그들은 만물을 지으신 신, 즉 구약의 신은 물체를 지은 신이기 때문에 열등한 신으로 보았고, 그리스도는 창조의 신보다 우수한 신으로서 우리에게 구원의 길을 알리러 오신 분이므로 육신으로 세상에 오신 것이 아니라, 유령적이고 환영적으로 나타나셨다고 주장하여 예수의 역사성을 부정하는 동시에 기독교의 역사적 근거를 파괴하려고 하였다. 이러한 교리적 변동을 영지주의자들은 극단적인 금욕주의를 제창하며 결혼, 식사 등을 금하고 건강하지 못한 방향으로 전개하였다.

이렇게 밖으로부터 침입한 영지주의가 있는 반면에 교회 내에서는 몬타누스주의(Montanism)의 소란이 있었다. 소아시아 프리기아(Phrygia)사람 몬타누스(Montanus)는 교회 안에 성령의 역사에 대한 관념이 점점 희박하여지고 교회가 제도화하며 세속적 경향으로 흐르는 것을 보고, 그것을 막기 위하여 성령의 직접적인 감화를 강조하였고,

예수의 재림이 임박하였다고 믿으며, 신앙의 열정과 엄격한 생활을 주장하였다. 이 과정에서 그들은 기성교회와 전승을 무시하며 건전한 신앙을 버리고, 현세의 의무를 저버리고, 열광적으로 재림과 내세만을 강조하였다.

교회가 로마제국으로 진출함에 따라 조직이 변하고 다른 문화와 섞이게 되어 교리상 급격한 변동이 있게 되었다. 교회는 3세기에 이르러 비로소 새 시기에 적합한 교리를 설정하게 되었는데 그 대표적 인물은 서방에 있어서 터툴리안(Tertullian)이었고, 동방에 있어서는 오리겐(Origen)이었다.

터툴리안은 150년경 북아프리카, 카르타고(Carthage)에서 출생하여 로마법률을 공부하였고, 철학, 수사학, 로마 문학에 정통한 학자였다. 기독교로 개종한 후 기독교 문학에 주력하고 교리를 변증하며 해석하는 데 노력하였다. 그는 로마학자들의 전통을 이어 문제를 사변적으로 취급하는 것보다 법률가의 입장에서 문제를 명확히 정의하여 해석하였다. 터툴리안은 처음 라틴어로 신학을 저술하여 라틴 신학의 아버지라고 불리워진다.

신학과 철학에 관하여 터툴리안은 말하기를 철학은 이성을 토대로 한 것이므로 이성은 자연을 이해하는 일에만 해당된다고 하였고, 신학은 초자연적인 하나님에 관한 것이므로 이성보다 권위에 기초하였다고 하였다. 이러한 권위는 예수께로부터 사도들의 전승을 통하여 교회에 보유되고 있다고 해석하였다. 그는 신학을 학문으로 자유롭게 취급할 것이 아니라 법학같이 어떤 기관에 종속하게 하고, 그 권위에 의거하여 추론할 것을 주장하였다.

기독교의 중심 교리 중 하나인 삼위일체론에 대하여도 터툴리안은 법률적 용어로 해석하였다. 삼위일체란 말은 세 분, 성부, 성자, 성령은 한 하나님이라는 것이다. 어떻게 셋이 하나가 되느냐 하는 데 대하여 그는 세 '소유자'가 한 '소유물'을 공동소유함과 같은 법인관계(Corporation)라고 하였다.

터툴리안은 죄에 관하여 개인의 죄는 아담에게서 내려오는 원죄로부터 시작되고, 우리의 영혼이 모태에서 형성되는 순간 원죄는 부모에게서부터 자손에게 상속된다고 해석하였다. 이 교리는 상속법에 의하여 취급된 것이라고 볼 수 있다. 원죄를 토대로 죄를 짓게 되는 것을 채무 관계와 같이 보고, 이 채무는 그리스도의 대속에 의해 쌓아둔 은혜로 보상할 수 있다고 하였다. 그 당시 로마제국에서는 소위 은혜의 선물(Gratia)이란 관습이 있어 지방 부호들이 빈민들에게 양식 등을 무료로 나누어주던 풍습이 있었다. 터툴리안은 이런 관습을 배경으로 하여 그리스도의 은혜를 설명하였던 것이다. 그는 그 당시 사람들이 이해할 수 있도록 기독교의 내용을 설명하여 주었다.

동방을 대표하던 인물을 오리겐(Origen)이었다. 그는 185년에 알렉산드리아(Alexandria)에서 태어났다. 오리겐의 부친은 202년에 있었던 대박해 때에 순교한 기독교 신자였다. 오리겐은 학문의 도시 알렉산드리아에서 철학을 공부하였고, 18세 때에 사부 클레멘트(Clement)의 뒤를 이어 신학교를 주재하였다. 그의 명성이 높아지자 대적자들은 오리겐을 이단자라고 공격하여 추방하였다. 그래서 오리겐은 카이사랴에 가서 신학교를 창설하였는데 이것이 그의 문학적 활동이 절정에 달한 시기였다. 그의 저작은 대체로 성서에 관한 것, 교리에 관한 것, 변증을 위한 것 등 세 부분으로 구성되었다.

오리겐은 사람이 육체와 혼과 영으로 구성된 것처럼 성서도 문자적, 도덕적, 영적인 삼중의 의미가 있다고 보고 성서에서 영적이며 철학적 의미를 찾는 것이 가장 중요하다고 보았다. 그는 기독교 사상과 철학적 진리가 같다고 생각하고 플라톤과 스토아 사상을 가지고 성서와 교리를 설명하였는데, 이 점에는 그는 터툴리안과 구별되었다.

오리겐은 하나님이 세상을 지을 때 성부는 만물의 존재(Existence)를 주었고, 성자는 이성(Reason, Logos)을 부여하였으며, 성령은 거룩함(Holiness)을 주었다고 하였다. 피조물 중에 사람이 가장 하나님께 귀여움을 받았으나 악마에게 유혹을 당하여 타락하였다. 그래서 인간을 구원하려고 그리스도가 사람의 형상을 입고 십자가에서 운명하여 인간들에게 몸소 생의 본을 보이시고, 악마에게 갇힌 영혼을 속량하였으며, 하나님의 진노를 대속하였다고 주장하였다. 이렇게 그는 '성부, 성자, 성령', '영, 혼, 육', '존재, 이성, 거룩' 등의 3원으로 신학을 구성하였다(『기독교 교리학De Prinicipiis』).

오리겐은 민족성과 교육 내용에 있어서 라틴 세계의 대표적인 신학자인 터툴리안과 상이한 특성을 보였다. 터툴리안이 법률적이고 실제적이었던 반면에 오리겐은 철학적이고 사색적인 배경에서 자라났으며, 터툴리안은 기독교와 철학의 조화를 도모하였으나 오리겐은 양자 사이의 서로 차이점을 찾았다. 오리겐의 사상은 그 후 동방 세계에 큰 영향을 주었다.

3. 로마제국의 기독교

3.1. 신앙 자유와 교리분쟁

기독교는 놀라운 생명력으로 박해와 혼란을 극복하고 마침내 로마제국을 종교적으로 정복하였다. 콘스탄틴(Constantine) 황제가 로마제국의 패권을 독차지하게 되자 그는 정치적 성공을 하나님의 도우심이라 믿고, 자신이 개종하여 기독교인이 되었다. 그래서 312년에 밀란(Milan)에서 기독교인들에게 완전한 신앙 자유를 주는 칙령을 내렸는데, 이것인 기독교가 처음으로 법률의 보호를 받게 된 일이었다. 콘스탄틴도 전 황제들과 같이 하나의 국가, 하나의 황제, 하나의 종교로 성립된 제국건설을 정치적 이상으로 삼았다. 그에 의하여 기독교는 이와 같은 제국의 이상을 실현할 유일한 국가적 종교로 등장하게 되었으며, 이로부터 교회와 정부가 서로 의존하게 되었다.

기독교는 콘스탄틴 황제의 치세 하에 로마제국 내에서 일익 증가하였다. 319년에는 법령으로 교역자에게 공중에 대한 의무를 면제하였으며, 321년에는 교회가 재단이 되어 개인의 유산을 받을 수 있는 권리를 허락하였고, 329년에는 개인적으로 기독교 이외의 신에게 제사하는 것까지 금하였다. 그 반면 황제는 전도인에게 손수 예물을 주었으며 로마, 예루살렘, 베들레헴 등지에 후원으로 큰 교회당을 세워 주었다.

콘스탄틴은 정치적 동기에 의해 제국의 수도를 로마에서 비잔티움(Byzantium)으로 옮겼다. 당시 로마는 이교의 영향이 컸으므로 로마를 떠나 기독교적의 중심지인 동방으로 옮겼다. 그 수도 이름을 사람

들은 황제의 존호를 따라 콘스탄티노플(Constantinople, 콘스탄틴의 시)
이라 하였다. 이 천도로 인하여 옛 수도인 로마의 감독은 정부의 직접
적인 통제를 받지 않았고 점점 서방세계의 유일한 대감독으로서 서방
교회의 존경을 받게 되었다.

    황제 콘스탄틴의 통일이념에 의하여 로마제국의 유일한 종교로
등장한 기독교가 제국연합의 원동력이 되려면 교회 자체부터 하나가
되어야 했으나 지방색과 교리적인 문제로 인하여 교회 내에 분쟁이
끊이지 않았다. 최초의 분쟁은 하나님에 대한 해석에서 시작되었다.
서방교회는 터툴리안의 가르침대로 "그리스도와 아버지의 본질은 동
일하다"라는 것으로 통일되었으나 동방교회는 의견이 일치되지 않았
다. 알렉산드리아 교회의 장로이며 신학자 아리우스(Arius)는 "예수는
본질적으로 신이 아니요, 무로부터 창조를 받은 것으로 영원 전부터
존재하지는 않았다. 아버지는 시작이 없으나 아들은 시작이 있다. 본
질과 영원성에 있어서 그리스도는 질적으로 차등한 신이다. 그러므로
그리스도는 완전한 신도 아니요, 인간도 아닌 그 중간적 존재이다"라
고 주장하였다. 그러나 이에 반대하여 같은 교회의 감독인 알렉산더
(Alexander, 312~328)는 "아들은 본질상 아버지와 같으며 창조함을 받
은 이가 아니라"고 주장하여 양자 간에 논쟁이 벌어져 동방교회에 혼
란이 가중되었다.

    콘스탄틴 황제는 자신의 고문감독인 호시우스(Hosius)를 파견하
여 문제의 해결과 양파의 조정을 시도하였으나 그의 호의적인 노력도
수포로 돌아갔다. 그리하여 황제는 325년 5월에 자신의 주권하에 있
는 모든 감독들을 소아시아의 니케아(Nicaea)에 모아 기독교 역사상
에 유명한 제1회 총회를 열었다. 참가한 감독 수는 약 300명이나 되고

서방에서도 여섯 명이 참석했다. 감독들은 회의 전부터 3파로 갈리어 알렉산더 감독과 아리우스파, 중간파가 긴장 관계를 형성했다. 니케아총회는 황제의 친구요 사가이며, 카이사랴 감독인 유세비우스(Eusebius)의 사회와 황제의 축사로 개회되었다. 이어서 양측의 주장이 제출되자 대세는 중간파의 입장인 "그리스도는 본질상 하나님과 동일하시다"는 동질론(Homoousia) 결론에 도달하였다. 이것이 곧 니케아 신조(Nicene Creed)가 되었다. 그러나 이 신조에 대하여 동방교회에서는 또다시 반대가 일어나 오랫동안 분쟁이 그치지 않았으나, 알렉산더 감독의 비서요 그를 이어 감독이 된 아타나시우스(Athanacius)의 필사적 노력과 일생을 두고 투쟁한 결과, 이 신조의 명맥이 이어졌다. 그 후 성부와 성자의 관계로부터 성령과의 관계까지 연장되어 381년에 콘스탄티노플 총회에서 신론을 재조성하였다. 삼위는 동질이나 성부는 성자를 낳고(begotten) 성령은 성부로부터 유출(Proceed)하였다고 제정하였다.

신론을 이어 다음 시기에는 기독론이 논쟁의 중심이 되었다. 영지주의 이단에 대하여 변증하는 동안에 '그리스도는 완전한 신성과 인성을 구비하였다'는 교리가 이미 수립되었으나 그 신·인 양성이 예수의 한 인격 안에서 어떻게 결합되었는가 하는 문제는 해결되지 않았다. 이 문제를 처음 끌어낸 이는 라오디게아 감독 아폴리나리스(Apollinaris, 390)이었다. 예수 안에는 신·인 양성이 결합되어 있으나 그 인성은 우리와 달리 영적 부분이 없고 신성으로 대충되었다고 하였다. 그를 이어 안디옥의 학자 네스토리우스(Nestorius)는 완전한 인성은 승인하나 신·인 양성의 관계에서 양성은 처음부터 완전하게 결합된 것이 아니라 점진적으로 이루어져서 승천할 무렵에 완성되었다고 주장하였다. 이와 같은 사상에 근거하여 그는 당시 예수의 어머니 마리아를 '신의 어머니'(Theotokos)라고 하는 것에 반대하여 마리아가 낳은 것은 신이 아니라, '신을 지닌'(Theophorus) 육체를 낳았을 뿐이라고 하였다. 알렉산드리아 감독 키릴(Cyril, 412~444)은 이에 극력 반대하여 로고스가 화육하였고 마리아는 신을 낳았다고 주장하여 그리스도의 인격적 통일을 주장하였다. 이 논쟁이 약 50년간 계속되다가 칼케돈 총회(Council of Chalcedon, 451)에서 일단락을 맺었다. 그리스도는 참 하나님이시오, 참 사람으로 그의 신성과 인성은 "섞일 수 없으며"(asynchytōs) "바뀔 수 없으며"(atreptōs) "나뉠 수도 없고"(adiairetōs) "갈라질 수도 없다"(achōristōs)고 하였다. 이 칼케돈 신조가 그리스도에 관하여 부정적인 어휘로만 표현된 것에 주목할 필요가 있다. 그 후에도 교회 내의 논쟁은 쉬지 않았고 그럴 때마다 종교총회가 개최되어 교회의 바른 노선을 모색하여 나가려고 애썼다.

3.2. 교회의 분열

교회 내의 논쟁이 제황의 간섭으로 인하여 좌우되는 반면에 논쟁의 중심세력을 이루는 감독들의 정치적인 이유도 적지 않은 영향이 있었다. 완전한 신앙의 자유가 허용된 후에도 모든 군소 교회들의 감독들은 각각 동등한 권위와 세력을 가진 것이 아니라 주로 알렉산드리아 교회, 안디옥 교회, 콘스탄티노플 교회 그리고 로마 교회 등의 감독들이 교회의 주동 세력을 이루었다. 콘스탄티노플 감독은 수도를 배경으로 하여 권위자였으며, 알렉산드리아 교회는 신플라톤 철학으로 단장한 학문의 중심지임을 자부하였다. 안디옥 교회는 아리스토텔레스 철학의 영향을 많이 받았으며 이방교회의 모교회로서 당당한 세력을 가지고 교계에 군림하였다. 이러한 대교회들 가운데서 유명한 감독과 학자들이 배출되기도 하였으나 그 반면에 그들 상호 간의 세력 다툼으로 인하여 교계에 적지 않은 혼란을 일으키기도 하였다.

서방교회는 일찍부터 터툴리안의 공헌으로 신론과 기독론 등의 기본교리가 확립되어 400년경에는 온 교회에 인정을 받았다. 따라서 교황권도 서방에 먼저 확립되기 시작하였다. 교황 인노센트 1세(Innocent I. 402~417)와 레오 1세(Leo I)는 "로마에 있는 교회는 사도유훈을 수호하며, 로마의 감독은 베드로의 직계이므로 다 로마 감독에게 복종하라"고 주장하였고, 445년에는 황제 발렌티니안 3세도 칙령을 내려 서구교회는 "모두 로마 감독에게 복종하라"고 명하였다.

이 시기에 동서교회는 성만찬식에는 다 같이 성령의 능력으로 그리스도께서 친히 임하신다고 믿었다. 기본적으로 예배와 성만찬 2부로 구성되어 있으나 예배 형식에 약간의 변천이 있었다. 4세기부터 설교가들이 배출되어 예배 순서에 있어서는 설교의 위치가 중시되었다. 가장 저명한 설교가로서는 동방의 그레고리(Gregory of Nazianzus, 329~378), 크리소스톰(Chrysostom, 345~407), 알렉산드리아의 키릴이 있었고, 서방에는 암부로스(Ambrose, 397년에 죽음), 어거스틴(Augustine, 354~430), 레오 1세가 대표적이다.

교회 명절로는 부활절과 오순절이 가장 오래된 큰 절기였고, 성탄절은 제4세기 중엽에 시작되어 함께 기독교의 삼대 절기가 되었다. 4, 5세기경에 이르러서는 성자숭배 그중에도 '동정녀 마리아 숭배'와 천사숭배, 성해(聖骸)숭배, 성화(聖畵)숭배 등이 성행하여 교회사가 하르낙(A. von Harnack)의 말과 같이 소위 '저급 기독교'가 생기게 되었다.

이 저급 기독교는 평신도들의 생활에 큰 영향을 주었는데 5세기 이후부터는 일반 교인들뿐 아니라 수도사들과 교회의 지도자들까지도 이것을 장려하였다. 이 운동은 이교도들을 쉽게 기독교로 들어오게 한 반면, 기독교를 상당히 이교화시켰다.

동서의 교회는 이러한 공통점도 있지만, 각각 현저한 특징을 가지고 있었다. 동방교회는 동지중해 연안을 토대로 하고 그리스어를 사용하였으며, 서방교회는 라틴어를 사용하는 이탈리아와 카르타고의 북서부를 중심으로 하고 있었다. 그리스의 학구적 정신과 로마의 법률적 재질이 각각 교계의 특징으로 조성되어 발달하였으며 특히 콘스탄틴이 수도를 비잔티움으로 옮긴 후부터는 교계에도 로마와 콘스탄티노플 두 세력권으로 분립되기 시작하였다.

라틴교회는 제도와 조직과 신앙의 체험 또는 그 심리학에 의한 신학적 해석을 지향하고, 그리스교회는 복잡한 논리적 분석과 종합, 교리적인 정통주의, 즉 형이상학적 방면을 지향하였다. 그리스정통주의에 의하면 교회는 "신앙의 철학"을 맡아둔 곳이요 그와 반대로 로마의 가톨릭교회는 "신앙의 법률"을 맡아둔 곳이었다. 그리스정통주의는 교회를 권위 있게 하는 것은 정당한 사상 곧 정통적 교리라고 하였으나 가톨릭주의는 모든 구원의 조건을 소유한 유일무이의 가톨릭교회라 하여 권위를 교회에 두었다. 그러므로 교회는 '구원의 기관'이요 교회 밖에서는 구원이 없고, 진정한 기독교인도 있을 수 없으며, 교회가 옳다 하는 것은 영원히 옳고, 그르다 하는 것은 영원히 그를 것이라고 하였다. 시대가 발전됨에 따라 교회가 채용하는 모든 사상, 제도, 조직, 예전, 경험, 생활 등도 다 참되다고 강조하여 가톨릭교회에는 영원한 진보가 가능하고 그 활동은 자유자재하다고 하였다. 이러한 점은 그리스정통주의가 논리적으로 고정되어 침체에 빠지기 쉬운 데 비하여 좋은 대조가 된다. 결국 그리스교회의 교리와 제도는 8세기에 이르러 정지되고 그 후의 발전은 다만 단순한 해석과 적용에 불과하며, 새 교리와 새 제도의 발생은 기대할 수가 없었다. 이와 같이 유일무이한 절대적인 제도하에 유기적인 발전을 주장하는 가톨릭교회와 정당한 사상과 교의의 소유자라고 주장하는 그리스교는 주후 451년에 에베소에서 개최된 총회부터 갈라지기 시작하여 종래 분열되고 말았다.

일반 대중의 오해와 로마 정부의 가혹한 박해를 받던 고대 기독교인들은 힘차게 싸우면서 수많은 순교자를 배출하였으며, 이로 인해 결국 완전한 신앙의 자유를 얻게 되었다. 로마의 황제들은 기독교 신앙에 귀의한 후 사신 숭배를 금지하여 오랫동안 기독교인을 괴롭히던 동일한 방법으로 이교도를 박해하게 되었다. 그리하여 기독교는 지중해 연안으로부터 아프리카 사막까지, 페르시아만 코카서스산맥, 흑해, 다뉴브강, 알프스산맥, 라인강 그리고 영국의 남반부 곧 당시의 문명권 내에 놓인 유럽 전체에 전파되었다. 로마의 반도 내에는 기독교가 전파되지 않은 곳이 없었고, 로마제국은 기독교에 의하여 명실공히 정복을 당하게 되었다.

제 5 장

중세의 기독교

과학이 현대 사회의 중심을 차지하듯이 중세에는 종교가 그 사회의 중심을 차지하고 있었다. 흔히 중세를 암흑시대라 하나 이는 후대의 문화지수(Culture Index)로써 지난 시대를 비판하는 데 불과하다. 중세도 현대에 못지않게 그 시대의 역사적인 소임을 다한 점에 대해서는 공정한 가치 평가가 이루어져야 할 것이다.

1. 중세 기독교의 형성

1.1. 중세 교회의 이상: 어거스틴의 신국

중세 교회의 주제인 '지상을 천국화한다'라는 이념을 제시한 어거스틴(Augustine, 354~430)의 『신국』을 고찰하는 것이 중세의 기독교를 이해하는 출발점이라고 할 수 있다.

어거스틴은 북아프리카 누미디아(Numidia)의 타가스테(Tagaste)촌에서 출생하였다. 그의 아버지인 파트리키우스(Patricius)는 열정적이고 세속적인 사람이었고, 그의 어머니 모니카(Monica)는 지혜롭고 경건한 기독교인이었다. 이러한 대칭적인 부모의 슬하에서 자라난 어거스틴은 자연히 이중성격을 갖게 되었다. 그는 일찍부터 수사학을 공부하여 20세가 되기 전에 벌써 시(詩)와 극(劇)에 이름을 높이게 되었고 또 키케로(Cicero)의 저서 『호르텐시우스*Hortensius*』의 영향을 받아 숭고한 진리를 찾기에 힘썼다. 반면에 그는 이 이상을 실생활에 옮겨보지 못한 채 신분이 천한 여인과 동거생활을 하기까지에 이르렀다. 이러한 이중적인 상태서 이원론적 마니교(Manichaeism)에 주목하여 9년간이나 청종하였다.

그 후 밀라노(Milano)에 가서 수사학을 가르치게 되었고 그 지방의 감독인 암부로스(Ambrose)의 설교를 듣게 되었다. 암부로스는 그 당시의 일류 수사학자이며 대설교가였다. 어거스틴은 처음에 암브로스의 수사학에 끌려서 그의 말을 듣기 시작하였고 이때 정통 기독교와 다시 접촉하게 되었다. 그때 그는 신플라톤 철학(Neo-Platonism)에 관한 서적을 읽게 되었다. 이 철학을 통하여 신과 모든 실재의 근원이 다 하나님이라는 것을 배우게 되었다. 그 반면 악과 모든 거짓은 선과 참에 의거하여 그것을 부정하는 데 불과한 것이므로 선과 같이 본질적으로 실재하지 않다는 것을 깨닫고 이원론을 버리고 일원론적인 경향으로 전환하였다. 이러한 지적 전환이 있은 후에도 어거스틴의 실생활에는 아직 근본적인 변화가 없었다. 하루는 지나가는 수도사와의 담화하는 가운데 그들이 금욕적인 극기 생활에 필사적으로 노력한다는 사실에 감명되는 한편, 자신의 지행(知行)이 일치되지 않음을 자책하게 되었다. 고민 끝에 정원에서 울면서 통화할 때 옆집의 작은 아이가 "들고 읽으시오"(tolle lege)라고 하는 것 같았다. 이것이 하나님의 말씀을 대신해 주는 것이 아닌가 생각하고 곧 방에 들어가 성경을 들고 폈는데 "그런고로 우리가 어두움의 일을 버리고 빛의 갑옷을 입고 낮에와 같이 단정히 행하고 방탕과 술 취하지 말며, 음란과 호색하지 말며 쟁투와 시기하지 말고 오직 주 예수 그리스도로 옷입고 정욕을 위하여 육신의 일을 도모하지 말라"(로마서 13:12-14) 하는 말을 읽게 되었다. 그 순간부터 그는 의심의 모든 그림자를 거두고 신앙생활을 시작할 수 있었다. 386년 늦은 여름에 이 거듭난 체험을 하게 된 후로는 금욕, 수도, 연구의 생활에 전념하다가 391년에는 성직자로 피선되었고 395년에는 힙포(Hippo) 지방의 감독이 되어 그 후 35년간 그 임지를 떠나는 일 없이 목회와 신학에 전력하였다. 게르만 민족이 로마제국을 정복할 무렵 성밖에 반달(Vandal) 침입군의 말굽 소리를 들으면서 76세(430년)의 노감독은 불안과 공포에 쌓인 주위 사람들을 위로하며 영원한 안식으로 들어갔다.

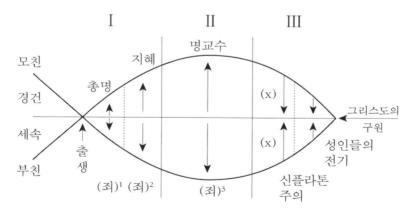

『고백록』의 구조

게르만 민족이 남침하여 로마제국의 운명이 위기에 이르렀을 시기에 어거스틴은 412년 『신국』을 저술하여 426년경에 탈고하였다. 이것은 그의 성숙한 기독교 신앙과 시대 역사의 깊은 통찰과 풍부한 상상에 기초한 역사철학이었다. 동시에 우상을 숭배할 때는 로마제국이 융성하다가 기독교를 숭상한 후로는 쇠약하여 간다는 이교도들의 기독교에 대한 비난에 대응하는 신학적 변증문이었다. 이 책의 주제는 시작과 내용 그리고 종결이라고 볼 수 있다. 시간은 영원히 계신 하나님의 창조로 시작되었다고 하였고, 그 내용은 선악의 투쟁이라고 보았다. 인류의 조상 아담의 반역이 있은 후에 두 아들 가인(Cain)과 아벨(Abel)을 낳았는데 가인이 아벨의 경건을 질투하여 마침내 살해하였다. 이러한 질투와 다툼을 이어받은 자손들이 분리되어 하나님을 섬기는 무리와 배역하는 무리로 나눠 '선민'과 '이방인'의 계통을 이루었다. 그것이 계속되어 그리스도가 오신 다음 '교회'와 '세상'으로 대립되어 투쟁하고 있다. 이 '지상의 나라'는 버림을 받은 악마의 소속으로서 가장 구체적으로 잘 표현된 것이 이교의 바빌론과 로마제국이

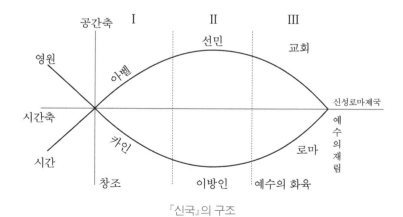

『신국』의 구조

다. '하나님의 나라'는 하나님의 택함을 입은 자녀들로 구성되어 영원히 존속되는 것으로서 우리의 눈으로 볼 수 있는 모습이 곧 교회라고 하였다.

어거스틴은 그의 이상적인 신국과 현실적인 교회를 동등시하는 데서 교회의 역사적 소임을 암시하여 준 것이다. "그러므로 교회는 지금도 그리스도의 나라요, 하늘나라이다. 따라서 성도들은 지금부터 그와 같이 다스린다. 그러나 밭에 가라지가 있듯이 교회에도 가라지가 자라나나 주와 같이 왕 노릇은 하지 못한다"라고 하였다. 이렇게 보면 교회 외에는 구원의 길이 없고 이 교회의 신자가 되는 것만이 구원의 필수조건이 된다. 그리고 교회는 점점 더 지상의 나라를 정복하고 신의 나라를 실현하여 세상 나라가 하나님의 나라로 변화하는 데 전력해야 하겠다는 것이다. 그래서 신의 나라가 왕성함에 따라 지상의 도시는 몰락, 붕괴될 것이므로 구 로마제국의 운명도 예정된 것으로 보았다.

이러한 투쟁의 종말은 영원한 평화이다. 시간과 역사의 시작으로 투쟁이 계속되었으나 시간의 종결에는 싸움을 잊은 영원한 평화의 세계로 들어갈 것을 어거스틴은 주장하였다. 그래서 교회의 투쟁은 승전에 그치지 않고 영원한 평화를 가져오는 데 있다는 것이다. 어거스틴의 역사철학은 중세를 형성하기 시작하여 교회와 교황권 수립의 사상적 근거가 되었으며 정·교의 연합 내지 세속권을 지배하게 하였다.

1.2. 중세 교회의 목표: 신성로마제국

서로마제국이 북구 야만족으로 인하여 망한 후 교회는 그 민족들에 대한 선교와 교화에 주력하였다. 496년에 프랑크왕 클로비스 (Clovis of Frank)가 기독교로 개종한 후부터는 북구 야만족이 점점 교회의 권위 하에 들어오게 되었다. 그 후 클로비스의 후손인 메로빙거 왕가가 쇠퇴하여 카롤링거(Carolingen) 왕가의 피핀(Pippin the Short, 741~768)이 교황 자카리아스(Zacharias)의 후원을 받아 무력한 메로빙거 왕가를 폐하고, 왕위에 오를 때 751년 교황이 그에게 대관식을 베풀었다. 이로부터 중세의 정권과 교권이 밀접한 관계를 맺게 되었다.

피핀을 이어 그 아들 카알 대제, 즉 샤를르마뉴(Charlemagne)가 즉위하여 선왕의 영토를 배나 늘렸는데 프랑스, 벨기에, 네덜란드, 독일의 절반, 오스트리아, 헝가리, 이탈리아의 절반 및 서반아의 동북까지 포함하여 서로마가 멸망한 후에 처음 보는 현상이 일어나게 되었다. 그가 로마 교황을 전 교회의 감독장으로 추대하는 한편, 교황 레오 3세 (Leo III. 795~816)도 주후 800년에 샤를르마뉴에게 서로마제국 황제의 대관식을 베풀었다. 이것은 서구 민족들이 오랫동안 통일을 갈망하는 가운데 대망의 로마제국을 재수립한 것이었다. 샤를르마뉴 자신도 교회와 합심하여 어거스틴의 이상을 실현하는 데 힘썼다.

그러나 샤를르마뉴가 죽은 후에 외적의 침입과 봉건제도로 전환함에 따라 나라가 분열되고 서구의 질서가 무너질 우려가 있어 911년에는 독일의 귀족들과 감독들이 모여 제왕을 선택하기 시작하였다. 처음 피선된 콘라드(Conrad, 911~918)로 시작하여 헨리(Henry, 919~936), 오토 1세(Otto I, 936~937)에 이르러 다시 통일을 이루게 되었다. 오토는 아우구스투스, 카알대제 등을 이은 신성로마제국의 황제로 대관하게 되었다. 그때부터 신성로마제국이라는 것이 그 시대의 구체적인 목표로 남아 중세를 지배하였다.

1.3. 중세 교회의 도구: 성례전

중세 교역자들은 성례(Sacrament)로 교인을 다스렸다. 성례란 것을 어거스틴은 "보이는 것으로 보이지 않는 은혜를 상징하는 것"이라고 정의하였다. 다시 말하면 성례란 사람들을 이 지상의 나라에서부터 신의 나라까지 옮겨가게 하는 매개물이다. 초기의 교회에는 세례와 성만찬식만이 주요한 예전이었으나 중세기에 이르러서는 일곱 가지의 성례가 제정되고 집행되었다.

교회 생활에 있어서 세례(Baptism), 견신례(Confirmation), 혼례(Marriage), 종신례(Extreme Unction)가 있었고, 영적인 것으로는 고해(Penance)와 성찬(Eucharist)이 있었으며, 성직자에게만 해당되는 성직수임례(Ordination)가 있었다. 이렇게 교역자들은 성례를 통하여 신도들을 나면서부터 죽을 때까지 일평생을 통제하였고, 일반 교인들은 교회에 주어진 그리스도의 은혜를 성례를 매개로 하여 얻는 것으로 알고 성례에 참여하는 것으로 만족하였다. 이러한 가운데 중세의 교권주의(Sacerdotalism)와 성례주의(Sacramentalism)가 서로 호응하며 결탁하였다.

1.4. 중세 교회의 조직: 수도원

중세 교회는 치밀한 조직으로 그들의 이상을 실현하고자 하여 그레고리 1세(Gregory I, 590~604)부터 중세 교황의 지위가 수립되었다. 그레고리는 로마 귀족으로 출생하여 로마대사로 콘스탄티노플에 갔다가 돌아와 자기가 설립한 수도원의 원장이 되었다. 그가 교황이 될 무렵에 로마성은 기근과 전염병이 심하였고, 성 밖으로는 롬바드족의 위협을 받고 있었으며, 교회 내의 여러 가지 부패로 그 위신이 추락하고 있었다. 그가 교황이 되자 군대를 조직하여 롬바드와 대전하여 불가침조약을 맺고, 교회 내의 부패를 정돈하며, 예배 의식을 개선하였으며, 수도원 운동을 교회 내 활동으로 예속시켰고 또한 신학에 관한 책을 많이 저술하였다. 이를 본받아 후대의 중세 교황들은 온갖 힘을 다하여 세속권을 지배하는 데 주력하였다.

그러기 위하여 교황의 주변에서는 교역자, 수도회, 신학자와 교회 법률가들이 도왔다. 첫째, 교역자들의 체계는 초기에는 로마 정부의 제도를 따라 도시중심으로 이루어져 있었으므로 도시에 있는 대감독이 지방의 군소교회를 관할하고 있었으나 게르만족이 침입한 후부터 점점 교구제도로 발달하여 그 당시 봉건제도를 따라갔다.

둘째로 수도사는 수도원을 중심으로 하여 발전되었다. 처음에는 금욕, 독신, 경건, 겸손에 입각하여 오가다 6세기에 이르러 베네딕트 (Benedict of Nursia)의 지도하에서 학문에도 관심을 두었다. 특히 게르만 민족이 유럽을 휩쓸어 문화적 암흑세계로 만들었을 때 수도원이 옛 그리스와 로마의 문명을 간직하여 중세로 전달하여 주었다. 그뿐만 아니라 세속을 떠나서 경건한 생활을 추구하는 수도사들은 교회가 너무 세속에 휩쓸려 들어갈 때마다 정화와 혁신을 가져오는 힘의 원천이 되었다.

셋째로 교회 법률가(Canonist)들은 표면상 별로 드러나 있지는 않으나 드러나지 않게 교황을 도와서 황제와의 다툼이 있을 때 새로이 법칙 근거를 수립하여 교황에게 유리하게 만들었다. 특히 중세에는 일반 법정과 교직자 법정이 분리되어 있어 교역자에 관한 사건을 교회 법정에서 심사하게 될 때 교회 법률가들의 역할이 컸다.

마지막으로 스콜라신학자(Scholastic Theologians)의 책임은 신학을 그 시대 시조에 맞추어 재조정하는 것이다. 고대 신학과 철학은 수도원에 간직되어 암흑시대를 통과한 후 중세에 전달되었다. 그때 그리스철학의 원천이 그대로 보관되지 못하고 보에티우스(Boethius)가 라틴어로 번역한 아리스토텔레스의 『논리학*Organon*』과 신플라톤파 학자 포피리(Porphyry)의 저서인 『이사고게*Isagoge*』 등이 있었다. 신학 부문에 있어서는 거의 빠짐없이 전승되었는데 교부들이 기본 교리를 수립할 때 벌써 그리스철학을 채용하였으므로 그리스 문화의 일부가 교리를 통하여서도 중세에 전달되었다.

초기 스콜라신학은 플라톤의 이데아론(Doctrine of Idea)에 의하여 '보편적 개념'(Universal Idea)이 객관적으로 실재하느냐 혹은 명목에 불과한 것이냐 하는 데 관심을 두었다. 전자를 실재론(Realism)이라 하고, 후자를 유명론(Nominalism)이라 한다. 철학과 신학이 밀접한 관련을 맺고 있는 이상, 신관, 성례 및 기타 기본교리들이 다 이러한 철학적 논리에 의하여 재해석되었다.

중세 초기의 위대한 사상가인 에리우게나(Johannes Scotus Eriugena)는 9세기에 신플라톤파 학자로서 실재론을 많이 추진하였다. 11세기에 들어가 유명론이 대두하였는데 로셀린(Roscellin)에 이르러 활발하였다. 그는 '삼위일체'설에 대하여 셋이면 셋이지, 셋이 '하나'라는 것은 명목에 불과하다고 하여 안셀름(Anselm)과 논쟁했으나 이후 1093년에는 이를 철회하였다.

안셀름(Anselm, 1033~1109)은 스콜라신학을 확립한 사람이었다. 그는 북이탈리아 아오스타(Aosta)에서 출생하였고 벡(Bec) 수도원장이었으며 1093년에는 캔터베리(Canterbery)의 대주교가 되어 종신으로 재임하였다. 플라톤적 실재론자인 그는 신앙의 내용이 이성적 논증으로 더 명확하여진다고 믿었다. 그는 하나님이라면 그 이상 더 완전할 수 없는 무엇인데 완전하다는 개념에는 존재한다는 개념도 제외될 수 없어 결국 신의 존재가 입증된다고 주장하였다. 그의 "왜 하나님은 인간이 되셨는가?"(Cur Deus Homo)는 그리스도가 어떻게(How) 화육되었다는 설명보다 하나님이 왜(Why) 사람의 형상으로 화육하였느냐 하는 화육에 대한 이유를 설명하여 준 것이었다.

실재론과 유명론이 한창 논쟁할 때 아리스토텔레스의 변증학을 이용하여 중도 입장을 취한 사람이 아벨라르(Abelard, 1079~1142)이었다. 그는 『옳고도 그르다*Sic et non*』라는 책에서 새로이 개념론(Conceptualist)의 입장을 세워 개념이란 것이 실재하나 객관에 있지도 않고 명목에 불과한 것도 아니라 사람의 생각하는 주관에 있다고 했다. 그는 주관에 실재한 개념을 상징적인 말로 표현하는 데서 용어의 오류가 생기며, 분쟁을 일으켰다고 주장하였다. 그의 이러한 시도는 그 시대의 종합론자(Summinst)들에게 본보기가 되었다.

그 당시 종합론자들 중 휴고(Hugo of St. Victor, 1097~1141)는 독일사람으로 아벨라르의 문하생이었는데 그는 신플라톤파적인 신비주의와 변증법을 이용하여 신학계 분쟁을 조화시킨 사람이었으며, 피터(Peter Lombard, ?~1160)는 비록 독창력은 없었으나 박학한 사람으로 이 모든 점을 성공적으로 종합하여 초기 스콜라신학을 이루었다.

12세기 말엽에 이르러 스페인과 이탈리아 남부지방에 사는 유대인들의 노력과 13세기 초에 동로마의 수도인 콘스탄티노플의 함락 이후로 그곳의 학자들이 그리스 원서를 도입함에 의해 아리스토텔레스의 철학이 서구에 다시 소개되어 스콜라신학이 절정에 도달할 수 있도록 예비되었다.

2. 중세 기독교의 절정

중세 기독교는 13세기에 이르러 전성시대를 향유했다. 교황 인노센트 3세에 의하여 교황권의 확장은 최고도에 달하였으며 스콜라신학은 토마스 아퀴나스에 이르러 그 절정을 이루었다. 일반에게는 프란시스와 도미닉의 두 탁발수도단(Mendicant Order)이 조직되어 경건한 생활과 사회정화운동이 고취되었다. 이렇게 13세기의 기독교회는 전 유럽의 정신적, 정치적 지배자로서 어거스틴의 이상을 거의 구현하였다.

2.1. 인노센트 3세(Innocent III)

인노센트 3세는 로마 명문의 출신으로 젊어서는 파리에서 신학을 공부하고 볼로냐에서 법률을 공부하여 교회 법률가와 저술가로 당시에 뛰어난 활약을 하였다. 그의 숙부인 교황 클레멘트 3세(Clemet III)는 그가 30세도 되기 전에 교황청의 추기경(Cardinal)으로 등장시켜 그가 37세에 이르자 1198년 1월에 교황으로 선출되게 했다.

신성로마제국을 지배하는 호헨쉬타우펜(Hohenstaufen) 왕가의 역대 황제들은 독일뿐만 아니라 전 유럽의 정치와 종교의 지배자가 될 꿈을 가졌었다. 황제 헨리 6세가 죽은 후 독일에는 황제 필립(Philip)과 부룬즈윅공 오토(Otto)가 대립하였는데, 교황은 오토에게 독일과 이탈리아의 지배권과 주교임면권의 반환을 조건으로 대관시켰으나 황제가 된 후 교황과의 서약을 저버려 교황은 헨리 6세의 아들 프레드릭 2세(Fredrick II, 1212~1250)를 교황에게 복종하도록 서약하게 하고, 대관시켜 교황권 확장에 성공하였다. 인노센트 3세는 또한 프랑스 왕 필립 1세의 부당한 결혼을 취소시켰고, 영국 왕 존(John, 1199~1226)의 반항을 꺾어 모두 자기에게 굴복시켜 서구의 대권을 한 손에 넣었다.

인노센트 3세는 교황청 내부의 개혁을 단행하며 세속권의 지배를 받아 오던 주교 임명권을 다시 장악하였고, 제4회 십자군을 일으켜 콘스탄티노플을 정복하였을 때 일시적이나마 동구교회도 지배하였다. 그는 또 제4회 라테란 회의를 열어 성만찬에 있어서 떡과 포도주가 교역자의 축복기도로 예수의 살과 피로 변한다는 화체설(Transubstantiation)을 교리화하였고 신앙과 이성 사이의 관계는 존재적 유사관계(Analogia enits)로 조화된다고 주장하였다. 이 교리들은 오늘날까지 가톨릭교회의 정통신앙으로 제정되어 있다. 인노센트 3세는 실로 그레고리 7세(Gregory VII, 1073~1085)와 보니페이스 8세(Boniface VIII, 1294~1303)와 같이 교권지상을 주장한 3대 교황 가운데 하나일 뿐만 아니라 성공적으로 실현한 사람이었다.

2.2. 토마스 아퀴나스의 신학

중세 중기의 이상은 종합통일에 있었다. 정치적으로는 인노센트 3세가 정치와 종교, 제국과 교회의 연합통일을 실현하는 한편, 신학면에 있어서 스콜라신학도 토마스 아퀴나스(Thomas Aquinas, 1225~274)를 중심으로 철학과 신학, 이성과 신앙을 융합시켰다.

토마스는 로마와 나폴리 사이에 있는 아쿠이노(Aquino) 방백의 아

들로 태어났는데 부모의 뜻을 어기고 도미니크파 수도원에 들어갔다
(1242). 선배들은 그의 재질이 비범함을 보고 알버트(Albert Magnus, 1206~1280) 선생에게 보내어 지도를 받게 하고 파리에 가서 신학을 공부하도록 한 결과 토마스는 1257년에 파리대학 신학 교수가 되었다. 그는 기도와 설교가로도 유명하였고 교회 정치에도 활약하였는데, 1274년 교황의 수행원으로 리옹(Lyons)회의로 가는 도중에서 별세하였다.

토마스의 역작인 『신학대전 Summa Theologiae』은 1265년에 시작하였는데 마지막 부분은 완성하지 못하고 죽었다. 그의 신학이 체계화되기까지는 그의 배후에 많은 요소가 예비되어 있었다. 우선 12세기에 대학(University)들이 설립되기 시작하였으며 온건한 실재론적 입장은 아벨라르 이후에 더욱 세련되었다. 제4회 십자군 원정으로 말미암아 동방의 문물이 서구에 전해질 때 아리스토텔레스의 저작들도 그리스 원전에서 새로이 번역되어 중대한 영향을 끼쳤다. 더구나 그의 선생 알버트는 그 시대의 가장 박학한 신학자로 아리스토텔레스의 연구에 조예가 깊었기 때문에 그의 제자인 토마스의 길을 훌륭하게 열어줄 수 있었다.

토마스는 철학과 신학 사이의 관계를 아리스토텔레스의 형태(Form)와 물체(Matter)설을 적용하여 상호 모순된 것이 아니라 각각 독립된 범주로 조화가 가능하다고 보았다. 이 두 학문의 차이점은 그 취급하는 주제가 서로 다른 것이 아니라 동일한 주제인 진리를 다루는 방법이 서로 다르다는 것이었다. "철학은 이성으로 자연적 질서를 모색하며 신학은 계시된 하나님의 말씀으로 초자연적 질서를 연구한다. 자연적 진리나 초자연적 진리는 다 한 하나님께로부터 온 것이므로

그것을 연구하는 철학과 신학 사이에도 모순이 있을 수 없다. 그러므로 초자연적이라 함은 결코 반이성적인 것이 아니다." 이러한 조화는 스콜라신학의 완성일 뿐만 아니라 그 후 가톨릭 신학의 전형이 되었다.

2.3. 수도원의 발달

일반 사조의 변천을 따라 중세 수도원의 이상도 크게 변천되었다. 그때까지 유럽의 수도원을 지배하였던 베네딕트계는 봉건사회에서 귀족을 상대로 활동하였는데 그 후부터는 평면화한 탁발주의단(Mendicant Order)이 성행하였다. 그중에도 가장 유명한 수도단은 도미니크교단(Dominican)과 프란시스교단(Franciscan)으로 이 두 교단은 사도적 청빈과 금욕, 봉사, 전도의 생활을 원칙으로 삼아 활약하였다.

도미니크(Dominic, 1170~1221)는 스페인의 칼라로가(Calaroga)에서 출생하여 팔렌치아(Palencia)에서 수학하고 마드리드(Madrid)의 동북 오스마(Osma)의 사제가 되었다. 그는 엄숙한 설교자로 청빈을 택하였고, 당시에 반교회운동의 하나인 카타리(Cathari)파의 교화에 많은 힘을 경주하였다. 1216년에는 호노리우스 3세(Honorius III, 1216~1227)에게 인정을 받아 새 교단 설립의 허가를 받았다.

볼로냐의 제1회 도미니크교단회의에서 탁발주의와 설교를 그 교단의 2대 원칙으로 결정하였는데 단원들을 빈민층에 들어가 결식하면서 전도하기로 하였다. 이 교단은 묵상보다 활동, 의식보다 설교를 중히 여기며 봉사 생활을 강조하였다. 도미니크가 별세할 무렵(1221)에는 40여 개의 분단이 8구에 나뉘어 있었으며 그 후에도 급속히 증가되었는데, 알버트 마그누스(Albert Magnus), 토마스 아퀴나스 같은 대신학자들, 에크하르트(Eckhart), 타울러(Tauler) 같은 신비주의자들과 사보나롤라(Savonarola) 같은 혁명가는 모두 이 도미니크 교단원의 명부를 장식하는 유명한 인물들이다.

프란시스(Giovanni Bernadore Francis, 1181~1226)는 중앙 이탈리아 아씨시(Assisi)촌의 의복상의 집에서 태어났다. 젊은 프란시스는 친구들과 같이 무사의 생활을 하며 호화롭게 지냈으나 출전 중에 중병에 걸려 앓게 되었다. 이때 그에게 내적 변화가 있었다. 그는 화려한 무사직을 떠나 마태복음 10장 7-14절에 기록된 그리스도의 말씀과 같이 그리스도의 사랑을 본받아 그의 명령을 순종하고 절대적 청빈으로 빈자와 병자를 위로하며 복음을 전하기로 결심하였다. 어떤 사람들은 광인이라 비웃었으나 동지들을 모아 1209년에는 인노센트 3세에게 새 교단 설립의 허가를 받아 처음에는 "아씨시의 참회단"(Penitents of Assisi)이라 하였다가 1216년에는 "겸손한 형제들"(Minor or Humbler Brethren)이라고 개칭하였으나 후에 프란시스교단(Franciscan Order)이라고 불렀다.

프란시스가 전도와 봉사에 과로하여 부득이 산중에 은처하면서 그리스도를 묵상하며 본받으려고 심신을 기울였을 때 그의 몸과 사지에 그리스도의 상흔(傷痕)이 생겼다. 프란시스가 하나님이 만드신 해와 달과 별과 나무와 풀과 꽃과 새를 형제라 부르며, 노래를 지어 태양을 칭송하며 작은 새에게 설교하였다는 전설도 이때 생긴 것이다. 그는 여러 가지 이적을 행하였다고 한다. 그 여부는 알 수 없으나 그가 위대한 인격과 사람을 움직이는 굳은 신앙, 사랑, 순결의 힘을 가졌던 것은 사실이었다. 그는 건강을 회복하여 다시 아씨시에 돌아가 힘껏 일하다가 1226년 10월 3일에 자기가 수리했던 성 마리아 성당에서 45

세의 생애를 일기로 세상을 떠났다. 2년 후 교황 그레고리 9세가 그를 '성자'로 선언하여 성 프란시스로 불리게 되었다.

3. 중세 기독교의 붕괴

13세기에 이르러 최고 절정에 도달하였던 중세 교회는 다음 세기부터 차츰 붕괴의 비탈길을 걷게 되었다. 아퀴나스의 신학은 신학자들의 비판과 거부를 당하게 되었고 국가와 교회 일치의 이상도 제국의 문란과 교황청의 분리로 허물어지기 시작하였다.

3.1. 유명론자들(Nominalists)

토마스의 반대자로 유명한 사람들은 실재론(Realism)을 반대하는 유명론자들이었는데 그중에도 스코투스(Scotus)와 옥캄(Occam)이었다. 스코투스(John Duns Scotus, 1265~1308)는 프란시스 교단원으로 옥스퍼드에서 공부하고 그 대학교수로서 유명하였으며 1304년에 파리대학으로 영전하였다. 4년 후 그 교단은 스코투스를 콜론(Colongne)으로 파송하였으나 오래 지나지 않아 죽었다. 스코투스는 스콜라학자들 가운데 가장 예리하게 토마스를 비판하였다. 그는 신학에는 철학으로 설명할 수 없는 것이 있는데 이것은 성서와 교회의 권위로 받아들여야 한다고 하여 철학과 신학을 결렬하게 하였다.

옥캄(William of Occam, 1300~1349)은 스코투스의 제자인데 옥스퍼드에서 공부하고 파리에서 가르쳤다. 그는 교황들이 마땅히 그리스도의 후계자로 그리스도와 사제들의 절대 청빈을 본받을 것을 주장하다가 투옥을 당하였다. 1328년에 도망하여 교황의 적인 바바리아공의 보호하에서 교권과 정권의 분립, 특히 정권의 독립성을 죽기까지 강조하였다. 또한 그는 극단으로 유명론을 주장하였기 때문에 명사론자(Terminalist)라고 불렸다. 스코투스가 철학에서 신앙적 진리를 분리시켜 놓은 데서 옥캄은 또다시 신앙에서 교회의 전승(Tradition)을 제거하고 성경만을 진리의 표준이요 권위라고 하였다. 종교개혁자 루터(Luther)가 그를 선생님이라 부른 것은 이 까닭이다. 이는 실로 스콜라신학의 파산인 동시에 지적으로 설명할 수 없는 신앙을 강조함으로 신비주의를 조장하였다.

　　스콜라신학자들 중에도 지적 방면뿐 아니라 신비주의로 기울어진 이들도 있었는데 아리스토텔레스의 철학이 성행하던 12~13세기에도 플라톤주의적인 신비주의가 남아 있었다. 이로 유명한 이는 에크하르트(Meister Eckhart, 1260~1327)였는데 그는 극단적인 신플라톤주의자로 하나님밖에는 실재가 없으니 우리 안에 있는 실재도 하나님께로부터 온 섬광뿐이며 깊은 영적 교제 중에서 하나님과 직접 교통하는 것이 삶의 최고의 목표라고 하였다. 에크하르트의 제자로 가장 유명한 이는 타울러(John Tauler, ?~1361)였는데 그는 도미니크파 전도자로 내적 종교의 중요성을 고취한 종교개혁 이전의 개혁주의자(Protestant)였다. 이런 신비운동을 따르는 교직자, 여수도사, 평신도들이 독일 남서부와 스위스에 많았는데 그들은 "신우단"(Friends of God)이라 자칭하였다. 이 단체에서 나온 가장 중요한 저서는 『독일 신학 Theologia Germanica』이었는데 이는 프랑크푸르트(Frankfurt)시의 어떤 사제가 썼다. 이 책은 후에 종교개혁자 루터에게 큰 감화를 주었다. 네덜란드에서는 이와 비슷한 "형제단"(Brethren of the Common Life)

이 나왔고 이 단체에서 나온 가장 중요한 책은 『그리스도를 본받아 *Imitatio Chrsti*』였는데 성경 다음으로 많이 보급된 책 중의 하나이다. 저자인 토마스 아 켐피스(Thomas a Kempis, 1308~1471)는 데벤터(Deventer)의 수도사로서 그의 일생은 단조하였으나 그처럼 신비적 생활을 체계적으로 표현한 이는 드물었다.

3.2. 국가와 교회의 분쟁

(1) 각국이 차츰 자주독립을 요구하며 외부의 간섭을 배척하고, (2) 중산 계급의 지식 발달과 재산 및 정치적 세력의 증진으로 봉건제도가 붕괴하고, (3) 로마법을 연구한 결과 국법을 제정하면서 교회법을 떠나 독립하려 한 것과 (4) 교회의 정치적 야심에 대한 비판 등으로 교황권이 쇠퇴하게 되었다.

교권에 대한 비판 혹은 반대하는 저자들이 많이 나왔는데 이탈리아의 대시인 단테(Dante, 1265~1321)가 그 선두에 섰다. 그는 자신의 『제국론*De Monarchia*』(1321)에서 말하기를 "인생의 최고선은 평화요, 평화를 얻는 데는 황제가 필요하다. 교황이 우리의 영적 행복을 위하여 있는 것 같이 황제는 우리의 현세적 안녕을 위하여 있는 것이다. 그리하여 교권이나 정권은 다 같이 하나님께로부터 온 것이므로 서로 충돌되는 것은 신의 뜻이 아니다"라고 하여 간접으로 교권의 남용을 반대하였다.

교권을 정면으로 논박한 유명한 사람들 가운데 하나는 마르실리우스(Marsilius of Padua, ?~1342)였는데 그는 자신의 『평화의 수호자 *Defensor Pacis*』(1324)에서 말하기를 "최고 권리는 민중에게 있다. 국가로 보면 국민에게, 교회로 보면 교인에게 권리가 있는 것이니 그들은 교황이나 황제를 선거하는 권리를 가진 사람들이다. 그러므로 정·교, 양 권은 각각 민중의 복리를 위하여 힘을 다할 것이고, 결코 서로 다툴 것이 아니라"고 하였다. 교황 요한 22세는 그를 파문하였으며(1348) 클레멘트 6세는 이단이라고 정죄하였다(1343). 이러한 주장을 반박하고 교황권 지상주의를 옹호한 저자도 있었으나 유명한 사람은 없었고 또한 민족의식이 각성되는 시기에 있어서 교권에 대한 반대를 설복시키거나 침묵하게 할 방침이 없었다.

3.3. 교황청이 바빌론 포수

인노센트 3세 이후에는 전 유럽의 정·교를 지배할만한 역량 있는 교황이 나타나지 않았다. 특히 프랑스 왕의 강대한 세력과 교황 보니페이스 8세(Boniface VIII, 1294~1303)의 충돌로 혼란 속에 있다가 교황이 죽은 후 추기경들은 프랑스인 교황 클레멘트 5세(Clement V, 1305~1314)를 선출하였는데 그는 압력에 눌려 교황청을 프랑스 남부 론(Rhone) 강가의 아비뇽(Avignon)으로 1309년에 옮겨 갔다. 역사가들은 유대인이 바빌론(Babylon)에서 70년간 포로 생활한 것과 같이 교황청도 약 70년간(1304~1377) 옮겨 가 있던 것을 가리켜 "교황청의 바빌론 포수"라 한다.

1377년에 교황청은 다시 로마로 옮기게 되어 그레고리 11세(Gregory XI, 1370~1378)는 로마로 돌아갔으나 곧 죽었다. 전에 있던 프랑스 추기경들이 이탈리아인 교황 우르반 6세(Urban VI, 1378~1388)를 선출하였는데 자신들의 영향을 받지 않자 곧 선출을 무효로 선언하고 다시 클레멘트 7세(Clement VII, 1378~1394)를 선출하여 아비뇽으로 갔다. 같은 단체에서 선출된 두 교황이 서로 다투고 있으나 그 싸움을 해결하여 줄 사람은 없었다. 그리하여 중부와 북부, 이탈리아, 독일의 대부분, 스칸디나비아, 영국은 로마 교황을 승인하고, 프랑스, 스페인, 나폴리, 시실리, 독일의 일부분은 아비뇽 교황을 승인하였다. 향후 40년 동안 두 교황청은 서로 비난과 공격을 가하며 중세 기독교의 몰락을 결정적으로 촉진시켰다.

이러한 국가와 교회의 분립과 국가주의의 대두로 인하여 봉건제도가 쇠퇴하고, 스콜라신학에 있어서 이성과 신앙의 조화를 상실한 데서부터 중세 기독교는 그 시대의 소임을 마치고 역사는 다음 시대로 전환하게 되었다.

제 6 장

르네상스와 종교개혁

르네상스는 중세에서 현대로 넘어오는 획기적이고 중요한 계기였다. 이러한 변혁을 이어서 종교도 새로운 기운으로 움트기 시작하였고 이것이 종교개혁 운동으로 나타났다.

1. 르네상스

르네상스는 14세기 이탈리아에서 시작되었다. 게르만 민족의 이동으로 인하여 옛 그리스와 로마 문명의 일부만이 수도원에 간직되었는데 13세기로부터 십자군을 통하여 동·서방 문화 교류할 기회를 얻게 되어 전에 잃었던 문화를 다시 찾게 되었다. 특히 이탈리아는 옛 로마제국의 본토로서, 옛 문명의 유적, 건물, 조각, 서적 등이 많이 남아 있었던 곳으로서 르네상스 운동의 발생지가 되었다.

르네상스 운동의 선두에 선 사람들은 주로 문학가들과 교육자들이었으며 그들의 상대는 지식층이었다. 이 운동의 선구자였던 시인 페트라르카(Petrarca)는 이탈리아에서 성장한 사람으로 문학과 교육에 종사하였다. 그는 중세에 성행하던 아리스토텔레스의 논리학과 타율적인 신앙을 종합시키는 스콜라신학보다 좀 더 현세적이고 인간성을 갖춘 고전에 치중하였다. 특히 그는 키케로(Cicero)의 저서를 심독하였으며, 단순히 이성 면에 치중한 지식보다 삶에 기초한 지혜를 목표로 하였고, 이지보다 경건한 생을 더욱 강조하였다.

이 르네상스 운동은 고전과 교육에서 시작하여 역사와 언어에 전이되었다. 사람들은 고전을 읽을 때 그 내용이 중세 신학과 판이한 것을 발견하였다. 중세시대에는 믿는 바를 이성으로 설명하려고 의식적으로 영적 세계의 무엇을 연상하거나 비교하는 데 노력하였다. 그러나 새 시대에서는 기독교와 무관한 고전들을 순수하게 문학과 언어적 해석만으로 그 뜻을 파악하게 되었다. 그리고 고전문학을 언어적으로 연구할 때에 용어의 의미가 시대마다 다르므로 옛 시대의 역사적 배경을 알아야 이해할 수 있었다. 그러므로 고전을 이해 또는 고증하는 데 역사 연구를 중시하게 되었으며 역사학도 이때부터 새롭게 발전하기 시작하였다. 역사학의 방면에는 로렌조 발라(Lorenzo Valla)의 공헌이 컸다. 이전까지 교회 법률가들은 교황이 로마를 소유하고 있는 권리를 콘스탄틴 대제의 헌정서에 의한 것으로 알았으나 발라가 역사적으로 연구한 결과 이것이 사실이 아니라는 것을 발견하였고, 이 외에도 여러 가지 허위의 전통을 역사적으로 교정해 주었다.

문학과 교육을 목표로 시작한 르네상스 운동이 언어와 역사학에도 전이되자 이전에 성행하던 논리적 면을 떠나 역사를 움직이는 힘, 즉 의지 면을 강조하게 되어 생의 의욕을 한층 더 촉구하였다. 이런 전환을 계기로 아리스토텔레스의 논리보다 플라톤의 사상에 관심을 가지면서 피렌체에는 플라톤학원이 1442년에 설립되어 플라톤 연구에 주력하였다. 그 당시 가장 출중한 학자는 피치노(Marcilio Ficino, 1433~1499)였는데 그는『영혼 불멸에 대한 플라톤 신학』이란 저술을 남겼고 개개인의 인격과 그 가치를 강조하였다. 그 외에도 박학다식으로 유명했던 미란도라(Pico Della Mirandora) 같은 사람은 1,000개의 논제를 걸고 누구든지 자기와 논증을 하기 원하는 자에는 여비까지 제공하였다. 그도 인간의 존엄성을 강조하였고 플라톤과 같이 인간의 본질은 진리를 명상할 수 있는 데 있다고 주장하였다.

예술 부분에 있어 플로렌스를 중심으로 하여 레오나르도 다빈치(Leonardo da Vinci)와 미켈란젤로(Michelangelo)와 보티첼리(Botticelli) 등의 거장들이 배출되었고, 특히 다빈치의 <모나리자>와 미켈란젤로의 시스틴 성당(Sistine Chapel)의 벽화는 그 사조를 대표할만한 작품이다.

이렇게 플라톤학파가 중부 이탈리아에서 활발한 활동을 전개할 때 북부 이탈리아에서는 아리스토텔레스의 윤리학 이외의 서적들이 발견되면서 이전에 알지 못하였던 면을 새로이 발견하게 되었다. 그 대표적 인물은 폼포나치(Pomponazzi)였는데 그는 사람을 자연과학적으로 이해하려고 시도했다. 그래서 인간이 우월하다는 것보다 일정 시간 후에 사라질 동물의 일종으로 보자고 하였다. 그는 영혼불멸설을 반대하며 인간은 죽어 없어지는 줄 알고 살라고 주장하였다. 그러면 이후에 영생과 상벌이 없음에도 불구하고 무엇 때문에 선행을 하여야 하느냐 하는 질문에 대하여 폼포나치는 도덕은 도덕이기 때문에 지키는 것이요, 비행은 비행 자체가 형벌이 되는 것이라고 하였다. 이를 이어 자바렐라(Zabarella)는 명상을 가능케 하는 우리의 영적 부분은 천부적인 것이 아니고 우리 육체에 소속된 본능적 기능이라고 하였다. 그래서 이들은 철저히 인간을 자연과학적인 기준으로 보아야 한다며 플라톤학파의 초자연적 면을 공격하였다. 이 학파는 베네치아를 중심으로 예술에 공헌하였는데 티티아노(Titiano, 1477~1576), 틴토레토(Tintoretto, 1518~1592) 등 거장들이 있었다.

이탈리아에서 시작된 르네상스 운동이 알프스산을 넘어 독일, 네덜란드, 영국, 프랑스 등지에 확산되었다. 독일에는 이 시기에 17개 대학이[1] 새로 설립되었고, 많은 학자는 알프스산을 왕래하면서 고전문학을 배운 후에 본국에 돌아가 보급시켰다. 당시 대표적 인물은 로이클린(John Reuchlin, 1455~1522)이었는데, 그는 일찍이 이탈리아에서 그리스어와 히브리어를 배웠고 고전 중에서도 성서를 중심으로 종교적인 면을 발전시켰다.

네덜란드에는 에라스무스(Erasmus, 1466~1536)가 있었다. 그는 네덜란드의 로테르담에서 출생하여 데벤터(Deventer)에 있는 신우단의 학교에서 수학하고 파리에서 신학을 공부한 후 1499년에 영국에 건너가 영국 르네상스의 선구자들인 콜렛(Colet)과 토마스 모어(Thomas More)와 더불어 새로운 학문을 주창하였고, 후에 스위스에 바젤에 살면서 저작과 비판에 힘썼다. 그의 『우신예찬 *Moriae encomium* 』과 기타 많은 저서는 의식에만 치중한 그 당시의 종교 상태를 예리하게 비판하여 참 신앙을 밝히고자 노력하였다. 그러나 그는 끝내 종교개혁운동에는 직접 뛰어들지 않았다.

이같이 르네상스 운동은 주로 지식층과 상류계급에 한하여 전개되었고 일반 대중들은 그 영향을 직접적으로 받지 못하였으므로 그들

---

1 보헤미아에 프라하(1348), 비엔나(1365), 하이델베르크(1386), 에어푸르트(1392)대학 등이었으며, 15세기에 설립된 라이프치히, 바젤, 마인츠대학 등과 16세기에 설립된 비텐베르크, 마르부르크대학이다.

은 여전히 성자를 숭배했고, 경건한 사람들은『그리스도를 본받아』와 같은 종류의 책을 읽고 있었다. 그리고 신비주의로 이름난 수녀 성 캐더린(St. Catherine of Siena, 1347~1386)과 열정적인 개혁자 사보나롤라(Savonarola, 1352~1438) 등이 당시 가장 존경을 받던 사람이었다. 이 모든 것은 그 당시 대중들이 교황청의 오류와 타락을 벗어나 좀 더 신선하고 생명 있는 종교 생활을 시도해 보려는 표현이었다고 볼 수 있다.

르네상스와 더불어 인쇄술의 발명과 신대륙의 발견이 있었다. 인쇄술은 각국에 급속히 퍼져 책자를 많이 출판하여 소수의 지식층만이 소유하던 책들을 일반 대중도 읽을 수 있게 되었으며, 신대륙의 발견과 신항로 개척에 따라 중세의 좁은 지중해 연안이란 무대에서 넓고 광활한 대양을 무대로 활동하게 되었다.

2. 종교개혁

2.1. 마르틴 루터의 개혁운동

급격한 사회제도의 변천을 따라 영국의 위클리프(Wycliff)와 보헤미아의 후스(John Huss) 등을 통하여 종교적 개혁운동이 싹트고 있었으며 그 운동은 마르틴 루터(Martin Luther, 1483~1546)에게서 절정에 이르렀다.

루터는 1483년 11월 10일 아이슬레벤(Eisleben)에서 탄광업자인 한스 루터(Hans Luther)의 맏아들로 태어났다. 그의 가정은 어려운 편이었으나 신앙적으로 풍부하였고, 양친은 다 소박하고 경건한 사람들로 자녀 교육에 열심이었다. 루터는 에어푸르트(Erfurt)대학에서 학사학위와 문학석사학위를 받았다. 그는 평범한 학생이었으나 웅변과 노래에 남다른 소질이 있었다. 부친의 권유로 에어푸르트대학에서 법학을 전공하다가 친우가 낙뢰로 급사한 것이 계기가 되어 이후에 법학을 포기하고 에어푸르트시에 있는 어거스틴파 수도원에 들어갔다. 그다음 해인 1507년에는 수도사로 안수받고 일 년 후 비텐베르크(Wittenberg)대학에 파견을 받아 신학 연구에 전력하여 1512년에 출중한 성적으로 신학박사 학위를 획득한 후 그 대학에서 가르쳤다. 루터는 1510년경 수도원 업무로 로마에 파송되었다. 로마는 본래 중세 교회의 수도인 만큼 루터는 경건한 수도사로서 로마에 대한 기대가 컸었다. 겉으로 볼 때 웅장한 건물로 찬란하게 꾸며져 있는 도시였으나 한 건의 일을 결재하는데 규정 외의 비용과 한없이 끄는 시일을 기다려야만 했다. 그가 하루는 성 베드로 성당에 있는 어느 한 기도실에서 미사를 성심으로 드렸다. 그때 그곳에 있는 수도사들에 의해 형식적으로 마치고 속히 나가라는 재촉을 받고, 그는 자기가 동경하던 로마와는 너무도 큰 차이가 있다는 것을 알고 실망하였다.

루터는 비텐베르크에 돌아와 예전과 같이 강의하다가 어느 날 예정론을 가르치게 되었다. 그때 그는 특히 자기 자신이 예정 받은 사람인가를 진지하게 자문하게 되었다. 그리고 그는 자신의 구원의 확신을 얻기 위하여 많은 노력을 기울였다. 이전보다 더 금식하며 명상에 잠기고 잘못을 거듭거듭 고백하며 자기의 추행을 정화하여 거룩한 하나님께 좀 더 가까이 나아가고자 하였다. 그러나 전지전능하시고 거룩하신 하나님 앞에 나아가려 할 때 자기의 부족을 더욱 깨닫게 되고 두렵고 떨리는 마음이 가중되면서 더 멀리 회피하게 되었다. 가까이 가려 하나 멀어질 수밖에 없는 미묘한 심정 가운데 루터는 이러한 모순을 타파하려고 갖은 금욕적 수단을 모두 동원하여 보았으나 문제는 해결되지 않았다.

그러한 고민 가운데 놓여 있는 제자를 보고 그 수도원 원장인 슈타우피츠(Staupitz)가 "참 회개는 하나님을 두려워하는 데 있지 않고 의로써 나를 구원하옵소서"(시편 71:2)라는 성구를 읽게 되었다. 이전 같으면 하나님의 의란 곧 하나님 자신의 속성을 가리키는 것이라고 생각했을 것이다. 그러나 이때 루터의 마음 가운데는 이 말씀이 새롭게 인식되어 하나님의 의란 말은 하나님 자신이 의롭다는 것보다 우리를 의롭게 하시는 하나님의 의((의)·(의))라고 깨닫게 되었다. 마찬가지로 하나님이 거룩하시다는 말씀은 우리를 거룩하게 하시는 하나님의 거룩이라는 것((거룩)·(거룩))을 인식하게 되었다. 이렇게 우리를 의롭게 하시고 거룩하게 하시는 하나님이시므로 하나님을 믿으며 하나님을 가까이 모실 수 있게 되었다. 루터는 이러한 하나님에 대한 인식의 변동을 통하여 새로운 구원의 확실성을 얻게 되었고 개신교의 기본교리인 '믿음으로 의롭게 인정된다'라는 신앙의 기초를 세울 수 있었다.

1517년에 로마교황청은 성베드로(St. Peter)성당의 건축기금을 얻기 위해 수도사들을 파견하여 각지에서 속죄권을 판매하였다. 로마교회에서는 사람이 지옥에까지 가지 않을 죄를 범하면 연옥에 가서 고난을 받음으로 정화된다고 했는데 그 대신 현세에서 교회에 유익한 일을 해도 죄사함을 얻을 수 있다고 하는 이유로 속죄권을 판매하였다. 루터가 사는 지방에는 도미니크 수도사이며 웅변가였던 테첼(Johann Tetzel, 1470~1519)이 와서 모금 운동을 하였다.

로마에서 낙심했던 루터는 이 교황청의 처사에 대하여 극히 우려하고, 1517년 10월 31일에 교황청에서 매매하는 속죄권에 대하여 변론하고자 95개 조문을 비텐베르크 성당 정문에 붙였다. 그런데 이 조문이 곧 인쇄되어 급속히 전 독일에 유포되어 큰 파문을 던져 주었다. 그 내용을 살펴보면 그리스도 교인의 회개란 일시적 행동이 아니요 그리스도 교인의 전 생애가 계속적 참회의 생활이어야 한다는 것이었다. 그러므로 참 회개하는 그리스도 교인은 비록 속죄권이 없을지라도 사하심을 받을 수 있다. 속죄권은 교황청에 대하여 범한 죄는 사할 수 있으며 하나님께 대한 죄는 사할 수 없다. 참다운 사죄란 회개와 회심의 내적 변화가 있기 전에는 불가능한 것이다. 구원은 우리의 공로에 의하여 이루어지지 않고 오직 하나님의 은혜에 의해서만 가능하다. 죄를 사함받는 것은 속죄부나 금전을 통해서가 아니고, 오직 회개를 통해서 이루어진다. 하나님만이 생사의 주님이시며 따라서 죽은 자는 교회의 손이 아니라 하나님의 손에 달려 있다. 그러므로 연옥에 있는 영혼을 위해서 속죄권을 사는 것은 무효한 일이라는 것이었다.

　　루터는 95개 조가 전국에 그렇게 큰 파문을 일으키리라고는 꿈에도 생각지 못하였고 단지 잘못을 논증하면서 시정을 이루게 되리라고 기대하였다. 그는 교회에 소속된 한 수도사로서 성직자가 될 때 교황에게 무조건 복종하겠다고 서약했기 때문에 교황의 명령으로 그 조문을 철회하라고 할 때 복종치 않으면 교황에게는 그를 배신자로 화형에 처할 수 있는 권한이 있었다. 그러나 그는 이러한 위험을 두려워하지 않고 자기의 양심과 신념에 따라 끝까지 철회를 거부하였다. 그때 그의 주변에 있는 독일 백성들의 절대적인 지지와 유력한 제후들의 도움을 받게 되었다. 특히 비텐베르크대학의 창설자인 프레데릭 (Frederick the Wise) 선제후는 자기의 정치적인 권한을 이용하여 루터를 간접으로 보호하며 교황의 직결적인 처분에 회부되지 않고 피할 수 있는 길을 여러 번 열어주었다. 그리고 그는 교황이 루터를 로마로 보내어 신문 받게 하라고 할 때 아우구스부르크(Augusburg)로 장소를 옮겨 변론할 수 있도록 주선해 주었다. 여기서 교황이 신의 대변자로서 오류가 없다고 하는 주장에 반대하여 루터는 교황도 오류가 있으며 고쳐야 된다고 주장하였다. 즉, 교황의 신성을 거부하였다. 그리고 비텐베르크 변론에서는 전체 총회까지도 잘못 결정할 수 있다고 하였으며 성서만이 그리스도교인의 지침이라고 주장하였다.

비텐베르크에서 변론할 때 그 대학의 천재 젊은 교수 멜랑히톤 (Philip Melanchthon, 1497~1560)이 방청하다가 설복이 되어 루터의 동역자가 되었다. 멜랑히톤은 1497년에 출생하여 일찍이 튜빙겐대학에서 연구하고 21세 때 벌써 비텐베르크대학에서 언어학 및 신학을 가르쳤다. 그는 특히 루터의 사상을 계승하여 체계화하며 대외적인 관계에 있어서 많은 융화작용을 하였다. 멜랑히톤의 『신학통의 *Loci Communies Rerum Theologicanum*』는 개신교 신학에 있어 최초의 조직신학 책이었는데, 그 내용은 죄에서 구원에 이르는 과정을 개신교의 입장에서 체계화하여 상세히 설명한 것이었다.

그 후 루터는 그의 사상의 정당성을 변론하기 위하여 1520년부터 글로 투쟁하는 일을 시작하였다. 그는 『선행론』이란 책자를 출판하였는데, 여기에서 "최고의 선행은 그리스도를 믿는 일이다. 하나님께 구원을 얻는 선행은 교회에서 명하는 기도, 금식, 자선 같은 인간의 노력으로 되는 것이 아니고, 다만 그리스도 안에서 하나님을 믿는 신앙뿐이다. 선한 행동이 선한 인간을 만드는 것이 아니고, 선한 사람이 선한 행동을 할 수 있다. 구원은 오직 하나님의 은혜에서만 가능하다. 우리의 일상생활과 직업은 나쁜 것이 아니며, 오히려 우리의 자연스러운 생활 중에서 하나님을 더욱 잘 섬길 수 있다"고 주장하였다. 그는 같은 해에 『독일 그리스도인 귀족에게 보내는 글』, 『교회의 바빌론 포수』, 『그리스도인의 자유』 세 단편을 저술했다. 그는 하나님을 믿는 자로서 교직자와 평신도가 분리될 수 없으며 교직자들은 성체를 통하여 평신도와 속권을 통치하면서 위협하면 안 된다고 주장하였다. 믿는 자는 누구나 다 같은 하나님의 제사장이므로 제후들은 비록 세속권의 소유자이나 교회의 운명이 부패로서 위기에 처할 때 고대교회의 전례에 의하여 전체 총회를 소집하여 시정해야 한다고 하였다. 특히 『그리스도인의 자유』란 책에서는 로마교회에 대한 시정보다는 좀 더 건설적으로 개신교인들에게 어떠한 생활이 있어야 되겠다고 제시한 것이었다. 루터에 의하면 "그리스도인은 모든 사람의 군왕으로 아무에게도 속하지 않는 절대적 자유인이다. 그러나 그는 모든 사람에게 속한 가장 충실한 종으로 누구에게나 예속한다. 신자는 믿음으로 말미암아 의롭다고 여김을 받았으나 이제는 율법 아래 있지 않고 그리스도와 새로운 관계를 맺고 자유인이 되었다. 그러나 그가 모든 사람의 종인 것은 사랑으로 매임을 받고 하나님의 뜻을 좇아 이웃에 봉사하는 책임을 가졌기 때문이다"라고 강조하였다.

1520년 12월에 교황으로부터의 파문장이 특사 엑크(Eck)의 손을 거쳐 비텐베르크에 있는 루터에게 전달되었다. 그때 루터는 "어느 외적인 결함에 구속되어 있지 않으나 형제를 위한 책임을 완수해야 된다"는 선언을 한 후 비텐베르크대학 교정의 학생과 교수들의 앞에서 교황의 파문장과 구교 법규들을 불태움으로써 로마 교권에서 분리함을 표명하였다.

이렇게 극단화된 문제를 당시 신성로마제국 황제였던 스페인인 찰스 5세(Charles V)는 1521년 보름스(Worms) 어전 회의에서 해결하고자 하였다. 그의 저서에 관하여 심문할 때 루터는 "하나님의 말씀과 양심에 거리낌이 없는 한 조금도 나의 종래의 주장을 취소할 수 없다"고 선언하고 퇴장하였다.

이 용감한 선언은 그 자리에 참석한 독일 제후들을 크게 감동시켜 한마음으로 단합하게 하였으며, 독일 백성들에게 큰 충격을 주었다. 루터의 신변을 염려하여 그의 귀로에서 프레데릭은 자기 부하들을 강도로 변장시켜 루터를 납치하여 자신의 영내인 바르트부르크(Wartburg)에 숨겨 외부에서는 행방불명이 된 줄 알았다. 바르트부르크성에 들어간 루터는 그 시기에 신약성서를 그리스 원전에서 평이하고 통속적인 독일어로 번역하여 하나님의 말씀을 평민들이 직접 읽을 수 있게 하였다. 이 번역은 독일 문학에 크게 공헌한 것이었다.

이때 황제의 신변이 안정되었으면 루터와 그를 돕는 제후들의 입장이 위험하였을 것이나 황제가 복잡한 정치와 전쟁으로 인하여 1526년에 슈파이어(Speyer) 회의에서 각 제후로 하여금 잠시 제후의 지역 내에 한하여 제한적으로 신앙의 자유를 허락해 주었다. 그러나 정국이 조금 안정되자 1529년에 제2차 슈파이어 회의 때 제1차 회의의 지역적인 신앙의 자유를 취소함으로 개신교를 지지하는 제후들의 연합 항의(Joint Protest)를 하였다. 이때부터 개신교도들은 프로테스탄트(Protestant), 즉 '항거자'라고 불리기 시작한 것이다.

그다음 해 찰스 5세가 신성로마제국의 황제로 대관되자 그는 자신의 직책을 좀 더 충실히 시행하기 위하여 적극적으로 개신교를 멸절하려고 하였다. 이때 개신교도들은 슈말칼트(Schmalkald)에서 서로 연합을 서약하고 투쟁해 오다가 1555년에 이르러 비로소 정식으로 지역적인 개신교의 자유를 얻게 되었다.

2.2. 홀드라이히 츠빙글리의 개혁운동

종교개혁운동은 독일의 연접국인 스위스에서도 일어났다. 비록 신성로마제국의 지배에 있었으나 르네상스의 영향을 받아서 개혁운동이 일어났다. 주도 인물인 홀드라이히 츠빙글리(Huldreich Zwingli, 1484~1531)는 빌트 하우스(Wild Haus)에서 출생하여 비엔나대학을 거쳐 1502년부터 1506년 사이에 학사학위와 석사학위를 획득하였다. 그는 개화한 비텐바하(Thomas Wittenbach, 1472~1526) 선생의 영향으로 성서, 교부문학 및 신플라톤적인 신비주의 선호하는 반면에 스콜라신학을 멀리하였다.

츠빙글리는 성서의 권위와 그리스도가 이루신 구원만을 믿었으므로 속죄권 매매를 거부하며 1522년부터 반대운동을 전개하였다. 1523년 67개 조를 내걸고 공개적으로 변론하여 바젤(Basel)시민들의 적극적인 후원을 받게 되었다. 구체적으로 그는 초대교회의 단순한 형식과 순수성을 회복하고자 노력하였다. 그래서 교권주의를 버리고 민주적인 입헌제도를 창설하였다. 그의 이러한 사상은 후에 칼빈(John Calvin)에게 큰 영향을 주었다.

루터와 츠빙글리는 사상적으로는 거의 같았으나 성격상 차이가 있었다. 루터는 정열적이고, 종교적이었으나 츠빙글리는 비교적 이지적이었다. 이 양자의 이해와 결합을 기도하여 헤세의 방백인 필립(Philip of Hesse)이 자신의 성에서 회의를 열고 논의한 결과 15개 조 중 14개 조의 일치를 보았다. 그러나 마지막 성만찬에 대하여 루터가 자기의 신비적 경험에 의하여 "이것은 나의 살이요 피라" 한 성구를 글자 그대로 믿어 성만찬에 사용된 떡과 포도주가 참으로 예수의 살과 피로 변한다는 공재설(Consubstantial Theory)을 주장하였으나 츠빙글리는 이 성구를 상징적인 말로 해석하고 상징적 의미를 강조하여 결국 결렬되고 말았다.

츠빙글리는 개혁자 중 정치적 수완을 가졌던 사람이었다. 그는 개혁운동을 위하여 외국의 동맹을 체결하고 국내의 개신교도들을 단합하여 가톨릭 연맹과 투쟁하다가 1531년 10월 11일 카펠(Kappel)에서 전사하였다. 스위스의 개혁운동은 그를 통하여 개화된 것이었다.

2.3. 존 칼빈의 개혁운동

냉철한 이성과 조직적 두뇌를 가지고 혼잡한 개혁 사상을 체계화하여 개화파 신학의 기초를 확립시킨 사람은 칼빈(1509~1564)이었다. 그는 1509년 7월 10일 파리 동북방에 있는 노용(Noyon)에서 출생하였다. 그의 부친은 귀족과 감독의 법률고문이어서 칼빈이 일찍 교직을 갖게 하여 그 수입으로 공부할 수 있게 주선하였다. 칼빈은 파리대학에서 철학 및 수사학을 연구하다가 오를레옹(Orleons)과 부르지(Bourges)대학에서 법률을 공부하였고, 다시 파리대학에 돌아와 연구하던 중 1532년에 세네카(Seneca)의 『관용론주석Commentary on Seneca's "Treatise on Clemency"』을 써서 학계에 큰 주목을 끌었다. 이 책의 주제는 스토아철학의 입장에서 사람은 지성에 의하여 모든 천박한 감정을 제거하고 도덕적 채임을 완수하여야 된다는 것이었다.

이때 프랑스에서도 인문에 대한 관심과 개혁열이 점차 고조되는 가운데 르페브르(Jacque Lefever)를 중심으로 바울서신과 복음서 주해를 연구하고, 성서의 권위를 주장하며, 구원은 인간의 공덕에 의하지 않는다는 등의 루터와 같은 주장이 일어나고 있었다. 칼빈도 이들과 같이 성서를 연구하는 가운데 신앙의 새로운 체험을 1532~1533년 사이에 하게 되었다.

그러나 프랑스의 개혁운동은 가톨릭 측과 정부 측의 압력으로 활발하지 못하였다. 그러던 중 혁명운동을 추진하던 소르본대학장 코프(Nicolas Cop)가 1533년 11월 파리대 학장 취임 연설에서 루터와 에라스무스의 말을 인용하여 개혁의 필요성을 논한 것이 화근이 되어 칼빈도 코프의 일당이라는 혐의로 파리에 머물 수 없게 되었다. 그래서 그가 바젤로 몸을 피하였을 때 프랑스 왕은 종교적 편견에 사로잡혀 개신교인들 학살을 묵인하였고, 이후에 정치적 목적을 위하여 이 문제를 해명할 때 프랑스 내의 개신교인들을 모두 극단적인 과격파라고 몰아 결국 신앙을 위하여 목숨을 바친 순교자들에게 치욕을 주었다. 칼빈은 개신교도들의 정당성을 변호하기 위하여 1536년『기독교강요The Institutes of Christian Religion』를 저술하여 왕에게 헌정하였다.

그는 뒤이어 그 책을 거듭 개정 증보하여 1559년에 초판의 5배나 되는 결정판을 냈다. 칼빈은 서두에서 하나님에 대한 지식과 인간의 자아의식은 밀접한 관계를 가지고 있으므로 하나님을 바로 아는 데서 사람은 자기를 바로 알 수 있고, 인간을 바로 이해하는 데서 하나님께 바른 지식을 얻을 수 있다고 하였다. 그의 신학은 신과 인간의 밀접한 관계를 강조하는데 기초를 둔 것이었다. 바른 지식은 하나님이 사람의 형상을 입은 그리스도가 실재함을 믿는 터전 위에 설정한 것이다. 인간은 신에게 의존하여 살며 그에게 영광을 돌려야 하나 그를 저버리는 데서 궁극적인 목표를 잃게 되며 삶의 참다운 의욕을 상실한다. 자기중심으로 모든 것을 볼 때 바로 볼 수 없으며 자기만을 위하여 모든 것을 할 때 참되게 할 수 없다. 하나님을 저버린 인간과 세대는 그들의 생각하는 바와 원하는 것이 조화되지 못하여 모순된 존재가 된다. 이러한 곤경에 빠진 인간은 참 사람이요 참 하나님이며 사람들로 하여금 하나님과의 바른 관계를 맺어주기 위하여 자기 자신을 희생의 제물로 드린 예수 그리스도를 말미암아 원상회복을 얻을 수 있다는 것이다. 그리스도의 부르심을 입어 믿는 사람은 하나님의 자녀로서 이 부름에 적합한 새로운 생활이 있어야 한다. 우리의 구원은 하나님의 예정으로 된 것이다. 예정함을 받은 사람은 그의 생활로 구원받은 사실을 증거해야 한다. 구원은 하나님의 은혜로 되는 것이고 우리는 바로 사는 데서 그에게 영광을 돌리는 것이라고 하였다.

칼빈은 이 책을 라틴어와 프랑스어로 썼는데 기독교의 중심 진리 설명의 가치뿐 아니라, 문학적 가치로도 높이 평가를 받는다. 이 책이 출판되던 1536년에 칼빈은 바젤에서 슈트라스부르크(Strassburg)로 가는 도중 전쟁으로 인하여 제네바(Geneva)를 지나게 되었다. 거기서 전에 동차이요 제네바 개혁운동의 선봉자인 파렐(William Farel)을 만나 그의 간곡한 청원을 받아 제네바가 참된 하나님의 신정정치의 표본이 될 수 있도록 철저하게 추진하다가 그 지방 사람들의 반감을 샀다. 이로 인하여 1538년부터 1541년 사이에 잠시 추방되었다가 다시 돌아와 장로교의 본거지를 만들었던 것이다. 칼빈은 개신교적 정신에 입각한 제네바대학을 세워 많은 개신교의 투사들을 훈련시키고 국제적 조직을 구성하여 스코틀랜드, 잉글랜드, 네덜란드 등지와 그 후 청교도들을 통하여 신대륙에까지 그 영향을 주었다.

또한 칼빈은 온건한 입장을 취하여 루터와 츠빙글리 등 개신교파의 2대 세력을 규합하려고 노력을 아끼지 않았다. 교리면에 있어서도 가장 난점인 성만찬에 있어서 루터의 공재설과 츠빙글리의 상징설이 서로 화합하지 못하였던 것을 보고 칼빈은 성만찬에 쓰는 떡과 포도주는 물체 그대로 있으나 이를 통하여 그리스도가 영적으로 우리 마음에 임재하신다고 해석하였다. 그리고 그리스도가 영으로 우리 마음에 임재하시는 것을 성례가 상징한다고 하는 절충적인 입장을 취하는 데서 그 양자의 차이점을 조화시키고자 하였다. 칼빈은 분주하고 몸이 허약한 가운데서도 많은 저서와 서신을 통하여 개신교의 신앙을 규명하여 국제적인 조직을 구성하다가 1564년 55세를 일기로 그의 생을 마쳤다.

제 7 장

근대의 기독교

1. 반개혁운동(Counter Reformation)과 개신교의 재정리

신성로마제국이 존재하였다면 황제와 교황의 세력하에서 루터가 일부의 제후와 결탁하여 종교혁명을 일으킨다는 사실은 거의 불가능한 일이었을지도 모른다. 구교의 내부에서 부패와 국수주의의 대두로 제국의 분열이 없었다면 루터의 운동이 얼마 가지 못하고 실패하였을지도 모른다. 루터의 혁명이 거의 다 성취되어 성장할 무렵에서야 구교는 자극을 받아 이전부터 수정하려던 일에 착수하여 내부적인 종교개혁을 일으켰다.

1517년경 약 50~60명의 젊은 교직자들과 평신도들이 교회를 사랑하는 마음에서 성우회(Oratory of Divine Love)를 조직하여 영적 수양과 전도에 힘썼다. 그 가운데는 미래의 추기경 콘타리니(Contarini), 사돌레토(Sadoleto), 카라파(Caraffa) 등이 있었다. 콘타리니는 르네상스를 잘 이해하여 개신교도들이 부르짖던 "믿음으로만 의롭게 된다"라는 신조에 동정하던 인물이었고, 카라파는 경건과 금욕적인 면에 전력하였다. 그 당시 교황인 바울 3세(Paul III, 1534~1549)는 이들에게 교회의 실정을 조사하여 보고할 것을 부탁하였다. 그들은 첫째로 금전을 받고 사죄해 주는 관습이 전 교회에 부패를 초래하였고, 둘째로 직책을 맡고 보수를 받으면서도 자리를 지키지 않는 교직자들이 많음을 발견하고 곧 전체 대회를 소집하여 시정하기로 하였다.

구교가 이러한 반성을 통하여 신교의 분열도 그들의 잘못에서 생긴 것이라고 자책하면서 1542년에 콘타리니 등의 노력으로 라티스본(Ratisbon)에서 신·구교가 재합을 위하여 모였으나 분립된 후에 서로의 주장들이 과격하였으므로 재합이 성취되지는 못하였다. 이방인은 거의 다 스페인에서 도입해 왔다. 그곳은 오랫동안 이슬람교의 통치에 있다가 십자군 운동을 계기로 이슬람교 세력을 축출하였기 때문에 이교도들에 대한 증오심이 어느 곳보다 강력하였다. 그리고 그 당시 스페인은 신대륙의 발견과 원양의 무역으로 유럽에서도 제일의 부국이었다.

반개혁 운동의 거두인 로욜라(Ignatius Loyola, 1491~1556)는 스페인 사람이었다. 그는 귀족 출신으로 일찍이 무사로서 활약 중 중상을 입고 치료를 받다가 회심의 체험을 하게 되어 그리스도의 무사가 되기로 결심하였다. 그는 레사산(Monresa) 중에 은신하여 마음을 연마하여 하나님의 뜻을 완전히 복종할 수 있도록 노력하였다. 로욜라는 여기서 얻은 체험을 『영적 훈련Spiritual Exercise』이란 책으로 저술했는데, 그가 후에 예수회(Society of Jesus)를 조직한 후 신입 단원들을 훈련할 때 이 책을 사용하였다.

로욜라는 자기의 사명이 이교도들을 전도하는 데 있다고 생각하여 이를 준비하기 위하여 나이 30이 지났으나 초등학교에 입학하여 공부를 시작하였고 마지막에는 파리대학에서 학위를 받았다. 파리대학 재학 시 사비에르(Xarvier), 라이네즈(Lainez) 등 동문과 친교하며 1534년에는 예수회를 조직하여 예루살렘에 있는 이슬람교도들에게 복음을 전하거나 만일 이것이 불가능하다면 무엇이든지 교황의 지시대로 절대복종하기로 서약하였다. 교황 바울 3세는 그들을 반기고 채용하여 교회를 중흥시키도록 하였다.

이때 강경파인 카라파의 권고와 로욜라의 권유로 바울 3세는 종교재판을 시행하여 구교 구내의 개신교도들을 억압하고 모든 출판물을 검열하여 1534년부터 언론을 탄압하였으며 1545년 트렌트(Trent) 지방에서 대회를 열어 교리를 재설정하였다. 이 회의에서 첫째, 신교에서 제거한 교회의 전승을 재강조하여 성서의 권위와 동등시하였으며 둘째, 루터의 "믿음으로만 의롭게 인정된다" 함을 고쳐 믿음, 소망, 사랑으로 의롭게 된다고 하였으며 셋째, 루터는 성만찬과 세례 두 가지만을 성례로 보았는데 이들은 중세전통에 의하여 7종류의 성례가 다 그리스도의 명으로 설정된 것이라고 하였다. 그리고 기타 여러 가지 실질적인 개혁도 기도하였으나 프랑스 왕과 교황 사이의 복잡한 정치관계로 인하여 이러한 혁신은 뜻한 바대로 이루어지지는 못했다. 이 회의에서도 예수회원 라이네즈(Lainez)와 살메론(Salmeron)이 중심적인 활동을 하였다.

이러한 교회 내의 정돈과 교리의 규명과 아울러 구교는 전보다 더욱 지역적인 개신교 자유 원칙을 제한하고 1550년경에는 신교와 정면으로 투쟁을 개시하였다. 1554년 프랑스 왕 프란시스(Francis)는 발덴시안 신교도(Waldensians)를 숙청하라고 명하여 그들이 사는 22개 촌락을 불 질렀으며 3천 명을 학살했고, 이로 인해 남은 자들은 스위스로 피난 갔거나 사로잡혀 고역을 당하였다. 이러한 박해 가운데서도 개혁파 교회는 계속 전국에 확산되었다. 프랑스 왕 헨리(Henry)는 1559년에 예수회를 끌어들여 개신교도들을 종교재판에 넘겨 중벌을 받게 하였다. 그러나 당시 신교도들은 신흥 상공계급들로 각계의 요직에서 국정을 좌우하는 인물들이었으므로 왕은 불가피하게 박해를 중지하고 협상을 시작하였으나 결국 실패로 돌아갔다.

구교회는 날로 증가하는 프랑스 개신교도들을 제거하기 위하여 1559년 성 바돌로매(St. Bartholomew) 축일에 파리에서만 8천 명의 개신교인들을 학살하였다. 그러나 신도들의 꾸준한 노력으로 1598년에 낭트(Nantes) 칙명에 의하여 개신교는 자유를 얻었다.

영국에 있어서는 헨리 8세(Henry VIII, 1491~1547)의 종교개혁으로 성공회를 설립한 후 그의 아들 에드워드 6세(Edward VI, 1538~1553) 때 일대 혁신을 하였다가 몇 년이 못 되어 그의 누이 메리(Mary)가 왕위에 오르면서 반대로 극단적인 구교가 주도권을 장악했다. 그러나 엘리자베스(Elizabeth) 여왕의 즉위로 종교는 신교의 신앙과 형체로 조화를 추구하게 되었다. 당시 정치적으로 영국은 스페인과 제양권 문제로 서로 다투었는데 스페인은 구교국으로서 교황과 영국 구교도들의 원조를 청하게 되었다. 한편 교황은 영국 여왕에 파문장과 왕위 파면을 내리며 스코틀랜드의 메리(Mary) 여왕으로 하여금 대신하도록 명하고 예수회원을 통하여 해외에서 영국 교직자들을 훈련하여 지하운동을 원조하게 하였다. 그러나 엘리자베스 여왕은 이러한 처사와 신교파들이 프랑스에서 겪은 참상을 보고 대항할 것을 결심하여 1588년에 스페인의 무적함대를 무찔렀다. 이후 구교에서는 영국을 간섭하지 못하였다.

특히 독일에 있어서는 예수회원들이 지역적인 신교자유원칙을 이용하여 개신교 군주들을 개종시키는데 전력하였다. 그 지방 개신교 군주가 개종하면 그 지방 전체가 바뀌게 됨으로 맹렬한 활동을 전개하였다. 보헤미아(Bohemia) 지방은 신교도가 많았으나 그 지방 영주는 구교도였으므로 그곳에서 충돌이 시작되어 30년 전쟁(Thirty Years War, 1618~1648)이 발발하고 나중에는 스웨덴, 프랑스까지 가담하여 유럽에 큰 혼란이 일어났으나 1648년에 베스트팔렌(Westfalen) 조약으로 신교자유가 확보되었다. 독일은 전란으로 그 이후 40~50년간 쇠잔하여져 침체상태에 머물러 있게 되었다.

예수교단의 활동으로 구교는 유럽 전역, 특히 프랑스, 벨기에, 네덜란드, 독일, 오스트리아, 헝가리, 폴란드 등지에 대학을 설치하여 고등교육에 진력하고 많은 신학교를 세워 단원들을 훈련하였다. 그 외에도 버림받은 여인들과 팔려 간 종들을 속량하는 자선사업으로 많은 사람의 환심을 샀고 또 예수회의 선교사들은 스페인의 식민지인 남북미 전역에 이르러 선교하였고 사비에르(Xarvier) 같은 인물은 포르투갈 정부를 따라 동반구로 가서 인도, 남양군도, 중국, 일본 등지에 가서 선교사업에 위대한 업적을 남겼다. 그러나 예수교단의 활동이 점점 발전되는 데 있어서 기성 정치세력과 구시대의 군왕들과만 합세하였고, 신시대에 성장하고 발전하는 중산 계급과 결합하지 않아 시대의 주인공이 바뀌게 될 때 이들은 자연히 함께 물러나게 되었다.

이렇게 예수회가 발전되면서 프랑스 포트 로이얼(Port Royal)에서는 젠센(Jensen)의 지도로 어거스틴(Augustine)을 연구하였던 그룹이 있었다. 이 파의 거장으로 문학, 수학, 천문학자이며 계산기와 버스(Bus) 등을 발명하고 운영한 파스칼(Blaise Pascal, 1623~1662)이『

향토의 편지』*Provincial Letters*』를 써서 예수회원들이 결의론(Casuistry)적인 궤변을 사용하는 것을 공격하였다. 그는 신자라면 하나님 앞에서 자기의 양심과 지식을 올바로 가지고 모든 것을 분간하고 선택하여야 하는데, 그렇지 못하고 교직자에 의탁하여 의견을 따르게 하여 신자로 하여금 교직자가 준 뜻을 적당히 따르는 것이 하나님의 뜻을 행하는 것으로 인식하게 함에 따라 신자로 하여금 그의 신앙과 윤리 사이에 있어야 할 조화를 잃게 만드는 것이라고 비판하였다. "참 신앙은 각 개인이 하나님과 대면하여 그 자신 스스로 결정하는 것이다"라고 주장하였다. 파스칼과 같이 구교의 권리를 배격하여 실재적 방향으로 나가는 반면, 이성적인 경향으로 나간 사람이 데카르트(Rene Descartes, 1596~1650)였다. 그는 모든 것을 어느 사람의 권위에 의지하여 받아들이지 말고 냉정한 의심을 통하여 스스로 해결해야 한다고 하였다. 결국 오직 한 가지만이 확실한데 곧 의심하고 있는 나 자신이라고 보았다. 그래서 "Cogito ergo Sum", 즉 "나는 생각의 생각을 하고 있으므로 내가 존재한다는 것을 알 수 있다"라고 하였다. 데카르트는 인간은 창조주인 하나님 앞에 서 있는 인간이라기보다는 이성을 통하여 "나는 나다"라는 결론에 이르게 되었다.

이같이 예수회가 비판을 받을 때 교황도 이들이 초기의 신앙을 버리고 정치욕에 눈이 어두운 것을 알고 후환을 두려워하여 심지어 1773년부터 1821년 사이에 그 교단을 잠시 폐쇄하였는데 그때 단원의 수가 22,559명이나 되었으며 반수 이상이 교육계에 종사하고 있었다.

구교의 정돈을 따라 개신교도 17세기에 이르러서는 상호 간 재정돈이 이루어지기 시작하였다. 이때 개신교권 내에 있는 영국은 해양

권을 장악하여 식민사업과 무역이 발달되었고 정치 경제면에 안정을 얻게 되었으나 종교 면에 있어서는 아직도 안정되지 못하였다. 찰스 1세(Charles I) 대에 이르러 중산 계급으로 조직된 개신교인들은 거부 당하여 1662년에는 내란까지 일어나게 되었다. 청교도(Puritans)라고 이르는 개혁교도들은 크롬웰(Oliver Cromwell, 1559~1658)의 지휘로 적은 수의 군대를 가지고 왕의 군대에 승전하여 국왕을 사형에 처하고 공화국을 이룬 후 크롬웰 자신이 호민관이 되어 개혁신도들의 뜻을 따라 신정정치로 엄히 다스렸다. 청교도 문학에 있어서 밀톤(John Milton, 1608~1674)의 『실락원*Paradise Lost*』, 번연(John Bunyun, 1628~1688)의 『천로역정*Pilgrim's Progress*』 등은 이 시대의 작품들이다. 이 저작의 특색은 성서의 기사와 교훈을 마음의 무대에서 다시 찾아보며 체험할 수 있다고 하는 점에 있다. 가령 밀톤의 <그리스도 나시던 날 아침On the Morn of Christ's Nativity>이란 시는 예수의 베들레헴에서 나심을 서술하고 있으나 사실 각자의 마음에 성령의 역사로 나심을 쓴 것이었다.

영국 다음에 개신교국으로서 네덜란드가 원양 무역으로 부강하게 되었고 칼빈의 영향을 직접 받아 제네바를 이어서 교리적 중심지가 되었다. 이때 이 지방의 일부 사람은 아르미니안파(Arminian)를 따라 칼빈의 예정설인 인간의 전적 타락설을 반대하여 인간의 의지의 자유는 어느 정도 남아 있다고 주장하였다. 이 문제를 해결하기 위하여 서구 칼빈주의 권에서 처음으로 1618년 도르트(Dort)에서 총회를 소집하여 5개 조문으로[1] 규명하였다. 그러나 이 조문을 받아들이면 영생을 얻는다고 하여 그들의 신앙이 경직화되어가는 모습을 보이고 있었다.

---

1 1. 전적 타락, 2. 예정, 3. 부분적 구원, 4. 항거할 수 없는 은혜, 5. 성도의 인내.

2. 자연신론과 경건운동

　16세기의 개혁자들이 전통을 버리고 신앙에만 의존한 데 반하여 17세기에는 이성을 통하여 자연과학의 방법으로 진리를 탐구하려는 영국의 자연신론(自然神論, Deism)과 프랑스, 독일의 계몽주의 (Enlightenment) 운동이 전개되었다. 이들은 이성 중심으로 신학을 세우려 하였다.

　이러한 경향은 이미 영국의 베이컨(Francis Bacon, 1561~1626)에서 찾아볼 수 있는데 그는 실험의 과정을 통한 귀납적 사고방식을 주장하여 뉴턴(Isaac Newton, 1642~1727)과 같은 학자들을 통하여 코페르니쿠스(Copernicus, 1473~1543)와 케플러(Kepler)의 지동설의 원리, 즉 만유인력의 법칙을 설명하여 주었다. 지구를 우주의 중심으로 알던 시대에서 인간이 광대한 우주의 한 작은 별 위에 산다고 하는 것을 새로 밝혀줌으로써 자연법칙과 이성이 중요한 위치를 차지하게 되었다.

　이 자연신론의 가장 유능한 주장자는 틴델(Matthew Tindal, 1657~1733)이었다. 그는 『매우 오래된 기독교Christianity as Old as the Creation』(1730)란 책을 저술하였다. 그에 의하면 이성에 의한 자연종교는 완전하기 때문에 여기에 계시나 구원을 덧붙일 필요가 없다는 것이다. 신은 인간의 복지를 위하여 이 우주를 창조하였고 그 후에는 자연법칙에 맡겨서 통치하신다. 이성으로 이해할 수 있는 자연법칙이 완전하기 때문이다. 이로부터 이성이 계시를 대치하고 도덕이란 것이 자연신교의 주제가 되었다.

　이같이 이성적 종교의 논란에 대하여 영국 내에서는 여러 변증과 비판이 일어났다. 로오(William Law, 1686~1761)는 "이성의 심문"(Case of

Reason)을 지적하여 이성의 한계를 논의했다. 그는 플라톤학파에 대해서 연구한 일이 있고 그 후 독일의 위대한 신비 사상가인 뵈메(Jacob Böhme)에 경청했던 사람이었다. 로오는 인간은 이성 이외에도 진리에 도달할 수 있는 천성이 있다고 했으며, 싸늘한 이해 대신에 열심(enthusiasm)이 종교를 살리고 현실을 뒤흔드는 힘이 된다는 것을 웅변적으로 역설하였다. 이때 대륙에서도 영국에서와 같은 사상이 널리 팽창하였다. 그동안 독일 루터교회는 생동하는 신앙을 떠나 건조하고 형식화된 정통에만 몰두하여 있었고, 프랑스에는 볼테르(Voltaire, 1694~1778)와 같은 백과사전학파의 무신론이 대두하였다.

그때 또한 비교종교학이 시작되어 이러한 형세에 더욱 박차를 가하고 기독교 이외의 타 종교에 대한 흥미를 불러일으켰다. 1772년에 볼프(Christian Wolff, 1679~1754)는 『중국인의 실천철학*Practical Philosophy of the Chinese*』이란 책을 간행하여 유교의 도덕관을 절찬하였다. 여기에서 그는 기독교가 아니고서도 인간이 그렇게 선량해질 수 있는 것은 우리 인류에게 공통적으로 부여된 선량한 마음이 있다는 자연종교의 주장이 적당하다고 논증하였다.

레싱(Lessing, 1729~1781) 역시 <현인 나단*Nathan the Wise*>이란 극시를 통하여 기독교 이외의 제 종교에도 탁월한 면이 많이 있는 이상 서구인은 좀 더 관용적 태도로 단순히 이지적으로 규정된 신조와 교리적 차이를 넘어서 인간의 공동성을 찾자고 주장하였다. 그래서 독일의 계몽사조는 기독교의 독특성을 저버린, 즉 그리스도가 없는 기독교를 발전시키게 되었다.

자연신론과 계몽사조가 기독교를 외부에서 이지적 면으로 공격했다면 내적으로 정서 면에서 일어난 운동이 곧 독일을 중심한 경건운동과 영국을 중심한 메소디스트(Methodist)운동이었다.

독일 경건파의 시작은 스페너(Philip Spener, 1635~1705)에서 찾아볼 수 있다. 그는 프랑크푸르트의 목사로 있을 때 당시의 설교가 이론에 치우쳐서 사람의 마음속 깊이 감명 주는 바가 적음을 깨닫고 자신의 설교를 실제적이고 신앙적으로 만드는 일에 주력했을 뿐만 아니라 경건회(Cellegia Pietatis)를 통해서 신앙적인 문서를 읽으면서 깊은 내적 성찰에 잠겨 정신적 생활을 함양하도록 하는 데 전력하였다. 스페너의 찬동자인 프랑케(August Hurmann Franke, 1663~1727)는 이 운동을 교육과 사회사업과 선교사업으로 이끌어 경건의 힘을 실생활에 발휘하였다. 이를 가까이 따르던 진젠도르프(Nicholas von Zinzendolf, 1700~760) 백작은 본래 경건파 가정에서 자라났으나 정치에 몰두하여 신앙에 별 관심을 가지지 않았다. 그러다가 우연한 기회에 30년 전쟁에서 구교의 박해를 모면하려고 모라비아(Moravia)에서 피난해 온 사람들이 갈 곳이 없어 어려움에 처했을 때 자기 영토 안에 거주하기를 허락하였다. 이를 계기로 그는 훗날 모라비아 운동의 지도자가 되었다. 피난해 온 모라비아인들은 루터교의 경건을 살리며 생존하기 위하여 수도원적인 공동생활을 채택하여 생활 안정을 얻게 되자 남은 힘으로 세계를 기독화하는 사업에 전력하였다. 그들은 거의 매 60명당 선교사 하나를 외지로 파송하여 개신교의 선교사업을 개발하였으며 1732~752년 사이에 그들이 파송한 선교사의 수가 개신교 전체가 파송한 것보다 더 많았다. 모라비아교인들로 인하여 형성된 경건운동은 영국 감리교회에 많은 영향을 끼쳤다.

18세기 당시 영국의 종교 도덕은 말할 수 없는 침체상태에 놓여 있었다. 농촌을 버리고 도시에 모여든 실업자들은 자연신론의 기풍 속에서 전통에 의한 순결과 정절의 미덕을 냉소하고 원양 무역으로 값싸게 제조된 술로 흥분을 일으켜 사회질서를 파괴하였다. 그때 옥스퍼드대학의 웨슬리(Wesley) 형제와 몇몇 학생이 경건회를 조직하고 신앙의 서적을 읽으며 규칙적인 일과를 작성하여 실행하였는데, 이로 인하여 동창들에게 규칙주의자(Methodists)라고 불렸다.

웨슬리 형제는 린컨셔어(Lincolnshire) 목사의 아들로 태어나 옥스퍼드대학에서 공부하였다. 1725년 형 존 웨슬리(John Wesley, 1703~1791)는 성직 안수를 받고 옥스퍼드대학의 특별연구원으로 활동하면서 동생 찰스 웨슬리와 친구들이 모인 신성회(Holy Club)에 1729년부터 동참하기 시작했다. 그런데 웨슬리가 홀연히 회심과 거듭남의 경험을 하고 위대한 설교가의 생활을 시작한 것은 1738년 5월 24일 모라비아 교인들의 집회에서 영적인 감동을 받은 후부터였다. 그는 전 세계를 자신의 교구로 생각하고 빈민촌과 벽촌을 찾아다니며 열정적으로 복음을 전파하였다. 그의 설교를 듣는 영국사람들이 회개하며 신앙의 부흥과 양심을 회복하였다. 웨슬리는 인간의 타락과 죄를 역설하며 단지 하나님의 은총과 그리스도의 속죄에서만 구원이 온다고 높이 외쳤다. 그리고 그는 거듭남과 기독교인의 완전을 말했다. 그래서 "그리스도를 믿으면 이 세상에서 완전의 터전에 도달할 수 있으며 그것은 사랑에 의하여 하나님과 사람을 끊임없이 사랑할 때 가능한 것이다"라고 주장했다.

이런 점에서 웨슬리의 신학에는 아르미니우스 신학이 깃들어 있다고 할 수 있었다. 웨슬리와 함께 옥스퍼드의 경건한 작은 집단에서 함께 일하던 동역자요 놀라운 설교가로서 메소디스트운동의 한 부분을 차지했던 조지 휘트휠드(George Whitfield, 1714~1770)가 웨슬리와

1744년 이후 헤어지게 되었다. 웨슬리는 칼빈의 예정설을 거부하였으나 휘트휠드는 웨슬리의 소위 인간의 "완전"이란 것이 불가능한 것이라고 생각하여 메소디스트교엔 분파가 생겼다. 하나는 아르미니안주의를 수용하는 웨슬리의 감리교요 또 하나는 휘트휠드의 칼빈주의적 감리교였다. 웨슬리의 운동으로 영국은 혁신되고 프랑스와 같은 유혈혁명이 없이 다음 시기를 맞이하게 되었다.

3. 칸트와 현대 신학

신학의 사조가 극단적인 합리주의적 경향으로 흐르다가 다시 경건한 방향으로 전향할 때 양자의 장단점을 가려 종합한 신학자가 슐라이어마허(Schleiermacher, 1769~1834)였다. 그는 칸트(Immanuel Kant, 1724~1804)의 후배로 그의 영향을 많이 받았다.

칸트는 라이프니츠(G. W. Leipniz, 1646~1716)의 철학과 마찬가지로 우리 사람들의 마음에는 외부에서 들어오는 것에 대하여 어떤 특정한 형틀을 형성해주는 생래적인 고유한 성질이 있다고 밝혔다. 지식이란 것은 이 두 요소 곧 밖의 것과 우리 마음과의 상호 작용에 의하여 나오는 산물이긴 하지만 물자체(Ding an sich) 내에 있는 것이 아니고 우리의 마음이 구성한 것이라고 했다. 시간과 공간은 종래 사람들이 생각해 온 바와 같이 객관적으로 실재하는 것이 아니고, 우리가 실재를 인식할 수 있는 주관의 형식에 불과하다는 것을 주장했다. 그래서 칸트는 우리가 무엇을 안다고 하는 것이 외부에 있는 물자체나 실재를 아는 것이 아니고 우리가 그것을 어떻게 생각한다는 것에 불과하다고 정리하였다.

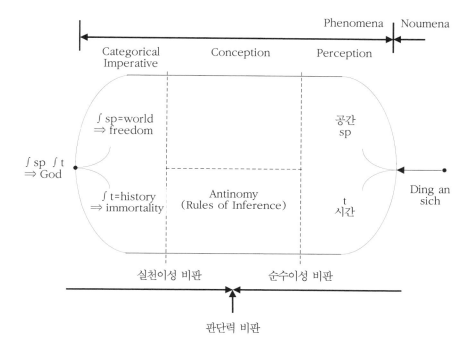

그러므로 칸트 이후로는 하나님의 존재하심을 증명한다는 문제가 성립되지 않게 되었다. 전에 자연신론자들은 우주의 모든 만물이 질서 있게 움직이는 것을 보아 우연히 된 것이 아니고 어떠한 계획하에 설계되어 있으리라 하며 그 설계자는 곧 하나님일 것이라고 주장하고, 하나님의 존재를 증명한다고 하였다. 하이든(J. Haydn)의 <천지창조>도 이러한 견지에서 작곡된 것이었다. 그러나 객관의 세계를 알 수 없다고 하는 칸트의 비판 이후 이성으로 신의 존재를 증명하겠다고 하는 시도는 성립되지 않아 칸트의 주장은 곧 자연신론의 종지부가 되었다.

12 Categories

	양	질	관계	양상
전체				
구체				
개체				

　칸트는『순수이성비판』다음에『실천이성비판』을 저술했다. 그에 의하면 우리가 외적인 세계를 알지 못하는 이상, 우리가 소유하고 있는 도덕률이 초자연적 신에게로부터 온 것도 아닐 것이고 우리가 이것을 준행하는 것이 그러한 신의 상벌을 위해 하는 것도 아닐 것이다. 도덕적 법칙이 우리 마음에 있어서 정언적인 명령으로 듣게 된 것은 이 법칙이 우리 마음에 생래적으로 있었다는 것이다. 이 정언명령 (Categorical Imperative)을 효과적으로 성취하기 위하여 자유(自由), 영생(永生) 그리고 신(神)과 같은 개념이 반드시 요청(Postulat)된다고 생각했다. 윤리적 세계 안에서는 하나님이라는 개념이 기초가 되어서 우리가 살고 있다는 것이다. 그러므로 신에 대한 관념을 이성으로 증명하지는 못하나 그것이 마음 속에는 확실하게 살아있다는 것이다. 그리하여 그는 말년에『이성의 한계 내에 있어서의 종교』라는 책을 저술하여 종교를 실천이성, 즉 도덕으로 대치하였다. 칸트가 이성과 의지의 세계를 대립시켜 놓았으나 그의『판단력 비판』에서는 순수이성과 실천이성 사이의 관계를 분석하였다. 우리가 "이것이 좋다"할 때 '이것'은 인식, 즉 순수이성의 작용에서 오는 개념이고 '좋다'는 것은 도덕적 판단인데 이 둘을 종합하는 것이 곧 '판단'의 중심 문제였다.

칸트는 이 둘을 분립(分立)한 다음 종합하려고 하였는데 종합의 문제에 관하여는 슐라이어마허의 공헌이 이어졌다.

슐라이어마허(Friedrich Daniel Schleiermacher, 1768~1834)는 군목 가정에서 출생하였고 모라비안 계통의 학교에 다니며 어려서부터 경건한 분위기 안에서 성장하였다. 그 후 경건파 중심지인 할레대학(Halle University)을 거쳐 1810년에 베를린대학이 시작될 때 초대 교수로 임명되어 그곳에서 여생을 보내었다. 그의 대작은 『기독교 신앙Der Christliche Glaube』이다. 이 책은 칸트의 저작과 비슷한 종교 비판이었다. 그에 의하면 종교란 사유만도 아니고 행위만도 아니다. 양자가 분립되지 않는 상태에 놓인 직관이고 감정이다. 다시 말하면 종교의 본질은 신에게 대한 '절대 의존의 감정'인데 거기에는 신·인이란 분리되어 있지 않다. 이것이 곧 경건이며 신앙이다. 그 반면으로 신에 대한 의식과 자아의식은 이미 하나님과 사람이 분리되어 있는 상태에서만 가능한데 여기서 신의 존엄성과 인간의 부족함이 비교되어 죄라는 관념이 생기기 시작한다. 그러나 하나님이 인간으로 화육된 그리스도 안에서 우리는 다시 하나님과 합일되어 귀의(歸依)의 감정을 회복한다고 하였다. 그가 종교를 감정의 작용이라고 밝힘으로 종교의 영역을 형이상학이나 도덕 안에만 국한되지 않게 한 것은 종교 사상에 남겨준 하나의 커다란 공헌이었다.

슐라이어마허의 뒤를 이어 리츨(Albrecht Ritschl, 1822~1889)이 역사성을 새롭게 강조하여 인문과학과 신학의 기초로 삼았다. 자연과학은 같은 사실의 반복에 의하여 가정을 세우고 그것이 실험에 의하여 증명이 되면 법칙이 성립되며, 그것으로 자연을 이해하려는 것이다. 그러나 인문과학에서는 유일한 사실들을 취급함으로 그 역사에 소속된 이상 자연과학의 방법으로 연구할 수 없다고 하였다. 우리는 지금 살아 움직이는 교회를 연구 대상으로 하며 교회의 원천인 그리스도의 인격의 힘을 보아야 한다는 것이다. 그래서 위대한 감화로 교회가 힘차게 움직임을 보고 우리가 그리스도를 신으로 가치 평가를 하여야 한다고 하였다. 그가 인격의 힘과 문화의 발전에 치중함에 따라 기독교는 사회문제에 눈을 뜨게 되어 후에 미국에서 성행한 사회복음(Social Gospel)운동을 산출하는 데 큰 자극을 주었다.

리츨은 역사를 중시하였지만, 이미 헤겔(Georg Wilhem Friedrich Hegel, 1770~1831)은 역사의 본질을 변증론으로 설명하였다. 그는 역사나 문화가 정·반·합의 형체로 발전하고 있다고 주장하였다. 여기에 기초하여 벨하우젠(J. Wellhausen)과 바우어(D. F. Bauer)는 성서를 신의 계시로 받아들이지 않고 주관의 산물로 해석하고 역사의 제약을 받아 그와 같이 발전된 것이라고 보았다. 그리하여 성서를 먼저 분해하여 놓은 다음 일반문화사의 체계에 맞추어 재편성하여야 한다고 주장했다. 이때 성서를 그대로 보고자 하는 보수파와 분해하여 보자고 하는 자유파 간에 싸움이 시작되어 전 기독교계에 확산되었다. 물론 이러한 동향으로 신학이 현대철학의 제문제, 과학의 비판, 사회에 대한 책임을 새로이 검토하게 되었으나 슐라이어마허 이후로 신학의 기초를 사람의 영역에 내재하게 하였으며 신의 초월성을 망각했다. 이런 양상에 대하여 공산주의자들은 "너희의 신은 너희 자본주의의 인간형을 확대하여 섬기는 것에 불과하다"고 비평하였다.

제1차 세계대전을 계기로 인류는 새로이 인간의 잔악성을 체험하게 되었으며 사람의 노력으로만 모든 것이 점진적으로 발전한다는 낙관주의를 버리게 되었다. 다시 파스칼과 키에르케고르(Sörne Kierkegaard,

1813~1855) 등을 통하여 지(知)·행(行)이 분리되고 모순으로 꾸며진 인간의 모습이 내재한 잠재의식의 세계에는 원시적인 욕구가 제한 없이 움직이고 있다는 것을 발견하였다. 이때 슈펭글러(O. Spangler, 1880~1936)는 서구의 몰락을 예고하였고, 바르트(Karl Barth, 1886~1968)는 위기의 신학을 선포하여 신이 자율적인 존재이며 자유로이 인간을 굽어살피신다는 절대 타자(Das Ganze Andere)임을 주장하여 그 동안의 인본주의적인 경향을 변화시켰다.

새로운 역사 위에 등장한 미국의 기독교는 근세 기독교 발전에 중요한 역할을 감당하였다. 물론 미주 대륙의 역사는 1492년 콜럼버스의 발전과 더불어 시작되었지만, 실질적으로 새 문화를 형성하는 광대한 지역으로 세계적 의의를 지니게 된 것은 17세기 영국에서 신앙의 자유를 찾아 이주 정착한 청교도들의 활동에서 비롯된다.

이 시대에 이민해 온 사람들은 신앙심이 든든하고 교양 있는 사람들로 교육에 지대한 관심을 가졌다. 그래서 1636년에 하버드(Harvard)대학, 1701년에 예일(Yale)대학 그리고 1746년에는 프린스톤(Princeton) 및 콜럼비아(Columbia)대학이 계속하여 설립되었으며 또한 학자이며 목사인 에드워즈(Jonathan Edwards, 1703~1759)와 같은 비범한 종교적 인물을 배출함으로써 미국 자체의 독특한 신학을 정립하게 되었으며 또한 영적 부흥도 일으키는 등의 발전이 진행되었다.

1776년 독립된 후 제퍼슨 대통령 시대에 정·교 분리를 추가 헌법에 개정한 후 이 원칙에 준하여 각 교파는 자신들의 특수한 교리를 자유롭게 보장받을 수 있는 기회를 갖게 되었다. 바로 이때의 미국 신학은 청교도들의 칼빈주의적 경향에 동조하고 있었으나 여기서도 자연신론적인 유니테리안주의(Unitarianism)와 대결하게 되어 심각한 변동

의 고비를 넘게 되기도 하였다. 더구나 영국의 코울리지(S. T. Coleridge)
와 워어즈워어스(W. Woedworth)와 같은 시인의 영향으로 낭만주의가
널리 퍼지게 되었다. 신학계에 있어서 이와 같은 소임을 감당한 사람
이 부쉬넬(Horace Bushnell, 1802~1876)이었는데 그는 1846년 『기독교
교육*Christian Nurture*』을 발간하고 교리를 주입시킨 것보다는 종교 교육을
통해서 사람을 자연스럽게 육성시키는 것이 더 바람직하다고 주장하
였다. 이즈음에 신앙부흥이 다시 전개되었는데 현저한 성과를 올린
저명한 설교가로서 무디(D. L. Moody, 1837~1899)와 같은 인물을 들 수
있다. 그들의 영향으로 많은 청년이 세계선교에 헌신하게 되고 선교
사업에도 양적으로도 중요한 비중을 차지하게 되었다.

제 8 장
세계선교운동과 한국 교회

1. 세계선교운동

　세계선교는 그리스도가 "모든 백성에게 이 복음을 가르쳐 지키게 하라"(마태복음 28:19)고 분부하신 명령에서 이미 시작되었으며, 그것이 근대에 세계적 기구를 통하여 더한층 생기를 띠게 되었다. 구체적인 조직 활동으로 움직인 기점은 1784년 모라비안들을 중심으로 형성되었던 1795년의 런던국제선교협회, 1797년의 종교소책자협회 등으로 볼 수 있다. 그들은 성경을 선교대상국의 본토어로 번역하여 그 백성을 계몽하고 학교를 설립하여 교육에 종사하며 민족애를 고창하였다. 복음을 전하면서, 특히 선교하는 사람들이 자신들의 생활을 성실하고 엄격히 하여 그 지방 사람들의 모범이 되기 위해 노력하였다.

　인도에서 선교가 성공적으로 이루어진 것은 영국의 캐리(William Carey, 1765~1634)가 침례교의 후원으로 뱅골 지방에서 전도한 데서 시작되었고, 1830년 스코틀랜드 국교에서 파송한 다프(Alexander Daff, 1806)는 선교사업을 고등교육과 관련시켜 큰 발전을 도모하였다.

아프리카에 있어서 북부는 이슬람교의 세력이 강했고, 주로 남부 지방에서 기독교 선교가 잘 이루어졌다. 이곳은 처음 모패트(David Moffatt, 1785~1833)가 개척하고 그 후 리빙스톤(David Livingstone, 1813~1873)이 그 지역을 세밀히 탐험하며 선교활동을 위한 기초를 튼튼히 쌓아 주었다.

태평양 지역의 선교사업의 특징은 원주인들에게 문명 생활을 기초부터 이해시키는 개화 사업과 병행한 것이었으며, 식인종들을 변화시키는 과정에 많은 인명 희생이 있었다. 예를 들면 유명한 영국 선교사 패터슨(John Coleridge Patterson, 1827~1871)은 이곳에서 순교한 사람 중 하나였다.

중국의 선교는 런던선교회에서 1807년에 모리슨(Robert Morrison, 1782~1834)을 마카오에 파견하면서 시작되었으나 오랜 전통과 불교의 영향으로 인하여 그의 많은 노력이 가시적인 효력을 보지 못하였다. 그러나 그는 신약성서를 번역하고 중국어 사전을 편찬하는 등 지대한 공헌을 하였고 그의 뒤를 이은 선교사들로 하여금 교육사업에도 관심을 갖게 하였다.

이러한 선교 운동은 근세 제국주의 국가들의 영토 확장과 더불어 발전되었기 때문에 선교국과 피선교지 그리고 한 선교 구내의 여러 교파 간의 관계 등이 복잡하였다. 이러한 난관을 타개하기 위하여 1901년에 에든버러(Edinburgh)에서 1,100명으로 구성된 세계선교대회(International Mission Conference: I.M.C.)를 열게 되었다. 이들의 사업은 그 당시 제국주의의 침략 행동과 좋은 대조가 있었으나 그들의 모국이 바로 제국들이라는 점에서 한계를 가지면서 이 사업은 어느 정도의 발전에 이른 후 그 이상 실현되기 힘들게 되었다. 그러나 20세기에 이르러 제국주의가 분쇄됨에 따라 교회들은 새 소임을 자각하기 시작하며 선교국과 피선교국 간의 주종관계를 탈피하고, 민주주의 원칙에 입각하여, 모든 교회는 평등하다고 하는 입장에서 협동하고 복음 전파의 책임을 지며 그리스도 안에서 하나가 됨을 표명해 보려고 노력하였다.

개신교가 여러 교파로 나뉘어 있었으나 더 이상 분열해 있을 필요가 없었기 때문에 1920년에는 스톡홀름(Stockholm)에서 대회를 열고, 교리를 떠나 전체 교회가 '사업과 생활'은 하나가 되어야 하겠다는 합의를 보았고, 1927년에는 '신앙과 사회질서' 문제를 가지고 로잔(Lausanne)에서 효과적인 토의를 하였다. 이러한 국제적이고 연합적인(Ecumenical) 모임이 세계기독교대회를 육성하여, 1948년 암스테르담(Armsterdam)에서는 대다수의 개신교파들이 처음 한자리에 모이게 되었고, 1954년에는 미국의 에반스톤(Evanston)에서 제2차 대회를 열었다. 이 회의에서 개신교의 각 교파는 새로운 협동의 원칙을 강구하며, 모든 교회는 다시 그리스도 안에서 하나가 되어야 하겠다는 결의를 굳게 하였다.

이러한 큰 흐름에서 선교 운동은 교파와 교파, 선교국과 피선교국 간의 차별을 제거하고, 좀 더 유기적이고 우호적인 연합선교사업(Ecumenical Mission)을 준비하였다. 이 운동은 선교국과 피선교국이 함께 그들의 경제와 인력을 종합하여 과거의 일방적인 방식을 떠나 상호협조적인 방향으로 재편성해 주었다.

2. 한국 교회의 발전

2.1. 천주교의 전래

기독교가 우리나라에 들어오게 된 경유는 서방 선교사들의 직접적인 전래가 아니고 중국과 일본을 통하여 간접적으로 전해진 것이었다. 중국은 일찍부터 서방과의 교통이 있었으며 서기 613년에 네스토리우스(Nestorius)파의 선교단이 방문하여 기독교를 전하였다. 명(明)나라를 통해 서양인에 대한 소식이 우리나라에 전해진 것은 중종(中宗) 15년(1520)에 통역관으로 중국에 갔던 이석판(李碩判)의 중국 견문의 기록에서 찾아볼 수 있다. 그러나 이전에 포르투갈 사람들이 말라카 방면에 진출할 때 한국 사람들과도 접촉한 사실이 1513년 발송된 편지에 기록되어 있다. 그리고 임진왜란 때(1592) 일본 소서행장(小西行長)의 종군 신부 세스페데스(Gregorio de Cespedes)가 입국한 일이 있었다.

특히 임진왜란을 비롯하여 오랫동안 왜족(倭族)이라 무시하였던 일본이 서양의 기계문명을 받아들여 총포까지 만들어서 침략하자 이에 자극을 받은 우리나라에서는 "서학(西學)을 배워야 하겠다"라는 각성을 새로이 하게 되었다. 그래서 계절을 따라 중국에 가던 사절들은 틈나는 대로 천주교당을 찾아가 구미로부터 새 과학기술을 습득하는 데 노력하였다.

이에 지봉(芝峰) 이수광(李睟光) 같은 분은 『지봉유설(芝峰類說)』에서 신조에 관한 것뿐 아니라 만국곤여지도(萬國坤輿地圖)와 천문에 관해서 언급하였다. 지도는 농사를 위해 땅의 생긴 모양을 알려주었고 천문은 계절을 정확하게 예측하여 농사의 도움이 되게 하려고 한 것이다.

명나라가 망하고 청(淸)나라가 건국하여 우리나라를 침략하여 병자호란을 일으키자 우리 민족의 각성은 더한층 커지게 되었고 당쟁에만 급급하여 세도에 눈이 어둡던 과오를 반성하고, 날로 쇠퇴하는 국운을 과학과 기술의 혜택으로 부강하게 해보려고 노력을 경주하기 시작하였다.

그때 유형원(柳馨遠)이 쓴 『반계수록(磻溪隨錄)』을 보면 우리나라는 신속하게 전리(田利)와 군사, 형법을 개정하고 이전의 서생들이 주력하던 과거(科擧)보다 오히려 농학을 연구하며, 새 농사기구를 사용해서 농업을 발전시키고, 부국강병보다 실리 후생을 주장하며 실학을 중요시할 것을 주장하였다.

그 후 박제가(朴齊家)와 정약용(丁若鏞, 1762~1836)은 실학을 북학이라고 불렀다. 그들은 우리나라 북쪽에 있는 청나라도 이러한 후생 문제에 착안하여 강국이 되었으므로 우리도 그것을 배워야 되겠다는 의미에서 북학이라고 부른 것이다. 박제가의 『북학의(北學議)』에는 정치에만 치중하다가 실제 민생문제를 돌보지 못하여 거기서 부수적으로 발생하는 여러 폐단을 빠짐없이 지적하고 비판하였다. 그리고 우리나라는 농업국가이므로 농사에 치중해야 한다고 하였다.

천주교가 북학을 통해서 알려지게 되었으나 국내에는 훈련된 지도자가 없었다. 그래서 국내의 교도들이 청나라의 교도들에게 요청해서 신부 주문모(周文謨)가 잠입하게 되었는데, 그는 교회조직과 선교활동에 큰 도움을 주었다. 당시 교도들은 주로 유력한 남인(南人)들이었는데, 남인의 세력이 약화되자 교도들도 함께 박해를 받게 되었다. 이것이 소위 신유사옥(辛酉邪獄, 1801)이다. 그 후 우리나라 사람 김대

건(김안드레아)도 중국에 가서 신부가 되어 국내에서 선교활동에 크게 힘썼으나 아직도 기독교를 사교로 취급하였으므로 많은 발전을 이루지 못하였다.

이러한 심한 박해를 해소해 보려던 정하상(丁夏祥)은 국내의 사정을 교황청에 자세히 보고하였다. 이 소식을 들은 교황청은 곧 파리 외지선교회에 전달하여 1827년부터 한국을 선교구로 작정한 후 부르귀어(B. Bruguire)를 교구장으로 파송하였다. 그러나 그 후 1839년과 1866년에도 박해가 계속되어 선교활동은 활발하게 진행되지 못하였다.

2.2. 개신교의 전래

우리 국내에서 천주교가 아직도 핍박을 받고 용납되지 못하고 있을 때 나라의 새로운 발전을 도모하려던 국내 청년들이 국외로 떠나게 되었다. 이러한 유학생 중에 의주에서 떠나 만주 우장(牛莊)으로 간 청년들이 있었는데 그들은 백홍준, 이응찬, 이성하, 김종기 등이었다. 이들을 통해 한국에 대한 소문이 점점 퍼지게 됨에 따라 개신교 선교사들도 우리나라에 복음을 전파하려고 노력하였다. 최초의 선교사는 1832년에 온 구츨라프(Gutzlaff)였는데, 그는 독일 출생이요 네덜란드 선교부의 파송을 받아 만주에 와서 우리나라 사람을 대상으로 전도하려고 했다. 그다음엔 주로 스코틀랜드 선교사들이 활동했는데 1865년에 온 토마스(Thomas) 목사는 순교를 당했고, 그 뒤 존 로스(John Ross) 목사와 존 매킨타이어(John Macyntyre)가 이어서 만주에 와 있었다.

복음을 전하러 왔던 선교사들은 우리 유학생들을 만나 교육을 통하여 전도할 기회를 가졌다. 그때 국내에서도 아직도 극단의 쇄국정

책을 시행 중이어서 본래 있던 종교 이외에는 일체 거부하는 금교령이 내려져 있었다. 그래서 이미 예수를 믿게 된 이들 유학생은 귀국하지 못하고 간도 지방에 있는 우리 동족에게 복음을 전파하는 한편 성서의 일부를 번역하였다. 그 후 그들은 복음서를 가지고 국경을 몰래 넘어 왕래하면서 국내 명사들에게 성경과 복음을 전하기도 했다. 이들의 직분을 초대 우리 교회에서는 "매서인"(賣書人)이라고 불렀다.

최초로 우리나라에 온 미국 선교사는 알렌(Horace N. Allen)이다. 그는 의학박사로서 장로교 선교사의 일원이었다. 1883년에 선교사로 중국의 상해 근방에서 일을 찾고 있다가 마침 '한미통상조약'이 체결되자 그는 미국영사관 소속 의원으로 한국에 왔으며, 그 후 한·미 국제관계에 있어서 많은 공헌을 하였다. 특히 갑신정변 때 민영익이 자객에게 중상을 입었을 때 그의 정성 어린 의술로서 완치시켰다. 이 일로 인하여 고종(高宗)의 호의를 얻게 되어 참판의 벼슬을 받게 되고 임금을 모시는 시의(侍醫)가 되었다.

알렌의 뒤를 이어 정식으로 미국 북 장로교로부터 한국 선교사로 파송을 받은 분은 언더우드(Horace G. Underwood) 목사이다. 그는 영국 태생으로 미국에 이민 와서 뉴욕대학을 마치고 뉴브룬즈윅(New Brunswick) 신학을 수료한 후 인도 선교사로 갈 준비를 하다가 1883년에 새로이 문호를 개방한 한국으로 오게 되었다. 그는 한국 교회의 모교회가 되는 새문안교회를 1887년에 설립하였고 연희전문학교를 창설하였으며 그 외에도 여러 가지 선교사업에 많은 공헌을 하였다. 그와 같이 배를 타고 온 미국 감리교 선교사 아펜젤러(H. G. Appenzeller)는 교육 방면에 종사하여 우리나라에 서양식 교육을 도입하는 데 지대한 공헌을 하였다. 그의 노력으로 배재학당이 설립되었고 스크랜턴(Scranton)이 세운 이화학당이 발전되었다.

1889년에는 호주 장로교에서 부산지방에 데이비스(J. H. Davis)를 파송하고, 1889년에는 미국 남장로교회에서 전라남도와 제주도와 남해의 섬들에 선교사를 파송하였고, 1896년에는 미국 남감리교회에서 개성지구에 선교사를 파송하였다. 그리고 1898년에는 캐나다 장로교회가 함경도 방면에 선교를 시작하여 1890여 년경에는 팔도강산이 거의 다 선교구로 배정되어 전국을 복음화하기 시작하였다. 당시 선교사들은 우리 교회의 앞날을 좀 더 통일된 방향으로 발전시키기 위하여 그들의 교파와 국가적 배경이 다양했음에도 불구하고 이 목적을 달성하기 위하여 노력하였다. 그래서 선교사들은 자주 독립적인 선교 방침을 수립하기 위하여 네비우스(J. L. Nevius) 방법을 채택하였다. 네비우스는 그의 선교 경험을 통하여 얻은 여러 가지 방법을 제시하였는데 그것은

1. 각 교인을 자기 직업에 충실할 수 있게 해서 그 직장에서 자기의 생활의 안정을 구하며 동시에 이웃에 그리스도를 증거할 수 있게 하고
2. 교회의 방침과 운영에 있어서는 그 지방에 있는 사람들이 유지해 나갈 수 있는 범위 내에서 하도록 하고
3. 교역자 훈련에 있어서는 그 나라 사람 가운데서 우수한 자를 선택하여 훈련을 시키며 그 사무를 맡아 보게 하고
4. 교회 건축에 있어서는 교우들 자신이 헌금하여 그들의 고유양식으로 건물을 짓되 그들의 정도에 맞도록 한다는 것 등이었다.

이러한 개신교의 선교운동이 우리나라에 끼친 영향은 적지 않았

다. 예를 들면 전제군주제도에서는 무슨 벼슬이나 직책이든지 모두 윗사람이 임명하였지만, 교회에서는 민주주의적인 방법으로 장로와 교회 임원을 투표하여 선출하는 방법을 보여주었다. 오랫동안 유교 사상에 젖어 살아있는 사람보다 죽은 사람을 더 섬기던 것을 개선하며 또한 봉건제도의 영향 아래서 일부다처주의를 인정하던 것을 단호히 거절하도록 교육하였다. 또한 가난하면서도 대량의 양곡을 술로 소모하고 또한 술로써 국가사회의 범죄가 조성됨을 진단한 개신교는 술과 함께 담배까지도 금하여 금주, 금연을 강력히 주장하였다. 또한 알렌 박사의 노력으로 의료사업이 활발하여 제중원(濟衆院, 세브란스병원 전신)을 설립하게 되었고, 에비슨(O. R. Avison) 박사의 주선으로 의학교가 설립된 것이다. 그때의 교과과정은 의학과 기술을 겸하여 배우게 하였다. 그리고 호운쉘(C. G. Hounschell)과 윤치호는 개성에 송도 공업학교를 설립하여 우리나라에 기술교육의 본을 보여주었다. 일반 교육에 있어서는 주로 어학을 교육하여 직접 서양문명을 받아들일 수 있도록 준비시켜 주었다.

2.3. 한국 교회의 수난과 발전

우리나라가 1905년 일본의 침략 지배 아래에 놓이게 되면서 일본의 총독부는 외국인 선교사들에게 전도 이외의 일체 정치적인 문제에 대한 간여를 금지하였다. 5년이 더 지나서는 일본의 식민지가 되어 완전히 독립을 상실하게 되었다. 이는 1905년 미국의 루즈벨트(T. Roosevelt) 대통령이 태평양 정책을 위해 일본과 비밀 협정을 체결하고, 미국이 극동에 있어서 필리핀의 안정성을 보호하기 위하여 일본의 한국합병을 묵인한 데서 더 가속화되었다. 그러나 그때 한국에 있던 250여 명의 미국 선교사들은 대부분 자기 나라의 정책에 대하여 찬동하지 않았다. 가령 초대 한국 선교사였던 알렌은 근 20년이나 시무하면서 우리 임금과 백성에게서 많은 신임을 얻었고 일본이 우리 주권을 침해하는 것을 보고 자기가 한국 대사의 입장이 되어서 일본의 모든 악행을 본국에 보고하였다. 그러자 일본인들은 알렌 때문에 자국의 정책을 시행하는데 지장이 된다는 것을 깨닫고 정부의 요인과 내통하여 알렌을 좌천시켰다.

정치적으로는 이런 비운을 당하였으나 우리 한국 교회는 전반적으로 이전에 보지 못하던 대부흥이 전국적으로 일어나게 되었다. 이 부흥 운동은 1904년 선교사들이 원산에서 하기 사경회를 개최하면서부터 시작되었다. 시대가 소란하였으므로 당시 선교사들도 부흥이 될 것을 고대하고 있지는 않았다. 그것은 부흥 운동이 일어나 오히려 소란하게 될 것을 걱정해서였다. 그러나 "부흥은 사람의 능력 밖에서 된 일이었다. 그들이 같이 기도하는 가운데, 갑자기 큰 이상한 변동이 생겼다. 많은 사람의 마음이 한꺼번에 뭉치게 되고 단합하여 같이 기도하게 되었다. 바다에 넘치는 파도가 해안선을 덮치듯 하나님의 보좌 앞에 기도가 상달되는 것 같은 느낌이 있었다."[1]

이 운동은 점점 확산되어 평양의 숭실대학과 장로교신학교에 미치게 되었고, 대학과 신학교와 여러 곳의 하기 성경학교를 통하여 각지에서 이런 경험을 반복하게 되었다. 이 기회를 통하여 유명한 목사

---

1 W. N. Blair, *The Korea Pentecost*, 404, Requoted from L. Geroge Pailk, *The History of Protestant Mission in Korea*.

들이 선두에 서서 복음을 전파하였다. 길선주 목사 같은 분은 전국을 순회하며 대부흥회를 열었고 특히 평양에서는 아침 일찍 교회에 나와 교인들과 특별기도를 하였다. 일부 신도들은 길 목사와 함께 기도하기를 자청하여 그때부터 매일 새벽 네 시 반에 모여 기도하기 시작했는데 나중에는 약 400명이나 모이게 되었다. 그 교우들은 자기들의 믿는 신앙을 고난에 빠진 동족에게 전달해주고자 노력하여 '백만신도운동'까지 전개하였다.

1907년 9월 17일에 평양에서 33인의 선교사와 36인의 한국인 장로가 장대현 교회에 회집하여 처음으로 노회를 조직했고, 초대 노회장은 마포삼열(Samuel A. Moffett) 목사가 되었다. 신학교를 갓 졸업한 7명의 신학생도 비로소 안수를 받아 목사 임명을 받게 되었다. 이때 한국 장로교의 전모를 보면 목사 7명과 53명 장로와 989 교회와 19,000 세례교인과 70,000 신도가 있었다고 한다.[2]

마침 제1차 세계대전이 끝날 즈음에 미국 대통령 윌슨이 1918년에 선언하기를 "이 대전 후에는 약소 민족들에게도 민족자결을 허락하고 각 민족은 자결적으로 그들의 운명을 스스로 결정하도록 하겠다"라고 말하였다. 근 십 년간 압제자 일본의 치리를 받던 우리 백성은 독립할 기회가 다시 온 줄 알고 독립운동을 전개하였다. 그래서 국내외에 흩어진 지사들이 함께 호응하여 고종의 국장일인 1919년 3월 1일을 기하여 독립선언 선포하며 일본의 지배를 배척하고 독립하려는 기개를 전 세계에 보여주었다. 그러나 이 운동은 우리 스스로의 실력이 배양되어 넉넉히 독립할 수 있겠다는 자신에서 일어난 것이 아

2 *Ibid.*, 375-376.

니고, 가장 좋은 기회라는 생각에서 일어난 것이었다. 이때 활약한 분들 가운데는 기독교인들이 여러분이 참여하였는데 그들은 한국 교회 설립 이래 30년간 그 안에서 자라난 분들이었다. 이승만 박사, 안창호 선생, 김규식 박사 등은 그 대표적 인물들이었다. 그리고 이때 능동적으로 나서서 활동한 일부 교회에는 일본인들이 불을 지르고 엄하게 처벌한 곳도 있었다. 당시 교회에서 독립운동을 하던 사람은 3.1운동 후에 국외로 망명하였으므로 대부분에 교회는 일제의 감시와 간섭을 받고 있었다.

그러나 경제면으로 보면 일본 사람들은 우리나라 귀족들과 중산 계급들을 구슬리며 손을 잡아 무산 노동자 계급을 통치하였고, 우리나라의 자원을 개발하며 산업을 일으켜 그들이 계획하고 있는 대륙 침략 및 정복에 이용하려고 했다. 이러한 환경 아래서도 교회는 특히 종교 교육 방면에 있어서 큰 성장을 하였다. 1922년에는 전선주일학연합회가 조직되었고 기타 하기 성경학교 등의 특출한 활동으로 1932년 제11회 세계주일학교대회에서 우리나라가 선교국 중에 가장 신속히 발전된 나라로 표창을 받기도 하였다. 그리고 이때부터 우리 교회는 외지선교사를 산동성과 만주 등지에 파송하였다. 이러한 선교 정신이 피선교국에서 일어나게 된 사실은 선교사상 경이적인 사건이었다.

1937년 일본이 만주를 점령하면서 중국의 본토를 침략할 때 그들은 자기들의 전략상 필요한 모든 정신과 물질의 도구로서 교회를 이용하려 하였다. 그래서 '국민정신 총동원' 같은 것을 요구하며 '신사참배'를 강요하고 심지어는 예배 때에 소위 국가 의식과 궁성요배를 강요하였다. 1924년에 이르러 일제가 선전포고를 하여 제2차 세계대전에 가담하면서 그들은 선교사를 모두 축출하였고 기독교인에게는 특별히 큰 탄압을 가하였다. 그리고 일제는 장로교, 감리교, 성결교, 구세군, 일본인교단 등 각 교파에 교회 합동을 권유하여 '혁신교단'을 만들어 손쉽게 다루고자 하였다. 이때 우리 교회는 신앙을 위한 순교자들을 많이 배출하는 한편, 일본의 요구를 거절하면서 한국인의 정신적인 각성을 추구하던 성결교회를 중심으로 다수의 교회가 문을 닫게 되었고 교회는 극심한 탄압을 받았다.

제2차 세계대전이 끝날 무렵 갈수록 혹심해지는 일제의 탄압 아래서 우리 겨레는 자유를 간절히 대망하고 있었으나 곧 해방이 되리라고는 상상하지 못하였다. 아무런 마음의 준비와 사후 대책이 없이 밖으로부터 다른 나라의 힘에 의하여 얻게 된 8.15의 자유는 일면 당황스러운 것이었다. 해외로부터 오랜 망명 생활로부터 돌아온 인사들과 감옥에 갇혔던 지도자들은 영적 부흥을 일으켰으며, 쫓겨 갔던 선교사들이 되돌아와 광복의 자유 분위기 속에서 복구사업에 협력하였다. 그러나 정치적으로 우리나라는 남·북으로 갈라져 있었다. 처음에는 공산주의자들이 기독교인들을 이북에서 축출하고 탄압하며 1950년 6.25사변에는 이남에까지 남침하여 새로이 출발하려는 우리 교회를 다시 어렵게 만들었다. 이때 피난 신도들의 구호 대책이 시급한 문제로 제기되자 교회는 '기독교연합전시비상대책위원회'를 구성하여 미국에 위원들을 파송하여 한국 원조에 대하여 좀 더 관심을 갖게 하였고 선교사들도 뜨거운 열정으로 생사의 위협을 무릅쓰고 도우면서 새로운 단합을 이루었다. 우리 교회가 앞으로 이러한 경험을 토대로 한다면 연합할 길이 있을 것이다.

이 전란을 통하여 우리 민족과 교회는 세계에 널리 소개되어 여러 국제적인 조직의 회원으로 가입하게 되었고, 기독교 세계연합회, 기독교 청년회 등의 기관의 일원으로서 많은 활약을 하게 되었다.

한국 개신교가 짧은 선교 역사상 한국 사회에 끼친 공헌을 기리지 않을 수 없다. 물론 짧은 연륜으로 인한 지도자의 부족으로 기독교의 진가를 모두 드러내지 못하였고, 국가와 사회에 대한 봉사와 지도력을 다 발휘하지 못하였으나 이제 새롭게 양성되는 유능한 지도자들이 이 교회를 바로 이끌고, "자기가 사는 땅, 동거하는 이웃들에게 대한 사랑과 봉사, 책임의 정신"을 실현할 때 한국 교회는 그 소임을 이 땅에서 이룰 수 있게 될 것이다.

기독교의 문화

제 1 장

불트만과 양식비평

우리가 비신화화(Demythologization)의 방법에 대하여 언급하기 전에 이 문제가 일반 역사 방법과 관련되어 있는 이상, 우리나라에 아직 사학방법론이 보편적으로 소개되어 있지 않으므로 이에 대해서 먼저 간략한 저술이 필요할 것이다.

사학방법론이란 자체가 최근에 와서야 주목을 받는 학문이니만큼 아직도 성장 시기에 있다고 볼 수 있으므로 무엇이라고 일관적인 정의가 아직 규정되어 있지 않다. 그러나 윤곽 정도라도 살펴본 후에 본 주제에 착수하고자 한다.

사학방법론(Methodology of History)이란 것은 첫째로 역사철학과 다른 것이다. 역사철학은 사실을 해석하는 데에 속한 것이나, 사학방법론은 그러한 해석에 어떻게 도달할 수 있는가 하는 그 과정을 검토하는 것이다. 사학방법론은 그 범위를 줄여 말하자면 역사 서술과 사실의 고증과도 다르다. 지금까지 사학방법론이 고증에만 치중하고 있었으나 고증이란 그 기재(記載)가 사실과 어느 정도의 정확성을 가지느냐에 대해 검토하는 것이고, 방법론 자체는 그 사가가 전면적으로 생각하고 있는 생각을 생각하는 것이다.

　방법론을 설명하면서 생각이라는 말을 세 차례나 중복하여 사용했다. 그것을 다시 해석하자면 우리가 사실에 대한 생각을 하게 될 때 체계화한 생각의 방법으로 그 사실을 해석하는 것이다. 그런데 그 체계 자체가 어떻게 생기게 될 것인가를 생각하는 것이 방법론의 소임이라고 하겠다.

　그러므로 사학방법론과 역사철학의 상이점을 말하자면 고증된 사실을 한 역사가의 일정한 철학적 체계하에서 해석하는 것을 역사철학이라 하겠고, 그 철학이 어떻게 형성된 것과 또한 역사가가 목표한 그러한 체계에 어떠한 과정을 밟아 이를 수 있느냐를 보는 것이 사학방법론이라고 하겠다.

　불트만의 비신화화도 사학방법론의 일종인데, 이것은 특히 (1) 취재하는 데에 있어서와 (2) 그 자료를 정화하는 데 있어서의 방법이다. 그러므로 우리는 다시 사학방법이란 분야를 제한하여 이러한 의미의 방법으로 불트만을 연구해야 될 것이다.

　역사가들이 사료를 취급할 때 대개 두 가지로 나누어 본다. 그 하나는 특별 사료인데, 직접 사료라고도 한다. 이것은 한 사실을 역사가가 자기의 최선을 다하여 후세에 남겨두려고 기록한 문서들이라고 볼 수 있다. 다시 말하자면 오늘 우리가 역사라고 부르는 서적들과 또 큰 사건들에 직접 관여한 이들의 일지(Memoir) 혹은 관청에서 발표했던 공보 등이라고 볼 수 있다. 그러나 이러한 자료들은 벌써 어떠한 역사가나 혹은 정당의 견지에서 보고 쓴 것이므로 그 사실의 정확성을 어느 정도로 변태시켰다고 볼 수 있다. 그러므로 특별 사료는 그 가치와 정확성이 부족하다고 간주되어 한때는 역사가들의 버림을 받기도 하였다.

직접 사료의 가치를 부인하는 경향이 성행하게 될 때 그 반면으로 간접 사료의 가치가 올라갔다. 간접 사료란 것은 지금까지 남아 있는 사실에 관한 사실의 하나인데, 그것은 역사가들이 의식적으로 보존하려고 작성한 것이 아니고, 그 시대의 유물로서 우리에게 그 시대를 그대로 알려주는 것이다. 예를 들어 경주 석굴암의 불상이라 하면 그것이 어느 역사가가 후일에 그 시대에 관한 것을 알려주려고 조각해 둔 것이 아니다. 이것은 그 시대인들이 자신들의 특정한 삶의 환경에 따라 필요해서 만들어 둔 것이지 후일의 우리에게 그들의 정신을 알려주려고 만든 것은 아니다. 그러나 우리가 그 불상을 통해서 그 시대 예술의 고명한 것을 간접적으로 알 수 있게 된다. 이러한 간접 사료를 통하여 우리는 역사가의 의식적인 변형이 개입되지 않는 사료를 볼 수 있다.

이렇게 직접 사료와 간접 사료를 분산시켜 고찰하게 되자 역사의 서술법에도 따라서 큰 변경이 있었다. 특별 사료를 사용할 때는 개체적인 사실, 예를 들면 어떤 사람의 전기, 어떤 나라의 역사 등을 기술할 수 있었으나 간접 사료를 통해서는 개체적인 역사보다 보편성을 띤 문화사를 쓸 수밖에 없게 된다.

전에는 특별 사료, 예를 들면 성경이나 교부들의 기록 등의 사료를 사용하여 기독교의 독특성을 주장하고 있었으나 이 특별 사료의 가치가 몰락되자 기독교의 특수성은 자료상의 문제로 다시는 강조할 수 없게 되었다. 그 대신에 간접 사료를 사용하여 문화사적인 역사 곧 문화적인 기독교밖에는 저술할 수 없게 되었다. 이러한 환경에서의 소산물이 곧 비교종교학 방법인데, 그 학파에서는 기독교의 독특성보다 기독교는 어떤 종교 중의 하나라고 볼 수밖에 없었다. 그러므로 특수 사료의 가치가 몰락되고 간접 사료의 소용이 중시되자 교회사 계에서도 기독교의 특수성보다 자연히 여러 종교의 공통성에 치중하게 되고 말았다.

직접 사료가 그러한 역경에 처하였을 때 독일에서 볼프(Gustav Wolf)가 일어나 1910년에 『신역사 *Neuere Geschichte*』란 책을 저술하였다. 그에 의하면 간접 사료란 것은 본래의 역사 자료가 되려고 기존된 것이 아니므로 그 관련된 사실에 관해서 누가, 어느 때, 무엇을, 어떻게, 하였다는 데에 대해서는 말이 없다. 다시 말하자면 간접 사료는 그 시대의 문화 조류를 감정하는 데에 있어서 소용은 있지만, 개별적인 사실에 대한 해설은 부족한 것이다. 그러므로 우리가 어느 때든지 개별적인 사실을 알려면 간접 사료를 쓸 수는 없고 직접 사료를 사용해야 된다고 강조하였다. 그러면 이상에 언급한 것과 같이 직접 사료는 벌써 사가의 특수한 관점으로 변형되었다는 것을 알렸는데, 거기에 대해선 어떠한 해결의 방법이 있느냐에 관해서 볼프가 하나의 대책을 제시했다.

볼프는 루터의 식탁 좌담(Table Talk)을 사례로 설명하였다. 그는 다음과 같이 말하였다. 루터는 늘 식사 때 젊은이들과 좌담하는 데에 흥미를 가졌었다. 그는 때때로 자기의 젊었을 때의 생애와 취미를 말하게 되었다. 그들 중의 어떤 이들은 그 말을 토막토막 적어두게 되었다. 그리하여 후에 이러한 기록들을 정리해서 출판하게 되었다. 그러나 후에 그 좌담을 읽는 자는 본래의 말하던 장면과 배경을 모르므로 자연히 여기에 조금씩 더 추가하게 되었던 것이다. 그러므로 역사가들이 구전으로부터 기재되는 어간에 이러한 변형이 있었다는 것을 명심한다면, 변형 이전에 구전의 원형을 후에 추가된 양식(Form)에서 추리해 낼 수 있고 또는 이러한 양식은 시대마다 다르지만, 그 상이한 서술 방법과 비교하는 가운데서 귀납할 수 있다. 이러한 양식비평의 방법을 통하여 볼프는 직접 사료의 가치를 복구한 것이다.

볼프는 이러한 방법을 설정하는 동시에 이 방법의 전망과 가치를 지적해 주었다.

(1) 이 방법은 일반에게 소용되는 것이 아니고 단지 특수 역사가 요구될 때 필요하다는 것이다. 특수 역사라면 우리가 이미 말한 바와 같이 정치사, 개인 전기 혹은 과거에 있었던 특수한 사실을 기재한 것 등이 내포되는 것이다. 그러므로 예수에 관한 사기 혹은 신약사는 이 양식비평의 범위 안에 포함된다고 할 수 있다.

(2) 양식비평에 있어서는 특수 사료를 반드시 사용해야 한다.

(3) 또한 다른 유사한 직접 사료를 통해서 양식을 귀납하게 되므로 간접 사료가 반드시 필요하지는 않다.

(4) 이 양식비평의 목적은 기재된 사료로부터 다시 구전되던 때의 본 형체로 돌아가는 데 있다고 하였다. 다시 말하면 양식비평 한도는 그 역사 인물이 말하던 그 본 상태로 돌아가 보려고 하는 것이다. 그러므로 볼프가 수립한 양식비평의 한계와 자료와 목표는 그대로 변경 없이 발전하였다.

볼프가 일반 역사학계에서 양식비평을 시작하자 기독교계에서도 근 10년 후 디벨리우스(Martin Dibelius)가 1919년『복음서 양식사*Die Formgeschichte des Evangeliums*』를 저술했다. 그는 이 저술에서 분석적 방법과 건설적 방법을 해설하였다. 분석적 방법이라는 것은 여러 가지 서술을 그 양식에 따라서 분리해 놓는 것이라고 볼 수 있다. 그 결과로 그는 주로 세 가지 양식(Paradigms/ Novelle/ Paranese)을 다루었다.

Paradigms라고 하는 것은 설교자의 양식이라고 할 수 있으며, Novelle란 것은 비공식으로 하는 서술적 양식이라고 할 수 있으며, Paranese라는 것은 실천 면에 관한 교훈을 주는 양식이라고 할 수 있다. 이러한 양식들은 복음 전파 때에 조성된 것이다. 다시 말하자면 복음을 전파하려는 것이 이 모든 양식의 동기라는 것이다. 그래서 그는 초대교회의 설교자와 서술자와 가르치는 자가 이 세 가지 양식의 기원자라고 보았다. 이같이 구전에서 성문화된 이후 마가(Mark)가 처음 재편집했고, 다음 마태(Matthew)와 누가(Luke)는 다른 자료와 합해서 좀 더 편성했으며, 요한(John) 때에 와서는 완전히 신화화하였다는 것이다.

그런데 디벨리우스는 양식비평의 본 목적을 달성하지는 못하였다고 할 수 있다. 이 방법의 목적은 상술한 바와 같이 기재된 사료에서부터 양식을 제거한 후 다시 구전의 본 형태로 돌아가자는 것이다. 디벨리우스는 이러한 양식이 어떠한 동기에서 어떠한 종류를 형성하였다고는 말하였으나 그 발견된 양식을 기재한 사료에서 제거하는 비평적 노작을 완성하지는 못했다. 그가 발견했다는 것은 단지 그 양식의 기원과 조성하던 동기를 말하는 것이고 또 그 양식을 입은 기록이 어떠한 편집 과정을 밟았다는 것이지, 거기에서 더 나아가지는 못하였다.

기독교계에서 디벨리우스와 같이 이 분야에서 활약한 자는 우리가 지금 다루려고 하는 불트만(Rudolf Bultmann)이다. 그는 1921년에『공관복음서 전승사 *Die Geschichte des Synoptischen Tradition*』를 저작했다. 그는 이 양식을 귀납하여 채집하면서 좀 더 역사적인 근거가 있는 유사한 전통을 사용했다. 특히 그리스와 히브리의 랍비적 전통을 많이 사용하였다. 그러한 직접 사료들을 비교하여 연구한 결과, 구전이 기술되기 전까지 있게 되는 변화에 대해서 다음과 같은 법칙 아래서 움직인다고 주장했다.

(1) 변형되지 않은 본래 형식은 짤막하고 개별적이며 단순한 사실들인데, 어떤 일관적이고 관통된 해설은 아직 첨가되지 않았으리라고 본다.

(2) 그것을 서술하는 사람은 본래 간접적인 서술의 구전(Oral Tradition)을 직접적인 서술 형태로 변체시켰다고 본다. 예를 들면 본래 구술의 형식이 "예수께서 말씀하시기를" 하면 기재된 서술에는 "내가 너희에게 이르노니"라고 변한 것이라고 보았다.

(3) 기재되는 과정에 있어서 점차 고정적인 형체를 입게 된다. 만약 예수께서 누구하고 다투셨다고 구전되었으면 기록에는 다른 상대방을 늘 바리새인과 서기관이라고 지적하게 된다는 것이다.

불트만은 그 양식을 분류하는 데에 있어서도 좀 더 역사적인 근저(根底)를 가지고 있다. 기적설화/아포프테그마(Apophthegma)/주의 말씀(Herrenwort), 이같이 세 가지로 분류하였는데 거기에는 잠언과 예언과 종말론적인 것과 율법에 관한 것을 내포시켰다. 이러한 양식을 그는 유사한 직접 사료에서 확립하였다. 이 점에 있어서 불트만은 디벨리우스보다 우수하다고 볼 수 있다.

끝으로 그는 이 모든 양식을 조성하던 동기가 전도에 있다기보다는 예배의 경건한 동기에서 산출되었다고 하였다. 다시 말하면 역사적이고 횡적인 동기보다도 종적인 관계, 즉 신앙생활에 있어서 하나님과 우리 사이의 관계 속에서 발생되었다고 보는 것이다. 결국 이 복음 설화의 양식은 구체적인 삶의 환경(Sitz-im-Leben)에서 신앙을 견지하며 살려고 하는 경건하고 예배하는 마음에서 산출되었다는 것이다. 이러한 동기가 기독교회에만 국한된 것은 아니지만, 타 종교에서 상대하고 있는 신은 순수히 신화적인 것이고, 기독교의 신관은 완전히 구체적인 표현으로 역사적인 그리스도에 입각하였다고 보았다.

여기서 잠깐 비신화화(非神話化)란 말과 양식비평이란 말에 대하여 좀 더 상세히 설명을 추가해야 할 필요가 있다고 생각한다. 사실 비신화화란 명칭은 불트만이 창시한 것이 아니고, 하르낙(A. von Harnack)이 처음으로 사용했던 것이다. 하르낙은 본래 기독교의 본질이 로마의 법과 그리스의 철학에 영향을 받아 인격적인 그리스도를 신화화하였다고 보았다. 그러므로 우리가 다시 역사를 더듬어 소급하여 그러한 인위적 추가를 제거해야 되겠다는 데에서 비신화화하자고 주장하였던 것이다. 불트만도 역시 비신화화를 주장하였으나 그는 양식비평을 통하여 제거하자는 것이었다. 하르낙과 같이 문화사적으로 검토하여 어떠한 요소를 제거하자는 것이 아니고, 그 시대에서 사용하던 양식을 제거하여 순수한 구전으로 돌아가자는 것이다. 그러므로 비신화화하자는 운동은 불트만 이전 약 반세기 전에 벌써 있었던 것인데, 하르낙이 문화사적인 방법을 응용하자는 주장을 한 것에 비해 불트만은 양식을 통해서 하고자 한 것이 전자보다 새로운 발전이 있었던 것으로 본다.

이상에서는 대개 학설, 이론에 대해서 말했다. 이제 그 실제 적용을 본다면 불트만은 상술한 바와 같이 양식을 가지고 비신화화하는

데에 사용했다. 예를 들면 병을 고치는 일에 있어서 그는 다음의 양식
으로 비신화화하였다.

(1) 병자의 증세를 먼저 서술한다. 이러한 사실은 그리스 이야기(Pilopseudes,
ch. 16)에 있는 것과 같이 마가복음 5장 16절에 있는 예수의 치유 이
야기도 여러 의사가 그 병을 고치려고 했으나 고치지 못했고, 그러므
로 백성들은 정말 진정한 의원이 나타났을 때 도리어 비웃는 태도로
나왔다(막 5:40/Epidauris 지방의 Asclepics 신의 병 고치던 이야기와
비교할 것).

(2) 병을 고치는 과정에 있어서 그리스 신화에 적힌 바와 같이 잘 알지 못
하는 외국어를 사용한 적이 있다. "달리사쿠미"(막 5:14), "에바다"(막
7:34)와 같은 말로 외친 것 등이다.

(3) 병이 나은 사람은 그 병에 관해서 완전히 나았다는 증거를 제공한다.
예를 들면 반신불수가 자기 침상을 메고 돌아가던 일(막 2:11) 등이다.

다시 말하면 환자의 병 증상을 서술하거나 고칠 때에 이상한 외국
어를 한다든지, 고침을 받은 사람이 어떠한 방법으로든 증명한다든지
하는 이러한 것은 다 양식 부분에 속하는 것인데 불트만은 이것을 다
제거해야 한다고 주장했다.

여기에 있어서 그의 목적은 양식을 발견하는 데에 있지 않고, 그
양식을 직접 사료에 사용하여 좀 더 순수한 구술적인 사료를 복구하
려는 데에 있다. 이 점에 있어서 불트만은 디벨리우스보다 확실히 방
법상으로 발전이 있었다.

그러나 불트만은 비신화화하는 정도가 아직 완전히 예수 자신의

구술하던 그 지점까지 이르지는 못한다고 생각하였다. 그가 생각하고 있는 한도는 예수 자신이 아니라 초대교회 이상은 더 이르지 못하리라는 것이다. 그가 비신화화한 결과 예수 자신이 한 말이라고는 전 신약성서에 있어서 약 30토막 내외 되는 짧은 구절들밖에 없을 것이라고 했다. 그러나 이 30구절도 역시 완전히 예수의 말이라고는 할 수 없다고 말했다. 그러나 1925년에 이르러『예수*Jesus*』를 저술할 때 이러한 과격한 입장은 좀 수정됐다. 그래서 초대교회가 말하고 있는 바는 근거 없는 데서 난 것이 아니고 예수가 존재치 않았다면 있을 수 없는 것이라고 하였다.

불트만이 초대교회 이상은 양식비평의 방식으로 더 소급해 갈 수 없다고 하는 말은 본래 양식비평이 기대했던 목표에서는 사실은 어긋나는 말이다. 방법론상으로 말하자면 꼭 여기에서 멎어야 한다는 것은 방법 자체에서는 추론될 수가 없다. 이 점에 대해서 앨버츠(Martin Albertz)가『공관복음서 논쟁*Die synoptischen Streitgespräche*』(1921)에서 방법론상 불트만이 가질 수 있는 편견을 지적하여 비평하였고, 그를 '경직화된 회의주의자'라고 말했다.

여기까지는 불트만의 자료 취급과 그의 자료 취급의 방법론, 특히 양식비평에 관하여 다루었다. 지금부터 그의 비판을 통하여 정리된 자료를 통해서 나온 결론을 검토해 보아야 할 것이다. 그가 저술한『신약신학』에 있어서 예수의 메시지의 내용을 검토해 보면 예수를 가리켜 선견자요 선생이라고 했다. 그리고 하나님의 나라는 이 조성된 우주의 구조를 분쇄하며 우리에게 힘차게 임하고 있다. 그리스도의 나타나심이 곧 이 사실의 증거이다. 예수는 옛 율법의 소극적인 해석을 거쳐 적극적으로 사랑에다 본위를 두게 하였다. 이 임박한 하나님의 나라는 우리 인간으로 전적인 대결 단행을 무조건적으로 요구하고 계시다고 했다.

이상의 소위 예수의 메시지라고 하는 것을 만약 그가 주장하고 있는 양식비평의 방법으로 좀 더 철저히 분석한다면 상술한 그 세 가지 메시지도 남지 않을 것이다. 예를 들면 그리스 종교에서 신의 인간에 대한 요구는 절대적이요 무조건적이다. 그러므로 죽는 자리에까지 피할 수 없이 나가게 되던 예화가 많이 있다. 물론 신이 정한 바가 인간의 운명으로 나타나 무조건적인 순종을 요구하고 있다는 것은 누구나 잘 아는 사실이다. 어느 종교에서나 신의 요구가 이러한 절대성을 띠지 않고 나타난 적이 없다고 해도 과언이 아닐 것이다. 그렇다면 불트만이 만약에 그의 양식비평을 철저히 사용하였다면, 이 점 역시 예수의 메시지에서 제거하였을 것이다. 이러한 한 예를 보아도 그의 비신화화의 한도는 절대적이 아니고, 그의 개인의 마음에 그 방법을 사용하기 전에 어떠한 명제를 가지고, 그것만은 기독교의 진리라고 여기고 있어서 그러한 전제를 비신화화하는 데에 있어서는 그 이상 더 나가지 못했던 것이다.

그렇다면 그가 말하고 있는 상술한 예수의 메시지란 것을 다시 더 넓은 범위에서 평가하여 본다면 그가 강조하고 있는 것이 결국은 우리가 잘 알고 있는 근대의 위기신학의 일종이라고 볼 수밖에 없다. 물론 위기신학자들이 하나님을 향하여 "퀴리오스"(*Kyrios*)라고 부를 때 불트만은 그 명사만은 그리스화된 경향 하에서 형성된 것이라고 하여 제거하여 버렸다. 그러나 이러한 작은 부분의 차이를 넘어 전체적으로 보자면 그의 신학 역시 실존적인 위기신학의 일종이라는 것을 누구든 수긍할 수 있다.

불트만의 방법과 결론은 통일되지 않는다고 할 수 있다. 그는 위기 신학자였다. 그러나 그가 부르짖고 있는 방법은 양식비평이란 방법이고, 그 방법의 사용 정도는 자기가 전제하고 있는 결론 이상은 더 취급하지 않았던 것이다. 그런데 그 방법을 만약 좀 더 철저히 사용한다면 그가 소유하고 있는 신학마저도 그 방법 앞에 남아 있을 수 없게 되는 것이다. 이것이 불트만이 내적인 모순을 일으키는 근거라고 볼 수 있다.

제 2 장

수리논리로 보는 신학

신학은 오랫동안 철학과 밀접한 관계를 맺어 왔다. 근래에 이르러 자연과학계에도 비범한 발전과 변동이 있음에 따라 과학철학이 대두하게 되었고, 일반 철학계에도 적지 않은 파문을 일으켰다. 이로 인하여 신학계도 적지 않은 영향을 받게 되었는데, 칼 하임(Karl Heim) 같은 학자가 이러한 문제를 다루었다.

자연과학에는 이론 면과 응용 면이 구별되어 있다. 우리나라에서 원자로를 도입함으로써 큰 흥분을 일으킨 바 있었으나 그것은 응용과학에 속한 것이다. 과학이 이러한 응용적 가치로 많은 사람의 이목을 끌고 있으나 그 내재적인 건실성은 확고한 이론과 방법에 의존하여 있다.

우리는 흔히 과학의 이론과 방법론을 동일시하고 있다. 응용과학의 기초라고 하여 그 이론을 배우려는 데에서 만족하였다. 그러나 어떠한 이유로 그러한 이론을 전개하였느냐 하는 데에 대하여 더 추궁해 볼 필요성도 느끼지 않고 의욕도 갖지 않았었다. 그러나 한 이론을 설정하는 데에 있어서 방법론이 함께 존재한다는 사실을 우리는 부정할 수 없다. 이런 면에 있어서 칼 하임은 우리에게 신학과 이론과학의 관련성을 알려주었으나 신학과 방법론적인 관계에 대해서는 별로 언급한 바 없었다.

과학의 방법론은 과학의 논리이다. 과학 논리는 주로 수리논리 혹은 기호논리로 구성되어 있다. 먼저 이 논리가 전체적으로 어떻게 신학계에 영향을 주었는가를 살펴보고자 한다.

논리의 주류를 역사적으로 고찰한다면 약 1세기에 걸쳐 세 단계가 있었다. 헤겔(Hegel)의 변증론(Dialectic)으로 시작하여 키에르케고르 (Kierkegaard)의 양자택일의 논리(Either-Nor)에 도달하였다. 헤겔의 변증론이 성행하였을 때 정·반·합의 논리를 원리로 믿어 그 방법으로 모든 것을 생각하였다. 기독교의 교리 중에 중요한 기독론을 설명할 때에도 '사람'을 정(正)이라고 보면 '신'을 반(反)으로 여겨 '신·인'인 그리스도를 합(合)으로 보았다. 예수는 신과 대립하는 인간으로서 신·인의 자리에서 믿을 수 있는 원리를 알려주신 분이라고 하였다. 그러면 우리가 어찌하여 예수를 그리스도 자체로 보며 믿고 있느냐 하는 데에 대하여 헤겔은 대답하기를 신앙은 어떠한 전체적이고 궁극적인 무엇을 느끼며 상징적으로 표현하는 것이요, 철학은 그 무엇의 내용은 소유하고 있지 않으나 무엇이든지 비판하는 능력이 있다고 하였다. 그리하여 신앙과 철학은 정·반의 형체로 대립한다. 여기서 새로운 합이 생기는데 그것인 '신학'이다. 믿는 바를 분석적으로 비판하여 상징과 상승하고 있는 그 무엇을 분립시켜 이성의 새로운 형태를 입힌다는 것이다.

이 정·반·합의 변증론 조에 의한 부산물이 많다. 그중에 특히 낭만주의를 들 수 있다. 모든 것이 종말에는 다 합하여 유익하게만 진화

되리라고 믿는 데에서 대립과 투쟁과 불안이 해소되어 평화와 안정을 바라고 있게 된다. 그러나 이러한 낙관적인 이념은 예리한 현실과 충돌할 때 붕괴되기 시작하였으며 비판을 받게 되었다. 특히 서구의 세계대전을 통하여 문명의 탈을 쓰고 있으면서 속에는 원시인과 별 다름없는 잔악성을 품고 있는 우리 인간이란 것을 더한층 인식하게 될 때 진화론적인 단순 낙관주의는 자연스럽게 포기되었다.

이를 이어 Either-Or의 논리가 대두하게 되었다. 이것을 시작한 사람은 파스칼(Pascal)이나 키에르케고르(Kierkegaard)를 거론할 수 있다. 이 역시 시대의 부름을 입어 다시 유행을 보게 된 것이다. 키에르케고르를 보아도 그의 저작이 장기간 파묻혀 있었다가 제1차대전을 계기로 하여 우나무노(Unamuno)와 하이데거(Heidegger)의 발견으로 다시 우리의 주목을 끌게 되었다. 이 새로운 논리의 구조를 해부하여 보면 역시 이원론적으로 되어 있다. 간단히 설명하자면 '피·차' 간으로 되어 있다. '피', 즉 저쪽에서만 움직이고 '차', 즉 이쪽에서는 정관하는 태도를 취하는 것이 심미적인 시기(Aesthetic Stage)라고 한다. 가령 자신의 실력은 없이 바깥 세계의 변천만 바라보는 그 모습 같은 것이 곧 심미적이라는 것이다.

그 반대로 '피'는 정체하고 '차'만 활동하는 형체를 가리켜 윤리적 시기(Ethical Stage)라고 하였다. 이에 관한 전형적인 표현이 종교사에 있어서는 '율법 시기'에서 찾아볼 수 있다. 하나님의 명을 우리의 힘으로 완수하여 보려고 하면 할수록 거룩한 하나님 앞에 의롭게 보여질 수가 없는 것이다. 선을 따르려고 하는 의도가 도리어 불안을 초래하게 되는 비운이 이 시기의 특징이다.

마지막으로 종교적 시기(Realigious Stage)에 있어서 비로소 피차 간

정상적인 관계를 맺게 되어 호응이 있게 된다. 그런데 이 마지막 단계에 미칠 수 있는 방법은 변증론적인 자연 발전이 아니라 매번 한 단계에서 다른 단계로 넘어갈 때마다 결정적인 감행(敢行)이 포함되어 있다. 그러므로 이들의 논리에 있어서 결정적인 위기(Crisis) 태도를 강조하게 되었다.

헤겔의 변증론이 키에르케고르의 논법으로 전환되는 그 무렵에 근대 물리학과 수학의 발전으로 수리철학이 성장하여 학계에 널리 영향을 주게 되었다. 그들은 전에 있던 논리를 다시 정돈하는 동시에 일정한 통일을 보게 되었다. 헤겔의 논리를 우리는 좀 더 간략하게 'Both-And', 즉 이것과 저것을 합치는 것으로 볼 수 있다. 다시 말하면 그 논리의 연결사(Connective)가 우리말의 '와'(and)에 해당한다. 기호로 표현하자면 다음과 같다.

$$
\begin{array}{lll}
\cdot & \equiv \text{and} & (1) \\
正 & \equiv \varnothing & (2) \\
反 & \equiv \psi & (3) \\
\varnothing \cdot \psi & \equiv 合 & (4)
\end{array}
$$

그런데 $\varnothing \cdot \psi$에 있어서 그 연결사의 해당 범위를 측정하여 본다면,

$\varnothing$	ψ	$\varnothing \cdot \psi$
Truth	Truth	Truth
Truth	False	False
False	Truth	False
False	False	False

만약 정이 말하는 내용이 옳고 반의 내용도 옳으면 그 연결사에 의해 참의 값을 취한다. 그러나 둘 중 하나가 거짓이면 형식상으로 구성은 될 수 있으나 그에 대한 합이 참의 내용을 가질 수 없는 것이다. 그러므로 Both-And가 보기에는 무엇이든지 다 포용할 것 같지만 구조상 그 해당 범위가 4분의 1에 불과하다.

그다음 Either-Or의 구조를 분석하여 보면 다음과 같다.

$\lor$ $\equiv$ or   (5)

$\varnothing$ $\equiv$ 피   (2)

ψ $\equiv$ 차   (3)

$\varnothing \lor \psi \equiv$ either-or   (6)

적용 범위는 다음과 같다.

$\varnothing$	ψ	$\varnothing \lor \psi$
Truth	Truth	Truth
Truth	False	Truth
False	Truth	Truth
False	False	False

이 양자택일의 논리가 보기에는 '선택'이란 말이 포함되어 그 범위가 '합'의 논리보다 작다고 생각되나 구조상 양자 중에 하나만 옳으면 그 말 전체가 옳다고 볼 수 있으므로 그 효용 범위가 실은 3배나 더 크다.

양자 부정의 논리(Nither-Nor)는 다음과 같다.

$\lnot$	$\equiv$ negation(부정)	(7)
$\downarrow$	$\equiv$ Neither-Nor	(8)
$\varnothing$	$\equiv$ 이것	(2)
ψ	$\equiv$ 저것	(3)
$(\varnothing \downarrow \psi) \equiv$ 이것도 아니고 저것도 아니다		(9)

적용 범위를 보자면 다음과 같다.

$\varnothing$	ψ	$\varnothing \downarrow \psi$
Truth	Truth	False
False	Truth	False
Truth	False	False
False	False	Truth (☆)

이러한 구조로 표현하는 데에 있어서 구조 자체로 인하여 효용의 범위가 Both-And와 같이 4분의 1에 불과하다. 그러나 왜냐하면 Either-Or와 Neither-Nor의 논리가 다룰 수 없었던 범위를 (☆)를 다루고 있기 때문이다. 자체의 독특성을 보유하고 있다. Both-And에서 Either-Or로 전환될 때 신학계에도 큰 파문이 있었던 것같이 Either-Or에서 Neither-Nor의 논리로 발전됨에 따라 앞으로 새로운 변동이 있으리라는 것은 기정의 사실이다. Either-Or에서부터 위기신학이 산출된 것과 같이 Neither-Nor에서 새로운 신학이 일어날 것이다.

연결의 형식을 중심으로 수리논리(Mathematical Logic, Formal Logic)

가 건설되었는데 이 논리가 신학계에는 잘 소개되어 있지 않았다. 그러나 그 수학적인 논리로 현재 우리가 믿고 있는 중심 교리들을 분해하여 보면서 앞날에 올 새로운 신학의 경향을 미리 경험할 수 있을 것이다.

첫째로 삼위일체론을 검토해 볼 수 있다. 여기서 '3'과 '1'이라는 수가 개입되어 있다. 그런데 이 '3'과 '1'의 관계를 어떠한 접속사로 연결시키고 있느냐 하는 데에 대하여 살펴본다면 Both-And도 아니고 Either-Or도 아니다. 역사를 다시 소급하여 본의를 추적한다면 터툴리안(Tertullian) 시기에는 '소유자'와 '소유물' 사이의 법인 관계라고 하였다. 그러나 이 교리로 인하여 장구한 싸움이 있었고 마지막에 어거스틴(Augustine)에 이르러 결정적인 정의를 얻은 것 같았지만, 어거스틴에 의하면 이 모든 시도는 침묵할 수 없는 그 상황에서 나온 설명이었다. 그와 같은 시기에 살던 그레고리(Gregory of Nazianzus)는 말하기를 "내가 하나님을 한 분이라고 할 때 내 마음속에는 세 분이 나타나고, 또 내가 하나님은 세 분이라고 할 때 내 마음속에는 한 분으로 나타난다"라고 하였다. 다시 말하자면 그에게 있어서 3이 1이고, 1이 3이 되는 하나님이시므로 '위'나 '체'자는 정확한 표현이 못 되었고 신앙적 관념에서 오는 '3'과 '1'의 관계를 설명해 주는 것보다 경험이 확실성을 준다는 것이 되었다. 그러면 이 관계의 접속사를 위해서 현존한 것으로는 적합한 것이 없다. 그러므로 신학계에 있어서 앞으로 수리논리에서부터 오는 영향을 막을 수는 없을 것이나 그 반면으로 우리가 믿고 있는 독특한 점은 도리어 수리논리 학자들이 보지 못하는 시야를 넓혀 주어 새로운 접속사를 설정하도록 문제를 제기해 줄 책임이 있다.

일부 신학자들은 삼위일체 교리를 논리화하여 사용하고 있다. 물론 그들이 새로운 접속사를 발견하였기 때문이 아니라 논리법을 응용한다는 것에 불과한 것이다. 이 문제에 있어서 칼 바르트(Karl Barth)를 선구자로 볼 수 있다. 그는 이 삼위일체 교리를 논리화하여 성서론에 응용하였다. 이전에는 성서를 하나님의 말씀으로 봐야 할 이유는 성서 내에, 성서가 영감으로 쓰였다고 하는 데에서 찾았다(디모데후서 2:7). 그러나 많은 저자들이 자기의 책이 틀림없는 진리라고 자처하고 있는 한, 특히 성서만이 영감으로 된 유일한 책이라고 이론화하기 어렵게 되어 있다. 이러한 난관에 봉착하고 있을 때 바르트는 (1) 기록된 말씀인 성서와 (2) 계시된 말씀, 즉 그리스도를 통한 말씀과 (3) 성령을 통하여 선포된 말씀을 주장했다. 하나인 동시에 셋으로 되어 그 진실성을 상호 증거하고 있다는 것이다. 하나님의 말씀은 주어진 말씀이므로 그것이 인간 편에서 실험을 통하여 증명하는 것이 아니라 믿는 사람으로서 이것을 받아들일 수밖에 없다는 것이다. 셋으로 되어 있는 그 말씀이 상호의 내재적인 증거를 통하여 납득되게 해 주기 때문이라는 것이다. 그는 과거의 난제를 새롭게 풀어서 삼위일체를 신봉하고 그에 대한 신조에 근거한 논리를 사용하는 데에 있어서 거부할 이유를 제공하지 않으려고 하였다.

둘째로 기독교의 교리 중에 논리화된 것은 기독론이다. 그리스도가 참 하나님이시요 참 사람이라고 하는 것은 둘이면서 하나라는 말이다. '2'와 '1'의 사이에 어떤 접속사를 사용해야 하는지는 미정이다. 칼케돈 신조(Creed of Chalcedon 451)에 의하면 그리스도의 두 성품을 "섞일 수 없으며(asynchytōs), 바뀔 수 없으며(atreptōs), 갈라질 수 없으며(achōristōs), 나뉠 수 없다(adiairetōs)"고 하였다. 이것은 신성과 인성

사이의 관계를 긍정적인 말로 표현하지 못하고 단지 부정적인 말을 사용하여 표현하고 있다.

　이러한 논리화는 미숙한 점이 있으나 오래전부터 기정화된 사실로 받아들이고 있다. 그래서 '2'와 '1'의 논리는 현존한 신학에 대부분을 차지하고 있다. 예를 들면 은혜와 자유의지, 신약과 구약, 천국과 교회, 시간과 영원의 관계 등에서 찾아볼 수 있다. 그중에서 특히 은혜와 자유의지 사이의 관계를 다루어 보면, 이 문제는 사도 바울 때부터 지금까지 논쟁해 오고 있으나 기초는 어거스틴 때에 가장 잘 정리되었다. 어거스틴은 이 문제를 가지고 펠라기우스(Pelagius)와 논쟁한 일이 있다. 어거스틴의 저작을 통하여 보면, 펠라기우스는 인간의 자유의지만 주장하였고 어거스틴은 예정적인 신의 은총만 주장한 것이 아니었다. 그러나 어거스틴이 말년에 저술한『은혜와 자유의지』(423~427)에 따르면, 펠라기우스는 인간의 자유의지만인 구원을 얻게 한다고 주장하였으나 어거스틴은 은혜만으로 구원을 얻는다고 하지 않았다. 그는 처음부터 둘 다 성서에 기록되어 있다고 주장하였다. 특히 스가랴 1장 3절에 "너희가 나에게 돌아오면 나도 너희에게 돌아가리라"라고 한 말씀을 주해하면서 상반절은 인간이 노력해야 할 바를 알리셨다고 하였고, 하반절은 하나님의 하실 바를 알리었다고 하였다. 그는 또 말하기를 만약에 자유의지를 부정한다면 죄에 대하여 죄감을 느낄 수 없고 도덕적 책임을 질 수 없다고 하였다. 어거스틴은 은총을 강조하기 위하여 자유의지를 저버리지 않고 둘을 다 인정한 다음 그 둘 사이의 관계를 논하였다. 즉, 예정과 자유의지는 어떠한 관계를 맺고 있을까 하는 데에 문제를 두었다. 신의 은총과 인간의 의지 사이의 관계는 신·인이 한몸으로 이룩한 그리스도의 형상대로 되었다고 믿었다. 이와 마찬가지로 구약과 신약 사이의 관계에 있어서도 그와 같은 논리로 해결하였다. 이와 같이 그리스도에 관한 교리를 논리화하여 다른 많은 교리를 재해석한 것이다. 어거스틴 이후 많은 학자들도 이 논법을 사용하였다. 특히 '그리스도 중심인 신학'(Christocentric Theology)이라는 것은 이러한 '2'와 '1'의 관계에 근거하여 도출한 것이다.

셋째로 논리화된 것은 창조론이다. 기독교인들은 하나님께서 무에서 유를 만드셨다는 바를 믿는다. 이것은 수학적으로 표현하자면 '1'과 '0' 사이의 관계이다. 여기에 있어서는 우리는 그 관계에 대한 접속사의 성분을 규명하지 않고 응용하고 있다. 이 논리와 관련되는 문제라면 선과 악, 하나님과 사탄 간의 관계 등이 있다. 특히 이 사탄에 관하여 어거스틴 때부터 근래에 이르기까지 악이라는 것은 결국 선을 부정하는 것인데 그 자체의 본질이 부여되어 있지 않다고 보았다. 다시 말하자면 악은 내용이 없다는 말이다. 즉, '0'이라고 보았다. 그런데 이 '0'에 대하여 바르트가 새로운 해석을 하였는데 '1'과 '0', 즉 '유'와 '무'의 관계는 인간의 머릿속에서 분별하는 범주이지 그 취급하는 자체의 성분을 말하고 있는 것이 아니라고 하였다. '무'(無, Nichtige)라고 하여 본질이 없는 것이 아니고 그 내용이 있는 '무'라고 역설하였다. 즉, 우리의 인식론상 '유'와 '무'로 분간해 놓은 것이지 그 분간되어 있는 자체가 '무'라고 하여 내용이 없다는 것은 아니다. 그러므로 '무'라는 것이 '유'의 변증론적인 상대가 아니고 실제로 존재하여 그리스도를 십자가에 죽게 했고, 그리스도는 십자가에서 죽음으로써 무를 파멸시킨 것이다. '무'를 현존한 죄악과 동등시하려고 할 수 있으나 단지 죄악으로만 충분하게 표현할 수는 없다. '무'가 존재하여 모든 죄행들의 연관성을 주고 있다. 개인의 범행이 선조의 원조로부터 선출된 줄로 알고, 원죄가 역사적으로 죄를 연속시키고 있는 줄 알았으나 바르트는 이 '무'가 계속적으로 존재하여 죄가 계속하여 흐르고 있다는 점을 역설하였다(*Kirkliche Dogmatik*, vol. III, 345-347).

바르트는 이 '무'를 지적하여 "악의 실재요, 죽음의 실재요, 악마의 실재요, 지옥의 실재며 인간 죄의 실재라"고 하였다. 그는 무의 실재성을 강조하면서 현대 실존주의자들이 악의 실재성을 고조하는데 공명하였다. 특히 하이데거(Heidegger)와 사르트르(Sartre)의 실존철학에 있어서 그들이 말하고 있는 '무'가 내용이 있는 '무'이므로 허무주의(Nihilism)에 휩쓸려 들어가지 않았다고 보았다. 바르트에 의하면 하이데거는 이 '무'를 '유'의 신(神)으로 대치하였으나 사르트르는 인간이 '무'에 자원하여 예속된다고 하였다. 그러나 그들이 '유'에 대한 바른 인식이 없어서 '무'에 대하여 충분한 인식을 갖지는 못하였다고 바르트는 평가하였다.

바르트는 '무'가 하나님과 대등된다고 하지 않았다. '무'는 하나님보다는 낮고 피조물보다는 높은 그 무엇이다. 이것은 피조물을 상대로 있는 것이 아니고 하나님을 상대로 그를 부정하는 존재이므로 이 '무'를 처치하는 것이 하나님의 목표라고 하였다. 이것을 처치하기 위하여 천지를 창조하셨고 여기에 타락된 인간을 구원하시며 이것이 완전히 처리되는 때에 천국이 완성된다고 하였다. 바르트는 이렇게 '무'와 창조 문제를 연결시켜 '0'과 '1'의 관계에 있어서 새로운 신학적 전망을 보여주었다.

넷째로 신학적인 윤리는 '1'과 '1'의 관계이다. 이것을 개신교에서는 별로 사용하지 않았으나 구교에서는 많이 응용하고 있다. 그중에서도 '마리아 숭배'(Mariolarty)가 가장 보편된 것의 하나이다. 이 교리는 인간이 인간의 고상한 점을 흠모하여 그것을 앙모하는 것이다. 인간의 자비성을 모성(母性)으로 상징되는 성모를 통하여 긍휼의 중보자로 보겠다는 것은 곧 '1'이 '1'에 대한 관계에 기초하여 설정된 것이다.

이상에 설명된 네 가지 종류의 논법은 다음과 같다.

'3'과 '1'(삼위일체론)　　　　　　　　(10)
'2'와 '1'(기독론)　　　　　　　　　　(11)
'1'과 '1'(성모숭배론)　　　　　　　　(12)
'0'과 '1'(창조론)　　　　　　　　　　(13)

현대 신학에서 브루너(E. Brunner)는 '2'와 '1'의 논법, 즉 기독론으로 그의 신학을 구성하였다. 그의 저서를 읽는 중에 간단명료하고 일관성을 느낄 수 있음은 그의 기본 논법이 하나로 조성됨에 있다. 그러나 그는 이러한 제한된 논법으로는 악의 문제, 성서관, 종말론을 해결하기 어려우므로 미비감을 남겨주고 있다. 바르트는 좀 더 다채로운 논법을 빠짐없이 사용하여 우리의 기본 교리를 이 세대에 인식시키는 데에 있어서 공헌한 바가 있었다. 그러나 이 모든 종류의 논법을 '3'과 '1'에 예속시켜 일관하여 보려고 하는데, 이것은 아직 논리상 여럿 중에 하나를 선택하여 그것으로 통일해 보려는 의도에 불과하다.

만약 우리가 이 네 종목의 논법을 통일해 보려면 우리는 넷 중에 하나를 택하여 그것에 귀속시키는 것보다 이 네 논법의 접속사와 동일한 형체로 되었는가를 살펴야 할 것이다. 다시 말하면 어느 하나로 대치(Substitution)시키는 것보다 그 네 접속사의 성분을 새로운 차원에서 통일(Unification)하는 것이 좀 더 효과적일 것이다.

이러한 면에 있어서 프르쥐바라(Erich Przywara)의 공헌이 바르트보다 높이 평가될 수 있다. 그는 가톨릭 신학자로서 논리 분야의 선도자였다. 그는 구교의 전통을 따라 토마스 아퀴나스(Thomas Aquinas)의 유사론법(Analogia entis)을 사용하였다. 아퀴나스는 유사의 상대를 다음과 같이 설정하였다.

하나님 : 인간 : 자연
= x : y : z (14)
$(x \Rightarrow y) \Rightarrow (y \Rightarrow x)$ (15)

인간과 자연의 유사함과 비슷하게 하나님과 인간의 성품이 유사하다는 것이다. 이 두 비례(18)를 지적하여 '불균등의 비례'(Proportio Excedens)라고 하였다.

$[(y \Rightarrow z)] \equiv A$ (16)
$[(x \Rightarrow y)] \equiv B$ (17)
$[(A \Rightarrow B)]$ (18)

프르쥐바라는 이 논리를 다시 1251년 라테란 회의(Lateran Council)에서 결정한 교리 본문에 참작하여 그 정의를 다루었다. 그 결의에 의하면 "이 세상은 그 자체의 힘으로 결정적인 평화와 조화를 얻지 못하나 세상과 다르신 하나님 안에서(in) 또는 그 하나님을 바라봄(Beyond)에서 이룩할 수 있다"고 하였다. 프르쥐바라는 이 두 연결사 사이의 유사성을 강조하였다. 아퀴나스는 세 가지의 물체 사이의 비례를 다루었으나, 프르쥐바라는 제1단계(First degree abstraction) 물체 사이에 비례보다는 그 비례를 구성하는 연결사 사이의 유사성으로 발전시킨 것이므로 제2단계(Second degree abstraction)에서의 통일성을 추구한 것이다. 이 점에 있어서 그는 바르트보다 논리상 우월했다고 할 수 있다.

프르쥐바라의 내재(in)와 초월(Above) 간의 유사론은 개신교 신학자 틸리히(Paul Tillich)의 상관논법(Correlation Method)과 유사하다. 틸리히가 '실재'와 '실존' 간의 긴장성을 논함에 있어서 논리상으로는 다른 점이 없다. 그러나 틸리히는 논리를 새로이 구성하여 사용하는 것이 아니고 그의 터득한 바를 응용하는 데에 더 공헌이 있었다.

프르쥐바라의 유사논법이 제2단계에 올라가서 유사하다는 것을 다루었으나 우리가 앞에서 다루었던 여러 가지 논법을 통일시키지는 못하였다. 여기에 우리의 신학적 사명이 있다고 생각한다. 우리가 오랫동안 서구의 문명의 혜택을 받아 왔고 그들의 과학을 배워서 우리의 부족함을 해결하려는 데에 주력하였다. 그러나 우리가 믿고 있는 '3'과 '1'의 관계는 현존하는 논리로는 아직 해명하지 못하고 있다. 수리논리학에서 사용하고 있는 연산(Operator) 중에서 이 교리에 해당하는 것을 찾아볼 수 없다. 우리에게는 신학의 연구로부터 시작하여 수리논리에 공헌할 과제가 있으며 동시에 신학에서 사용하고 있는 네 가지 종류의 논리를 통일해야 하는 내부적 과제가 남아 있다. 신학은 보다 높은 차원의 견지에서 새로운 해결을 모색해야 할 것이다. 그래서 미개척 분야를 개척함으로써 서구 문명의 빚을 갚고, 한 걸음 더 나가 우리의 믿는 바를 이 시대에 부족함 없이 전할 수 있어야 한다.

제 3 장
어거스틴의 고백록

1. 머리말

  역사가들이 어거스틴의 생애를 서술할 때 주로 그의 『고백록』에 의존하여 취재하게 된다. 그러나 어거스틴 자신도 그의 『고백록』을 일종의 자서전이라기보다 경건 문학으로 보았다. 그는 『재고록 *Retractatione*』(BK II, C, V)에서 설명하기를 "13권으로 된 나의 『고백록』은 의롭고 선하신 하나님께서 나에게 베푸신 모든 화복에 대해서 찬양하려 함이다. 이 책을 씀으로써 나 자신에게 많은 도움이 되었고, 또 이것을 다시 읽는 데에서도 많은 소득이 있었다"라고 하였다.

  우리는 지금 이 『고백록』이 경건 문학에 속했다면 그 사료적 신빙성은 어느 정도로 있는가? 하는 것을 토의하고자 한다.

  어거스틴은 자기의 고백록을 믿을만한 경건 문학으로 보았다. 그는 이 책을 친구인 다리우스 백작에게 보내면서 함께 첨부한 서한 (Epis현대 사회 231, to Count Darius)에서 말하기를 "당신이 요청한 나의 『고백록』을 받으십시오. 이 책을 통하여 나를 보게 될 것이요, 거기에 나타난 것보다 더 높아서 나를 칭찬할 것은 없습니다. 이것은 다른 사람이 나를 쓴 것이 아니고, 내가 나 자신을 그려본 것입니다. 즉, 나 자신을 통하여 나의 과거를 보여주고자 하는 의도입니다. 보시는 중 좋은 점이 당신을 기쁘게 하거든 나와 더불어 나를 그렇게 만드신 그(하나님)을 찬양할 수 있기를 바라며…"라고 하였다.

그러나 슈미트(R. Schmid)는 어거스틴의 고백록 속에는 사실(史實)이 아닌 기록이 들어 있다고 지적하였다.[1] 그는 "고백록의 주관적인 진실성에 대해서는 의심할 사람이 없으나 객관적인 신뢰성은 어느 정도 의심하게 된다"라고 하였다. 예를 들면 어거스틴의『고백록』에는 자기가 입교한 후로는 수사학 교수직과 세속적 안락을 완전히 포기한 것같이 말하였는데, 실은 그렇지 않다는 것만 해도 사료적 신빙성에 관한 문제가 충분히 야기될 수 있는 근거가 되어 있는 것이라고 하였다.

『고백록』의 주관적 진실성과 객관적 신빙성에 대해서는 학자들이 19세기 말경부터 문제시하여 왔다. 그들이 학설을 분류하여 보면 크게 3파로 구분할 수 있다. 몽소(Monceaux)와 웨스트(West) 등 학자들은 비교 문학적 입장에서 해결하려고 노력했다.[2] 몽소는 어거스틴의『고백록』이전에 키프리안(Cyprian)이 쓴『도나투스에게 _To Donatus_』가 이 고백록의 모체라고 보고 이들을 비교하여 연구하기 시작하자[3] 워필드(B. B. Warfield)는 유스틴(Justin Martyr)의『트리포와의 대화

---

1 R. Schmud, "Zur Belbehrungsgeschichte Augustins," _in Zeitschrift für Theologie und Kirche_ (1897), s. 90. recited from B. B. Warfield's "tertullian and Augustine," 235 footnote.

2 Monceaux, _Histoire Literature de l'Afrque Chrestienne_ II, 266.

3 B. B. Warfield, _Tertullian and Augustine_, 246f.

Dialogue with Trypo』와 힐러리(Hilary of Poitiers)의『신앙론*On the Faith*』(first 15 Sections) 등과『고백록』을 비교 연구했고,[4] 베스트(A. F. West)는 더 나아가 로마의 자서전 전체를 배경으로 하여『고백록』을 비교 연구하였다.

　　그들은 이러한 연구를 통하여 한 경건한 영혼이 하나님을 찾아서 대면하게 되는 과정을 발견하였다. 처음에는 철학적 사색을 통하여 하나님을 찾는 데에서 시작하여 다음에는 수동적으로 하나님의 계시에 의하여 하나님을 아는 과정을 밟아 마지막에는 구체적인 '신·인', 즉 그리스도를 통하여 인격적인 대결의 경지에 이르게 되는 체험의 전환 과정을 발견하였다. 그러나 우리가 다시『고백록』을 참고할 때, 그 속에는 이러한 형태적인 유사성이 다른 작품과 같이 있다고 하겠으나 그 내적인 동기의 분석, 즉 그 깊이에 있어서는 어거스틴의 독특성과 비교할 만한 저작들이 없다는 것이다. 그러므로 비교문학적 방법으로는 그의 독특성을 해명할 수 없는 이상, 문제되고 있는 주관적 진실성의 여부를 말하였다고 하더라도 그 범위와 정도에 있어서는 더 발전을 보지 못한 셈이다.

　　그다음으로 보이시어(Boissier), 하르낙(Harnack), 고든(Gourdon) 등은 어거스틴의 심적 발전 과정을 '역사적'으로 나열하여 연구하였다. 그들은 어거스틴이 참회하는 즉석에서 쓴 것이 아니고 14년이나 지난 후에 쓴 것임을 주목하였다. 평범하던 전일의 사건들을 종교적으로 성숙한 후일에 와서 회상에 잠기면서 기록하자니 아무래도 거기에는 고도로 발전된 후일의 윤리적 표준이 무의식적으로 작용하여 과장이

---

4 A. F. West, Roman *Autobiegraphy, Particulatly Augustine's confession*, in *The Presbyterian and Reformed Review*, xii No. 46 (1901), 183f.

가미되었다는 것이다. 그러므로 하르낙은『고백록』에 기록된 사건과 해석을 분석하여 보아야 한다고 주장하였다. 있을 수 있는 사건을 기록하였지만, 거기에 대한 해석에 있어서는 "여러 곳에 과장, 부적합 내지, 허위적인 것"이 섞이게 되었다고 하였다.[5]

　　제3의 입장은 워필드 같은 학자가 대표라고 볼 수 있는데, 이들은 『고백록』 전부를 한 단위로 보자는 것이다. 즉, 13권 중 처음 9권은 자서전 식으로 기록되었으며, 제10권은 지난 일을 말하는 것이 아니라 저술 당시에 있어서 어떻게 사람의 기억력이 과거를 회상할 수 있는가 하는 것을 심리학적으로 분석·서술한 것이고, 제11권에서 제13권까지는 믿음과 은혜의 자리에 완전히 옮겨진 자기의 심리 상태를 그린 것이라고 하였다. 그러므로『고백록』은 일괄적으로 말해서 한 생애에 대한 자서전이라기보다는 '의롭고 선하신 하나님께 영광을 돌리기 위한' 목적으로 쓴 것으로 보아야 한다는 것이다. 그래서 눈에는 보이지 않으나 마음의 눈으로 보고 있는 하나님과 대면하고 있는 인간상을 묘사함에 있어서 인간 자체보다 인간을 지으시고 섭리하시는 하나님의 모습을 인간에 반사하여 그리고자 한 것이라고 하였다.

　　다시 요약하여 말하면『고백록』을 비교 문학적 방법으로 연구한 결과는 어거스틴의 특이성을 발견하였으나 그 특이성에 대한 분석은 더 추진하지 못하였으며 또 역사적으로 발전 과정을 연구한 결과 그 특이성이라는 것이 결국 어거스틴의 후기의 종교적 입장이라는 것까지는 해명하였다. 그러나 그 종교적 입장이라는 것이 어떠한 구조로 구현되었는가 하는 것은 더 설명하지 못했었다. 그러다가 근자에 와

---

5 A. Harnack, *Monasticism and the Confessions of Augustine*, 132f.

서는 연구의 주력을 '후기의 입장이 전기의 생애를 비판함에 있어서의 정당성'을 주장하는 방향으로 이전하게 되었다. 이러한 연구의 전향은 최근 실존 철학의 성행과 동조하여 대두된 '주격 대 주격'이란 명제가 시대적 구미에 알맞기 때문에 생기는 방향일 것이다.

2. 독백의 시기

여기서 우리의 과제는 학자들이 그저 막연하게만 말하고 있는 '후기 종교적 입장'이란 것이 무엇인가를 밝히는 데 있다. 확언하면 그 후기 종교적 입장이라는 말의 내용을 파고 들어가 그 구조를 분석하는 데 있다. 이 목적을 달성하기 위해서는 첫째로 『고백록』을 400년의 작품으로 취급하지 않으면 안 된다. 이 책의 내용은 비록 354~387년 동안의 사실들을 서술한 것일지라도, 400년에 와서 전일을 회상하는 심정으로 기록한 것임이 틀림없다. 그러므로 『고백록』의 구조 연구에 있어서 400년 당시의 구조로 보는 것이 온당한 일이다.

둘째로 할 일은 어거스틴이 참회하던 당시, 즉 386년의 심정은 어떠하였는가를 살펴서 386년과 400년간의 차이점과 발전 과정을 연구하는 것이다. 이 문제에 관해서는 그의 작품들을 연대별로 나열하여 놓고 유사한 작품끼리 모아 몇 그룹으로 만든 다음, 그중 대표작을 분석하여 그 구조를 파악한 후 연차적인 차이점을 비교하여 그 발전 과정을 추정하려고 한다.6

---

6 어거스틴의 사상적 발전 과정 연구에 있어 그의 말년작 *Retractatione*(426~428)은 필수적인 책이라고 하겠다. 그는 이 책에서 이전에 저술한 94작품에 관하여 그 목적과 환경과 주제를 일일이 설명하였으며 또 자기가 보기에 타당치 않다고 생각되는 곳을 모두 수정

어거스틴의 386~400년 간의 주요 작품을 열거하면 아래와 같다.

386	*Contra Academicos*
	De beata vita
	De ordine
387	*Soliloquia*
388	*De immotalitate animae*
	De libero arbitro
389	*De magistro*
387~391	*De musica*
389~391	*De vera religione*
391	*De utilitate credenti*
394	*Contra Adimantum, Manichaei discipulum*
	Contra epistolam quam vocant fundamenti
	Contra Faustum Manichaeum libri XXXIII
	Contra adversarium legis et prophetarum
400	*Confessiones*
400~419	*De trinitate*
412~	*De civitate Dei*

어거스틴의 초기 작품인 *Contra academicos, De beata vita, De ordine*은 그가 참회하던 386년에 몇몇 동지들과 함께 카시키아쿰 (Cassiciacum)에서 수양 차 잠시 퇴수하여 있을 때 쓴 것이다. 여기서 그

___

한 바 있다. 이 책에는 그의 말기작품인 "예정론", "섭리론" 등은 아직 언급되어 있지 않으나 우리가 지금 토의하고자 하는 작품 범위에 관해서는 빠짐없이 언급하고 있어서 그의 사상의 발전 과정 연구에는 아주 긴요한 저작이라는 것을 강조하여 소개하는 바이다.

는 자기가 이전에 이성과 철학으로써만 사색하려던 때와 기독교를 수용한 후에 생기(生起)된 변화에 대하여 주로 말하고 있다.『행복한 삶*De beata vita*』의 주제는 인생의 진정한 행복은 하나님을 인식하는 데 있다는 것이고, 그 반면에『아카데미아학파에 대한 반론*Contra academicos*』에서는 지적인 면으로써 하나님을 추구할 수 있다는 가능성을 승인하면서 그러나 그 한계를 넘어 확실성에 도달하려면 믿음이 아니고서는 안 된다는 것을 말하고 있다.

『섭리*De ordine*』에서는 섭리에 관하여 논하였는데, 여기에서의 섭리란 시간과 역사에 대한 섭리를 논한 것이 아니라 그 당시를 휩쓸고 횡행하던 악의 본질과 작용이 무엇인가를 검토하는 것이다. 하나님의 섭리 하에서는 악이란 선을 연단하는 것이며 선을 정화하는 작용이 있다고 하였다. 그는 악의 기원에 대하여 좀 더 상론하기 위하여 388년에『자유의지*De libero arbitro*』를 쓰게 되었다. 악이라는 것은 본질적으로 존재한 것이 아니고 인간의 의지가 선을 의식적으로 부정하려는 데 있다고 하였다. 악은 선을 부정하는 데 있으므로 본질을 소유한 것이 아니고 의지의 부정적 작용에 불과하다고 하였다.

이상의 3편에 언급된 주제를 종합하여 좀 더 구체적으로 서술한 것이 387년에 쓴『독백*Soliloquia*』이다.7 또 이 책의 속편 격으로『영혼불멸*De immotalitate animae*』을 같은 해에 저술하였다. 그러므로 우리는 어거스틴이 386년, 387년 어간에 어떠한 사상체계를 가지고 있었던가를 포착하려면 그 시대의 작품『독백*Soliloquia*』의 구조를 분석 연구함으로써

---

7 2부작으로 되어 있는 이 *Soliloquies*는 387년, 즉 참회하던 다음 해에 저작된 것이다. 이와 비슷한 표제로 된 책 *Liber solilquium anima ab Deum*은 13세기에 편집된 것인데 이 책 중에는 어거스틴의 *Soliloquia*도 1부 들어 있으나 전부가 어거스틴의 작품은 아니다.

가능할 것이다.

자문자답의 형식으로 서술된 『독백』은 주로 하나님에 관하여 또 인간 영혼의 영생 문제에 관하여 논의하고 있다. 이 책은 상·하 양 권으로 서술되었으나 구조상으로 볼 때는 3부로 되어 있다.

1.0. 지식의 한계 – 지식의 확실성에 대하여 논하고 있다.

1.1. 인식의 대상은 구분될 수 있는데 양적인 것과 질적인 것으로 말할 수 있다(§ 9).

1.1.1. 기하에 있어서 선과 원은 형태상의 차가 있는 것이고(§ 10),

1.1.2. 천체에 있어서 천(天)과 지(地)는 질적인 차가 있는 것이다(§ 11).

1.2. 지식의 대상물에는 이러한 양적, 질적 차이가 있을지라도 그 대상을 인식하는 데에 있어서 "주관적인 확실성"은 동일하다.

1.2.1. 선과 원에 대한 기하학적 지식은 동일한 확실성을 주고 있다.

1.2.2. 천과 지에 대한 천문학적 지식은 동일한 확실성을 주고 있다.

1.3. 하나님과 피조물 사이에는 비록 질적, 양적 차이는 있으나 거기에 따르는 지식의 확실성은 동일하다. 그러므로 하나님을 아는 지식과 사물을 아는 지식에 있어서 동등한 정도의 확실성을 가지게 될 것이다(§ 11).

2.0 인식의 구조에 대하여 말하고 있다 – 3차원적 구조(§ 12).

2.1. 마음(이성, 지식 혹은 보는 눈)에 대하여

2.1.1. 믿음: 죄로 더러워진 우리의 마음을 믿음으로 정결케 하여야 한다.

2.1.2. 소망: 기다리는 마음으로 이러한 치유를 소망하여야 한다.

2.1.3. 사랑: 이러한 치유를 간구하여야 한다.

2.2. 인식의 대상물에 대하여 말함(§ 13).

2.2.1. 믿음: 존재하고 있는 대상물에 대한 신뢰.

2.2.2. 소망: 보게 될 대상물에 대한 바람.

2.2.3. 사랑: 대면할 대상물에 대한 기쁨.

2.2.4. 대상이 하나님일 경우 그를 대면한 연후에는 믿음과 소망은 더 필요없게 될 것이지만(이미 얻은 것을 더 바라지는 않을 것이므로), 사랑만은 더욱 견고하게 영속될 것이다(§ 14).

2.3.   인식의 대상 ― 하나님(§ 15).

2.3.1. 하나님은 존재하시며

2.3.2. 하나님은 모든 것을 알고 계시며

2.3.3. 하나님은 인간으로 하여금 알게 하신다.

1020   하나님 인식의 모순성.

1020.1.0. 하나님은 모든 것보다 이상으로 지존(至尊)하시다(이론적으로)(§ 16).

1020.1.1. 처(妻)보다도(§ 17).

1020.1.2. 질고(疾苦)보다도(§ 21).

1020.1.3. 죽음보다도(§ 22) 지존하시다.

1020.1.4. 그러므로 하나님을 무엇보다도 더 사랑해야 한다(§ 23).

1020.2. 하나님을 모든 것보다 더 존귀하다고 말하려면 그를 직접 경험하기 전에는 불가능하다.

1020.3. 우리는 개념적으로는 하나님의 지존성을 승인하면서, 경험적으로는 하나님을 지존의 대상으로 볼 수 없는 모순에 빠지게 된다.

3.0.   영생에 관한 지식

3.1.   영혼

3.1.1. 영혼의 본질: 영혼은 존재하고 생활하고 인식한다. 그러나 물체는 영혼과 달라 인식하지 못한다.

3.1.2. 영혼의 기능: 문법(=정의, 구별 및 해석)을 통하여 대상을 논의한다.

3.2. 본질, 즉 정의할 수 있는 대상.

3.2.1. 본질의 성격:

빛(光)과 어둠(暗): 빛과 어둠은 본질에 있어서 대조적인 것이 아니라 빛의 부정이 곧 어둠이다.

삶(生)과 죽음(死): 삶과 죽음은 본질적인 대립을 가지는 것이 아니라 삶의 부정이 곧 죽음이다.

빛과 생명은 본질적으로 실재하나, 암흑과 사망은 본질적으로 실재하는 것이 아니고 본질을 부정하는 것이다. 그러므로 사망은 공포의 대상이 되지 않는다.

3.2.2. 본질의 종류

시간성을 지닌 모든 존재는 소멸된다.

영원의 존재, 즉 하나님만 영존하신다.

3.3. 상기(想起)

3.3.1. 진리는 불변한다.

3.3.2. 영혼은 진리를 상기함으로써 영존하는 진리에 참여하고 있다.

3.3.3. 그러므로 영혼은 실재하지 않는 사망을 알지 못하며 불멸의 진리를 앎으로써 영존할 것이다.

이상의 분석을 통하여 어거스틴의 『독백』을 쓸 무렵 그의 『고백록』에 의하면 신플라톤주의를 결별하고 신플라톤주의의 친구들과는 격렬한 논쟁을 가졌다고 하지만, 사상 구조로 보아서 아직 신플라톤주의의 영향에서 '전체'와 '개체'의 관념을 논하고 있음을 알 수 있다. 하나님과 인간이 질적으로 상이하며 양적으로 같지 않아 분리되어 있어서 하나님은 완전무결하시다면 인간은 불완전한 모순의 존재라는 것이다.

그럼에도 불구하고 인간이 어떻게 영생에 참여할 수 있는가 하는 데 대하여 그는 우리의 영혼의 기능인 인식의 작용을 통하여 가능하다고 보았다. 즉, 하나님은 불변의 진리이신데 그의 도움으로 우리가 그 불변의 진리를 상기함으로써 우리의 영혼도 영원에 참여한다는 것이다. 물론 어거스틴은 여기에서 시간의 문제를 토의하고도 있으나 역사적 의의를 지닌 시간성을 논하는 것이 아니고, 개체적인 순간과 시간 전체를 의미하는 영원과의 관계를 논하고 있어서 주제상으로는 시간을 언급하나 구조상으로는 아직 공간적인 문제인 개체와 전체의 관계를 넘어서지 못하고 있다. 따라서 개체와 전체, 인간과 하나님 사이를 소개하는 것은 그리스도라기보다 인간 영혼의 상기적 작용에 연결시키려고 노력했음이 사실이다. 그러므로 『독백』의 구조에 있어서 우리가 말할 수 있는 것은 아직 역사성이 확고히 개재되지 않았다는 점과 그리스도의 중개적 사상이 확립되어 있지 않다는 점과 아직도 플라톤의 영향에서 멀리 탈피하지 못하고 있다는 점 등을 지적할 수 있다.

3. 기독론 사관

다음으로 389~400년 간의 주요 작품들을 말하면 먼저 387~391년에 저작된 『음악 De musica』를 들 수 있는데, 이 작품에서 이전과 변이(變

異)된 견해를 찾는다면 개체가 어떻게 전체에 참여하느냐 하는 문제보다 개체와 전체 사이의 조화를 모색하는 데 주의를 기울이고 있다. 그러므로 이 책에서는 창조주와 피조물의 관계를 논함에 있어서도 자연히 양자 간의 조화를 강조하는 동시에 그 조화를 초래하고 있는 구체적인 존재인 그리스도에게 시선을 모으고 있다. 다시 말하면 작품의 기본 범주에 있어서는 새로운 국면이 더 첨가되었다고는 할 수 없으나 새로운 방향으로 조화를 이끌어 갔던 것이다.

389년에는 『선생De magistro』를 썼는데 이것은 선생에 관하여 논평한 것이다. 세상의 모든 선생은 그들의 말을 통하여 영원한 진리를 상기케 하는 역할을 하고 있으나 선생 그 자신이 가르쳐주는 것은 없다고 말했다. 즉, 선생은 우리의 내재적인 진리를 연상케 할 뿐이고 새로운 것을 교시하지는 못한다는 말이다.

그러나 제12장에는 그는 그리스도가 우리의 참된 마음의 교사가 된다고 지적했고, 그리스도를 통하여 우리는 밝아진다고 했다. 다시 말하면 387~389년에 와서는 이전에 그가 늘 철학적으로만 사유하여 지식의 관심이 언제나 '전체'에서 방황하던 관념론적 경향을 좀 바꾸어 그리스도를 중심으로 그리스도가 우리 지식의 대상이요 그리스도가 우리를 교도하는 선생이라고 전환하게 된 것을 발견할 수 있다.

390~391년에는 『참된 종교De vera religione』를 썼는데, 거기서 그는 신앙의 대상인 그리스도를 논리화하여 그것으로 성서 해석법과 마니교적 이단 수정에 사용했다. 특히 성서 해석에 있어서 그는 유사론법(Analogical Method)과 비유법(Allegorical Method)을 강조했다. 물론 이 방법이 초대교회에 있어서 사용되고 있었던 것이 사실인데, 어거스틴은 특히 신·구약을 실재와 상징의 관계로 보아 구약이 신약의 상징적

인 표현이라고 보았다. 예를 들면 구약의 요나가 3일간 수난한 기록은 신약의 예수 그리스도가 무덤에서 3일간 수난당할 사건을 상징한 것이라고 했다. 또 갈라디아서 5장 4절과 고린도후서 3장 6절에 의하여 신·구약이 신학적으로 조화될 뿐만 아니라 역사적으로 보아도 한 하나님의 두 가지 경영(Economics)이라는 것을 주장하여 역사의 전일적 해석을 시도한 점이다.

이러한 입장에 서게 된 어거스틴은 자연히 이원론적 마니교를 용납할 수 없게 되었다. 마니교에서는 영체(靈體)와 물질, 빛(光)과 어둠(暗)을 대립적으로 생각함으로써 그들은 물체를 창조한 구약의 신을 열등한 신으로 보며, 신약의 신은 물질에서 구원해 내려는 선신(善神)이라고 보았다. 그들은 신약을 구약과 대립적으로 보았으며 통일된 사관을 가지지 못했을 뿐만 아니라 역사를 경시했던 것이다. 어거스틴은 자기가 이전에 이 종파에 다년간 신종(信從)했던 것을 뉘우쳐 이 『참된 종교』란 책을 써서 마니교의 약점을 폭로했던 것이다. 다음으로 394년에는 마니교를 논박하는 여러 권의 책을 썼다. *Contra Adimantum, Manichaei Discipulum, Contra epistolam quam vocant Fundamenti, Contra Faustum Manichaeum libro XXXIII, Contra adversarium legis et prophetarum* 등은 반마니교적 저서이다.

이 저서들 속에서 그는 마니교를 공격하는 동시에 성서 안에 있는 율법과 예언, 율법과 은혜의 관계를 설명하였으며, 특히 신·구약의 역사의 조화가 그리스도 안에 있다는 주장을 한층 더 밝혔다. 어거스틴은 『음악』에서 발견한 조화의 개념을 그리스도 안에서 구체적으로 발견하게 되었고, 그리스도의 역사적 현현을 따라 통일된 사관을 갖추게 되어 역사를 신앙의 입장에서 일률적으로 볼 수 있는 토대를 비로소 마련해 놓았던 것이다.

4. 고백록의 구조

이상의 몇 권은 전부 단편이고, 이미 말한 바와 같이 시간성에 대한 공헌이 있었다는 것 이상으로 더 설명할 것이 없으므로 그 구조 분석은 생략하기로 하고 고백록의 구조를 살펴보기로 한다.

1.   어거스틴의 유년기(BK. I)
1.1.   부모의 성격에 관하여
1.1.1. 부친은 낭만적이고 경쾌한 성격의 소유자요,
1.1.2. 모친은 경건하고 진지한 성격의 소유자로 기록되어 있다.
1.2.   그래서 어거스틴은 이러한 양친의 양 극단적인 성격을 다 가지고 태어났다.
1.2.1. 그러므로 그는 이지적이고 종교적이면서
1.2.2. 또한 감성 · 정욕적인 성격의 소유자였다.
1.3.   그래서 그는 우수한 지성으로 배움을 쉽게 터득할 수 있었으나, 불변의 진리에 대해서는 도리어 무관심하였다고 했다.
2.   청소년 시기(BK. II)
2.1.   특히 소년기에는 하나님을 멀리하여
2.1.1. 정욕의 길에서 헤매며, 도둑질도 하였고
2.1.2. 다만 학교에서만 성적이 우수하고 착실한 학생인 듯이 보였다.
2.2.   청년 시기(BK. III)
2.2.1. 청년 시기에는 한층 더 방탕하여 신분에 타당하지 않은 여자까지

부인으로 삼게 되었다.

2.2.1.1. 그러나 그의 우수한 수사학으로는 고상한 윤리를 주장하던 로마의 철인이며 문인인 키케로(Cicero)를 연구하고, 신학서도 읽고 있었다.

2.2.2. 그의 이러한 이중의 성격이 결국 그로 하여금 종교도 이원론적인 마니교를 신봉케 했다(§ V).

2.3. 그러나 돌연 친구의 변사를 보고, 큰 충격을 받아(BK. IV),

2.3.1. 모든 육체는 결국 소멸하고 만다는 것을 체득하게 되었다.

2.3.2. 그래서 아리스토텔레스의 철학도 공허함을 느끼고

2.3.3. 마니교의 거두인 파우스트와 인간의 궁극적인 문제를 토의하여 보았으나, 역시 마니교도 그의 영혼의 갈급함을 채워주지 못하는 허위적인 종교임을 알게 되었다.

3. 이러는 중에 믿음을 찾게 된 것이다(BK. VI).

3.1. 특히 그는 자기의 지적 세계와 자신이 실제로 살고 있는 윤리적 현실이 부합되지 못함을 크게 뉘우치는 한편

3.2. 신플라톤주의의 영향을 받아, 이원론적인 경향에서 일원론으로 전향하게 되었다(§ 3).

3.2.1. 신플라톤주의는 악을 선과 대립시키지 않고, 다만 해야할 선을 하지 않는 것, 즉 선의 결여라 하였다(§ 5).

3.2.2. 그러므로 이러한 악은 사람 자신이 자기 스스로의 의지로 행한 것이므로, 자신이 책임을 져야 한다고 하였다.

3.2.3. 이와 같이 머리는 선한 것을 알면서도 실생활에서는 도리어 악을 행하므로 자신의 모순적인 이중성을 더욱이 통감한 것이다(§ 7).

3.3.1. 바로 이때 그는 밀라노에서 유명한 교부 암브로스의 설교를 통하

여 기독교의 진리를 듣게 되었고 또 수도사들을 통하여

3.3.2. 그리스도를 믿는 성도들은 그들이 믿는 바대로 실생활에 옮기어 사는, 통일성 있는 생활을 하는 것을 듣게 되었고, 여기서 자신의 이중적인 모순의 생활을 더욱 통감한 것이다(§ 6-7).

3.4. 이때 어쩔 수 없는 심정으로 눈물의 뉘우침 속에서 그리스도의 말씀을 듣고 참회를 하게 된다(§ 8).

4. 참회한 후, 그는 밀란에서 그의 아들 아데오다투스와 함께 세례를 받고 그후 자기의 신앙을 위하여, 일생 눈물의 기도를 드리던 모친과 함께 카시키아쿰에 가서 잠시 명상과 기도의 생활을 하면서 *De Megistro*란 책을 썼다. 그후 고향으로 가던 길에 그의 어머니는 영원의 세계로 떠나신 것이다(BK. IX).

5. 어거스틴은 지금까지 자기의 걸어오던 길을 다시 사상 면으로 더듬어 보고 있다. 즉, 이러한 고백록을 쓴 사상적 구조가 어떠한 과정을 밟아 발전되었는가를 알리려 하였다(BK. X).

5.1. 그는 일찍 "독백"에서 사용하던 방법을 여기에서 다시 추리하여 그 논리적 체계를 간략하게 설명해 주었다(§ 1-5).

5.1.1. 하나님을 알 수 있는 지식은(§ 8-21),

5.1.1.1. 우리의 감각을 통하여서도 아니고

5.1.1.2. 다만 상기적 방법으로만 가능하다고 하였다.

5.2. 축복받은 인생이란 곧 하나님 안에 거함을 말하며(§ 22-32),

5.2.1. 이는 영원한 진리를 우리의 영혼으로 상기함으로써 가능하다.

5.3. 그러나 우리는 이러한 내향적인 상기를 거부하고(§ 33-),

5.3.1. 우리의 육정에 이끌리어 방탕한 길을 걷게 되며,

5.3.2. 세상에 대한 호기심에 이끌리어 눈이 어둡게 되고,

5.3.3. 자만에 쏠리어 하나님을 경시함으로써 영원한 진리와 결렬하게
　　　되었다.

5.4.　그러나 우리는 이러한 죄의 상태에서도 그리스도의 중보로 다시
　　　올바른 길을 찾게 되는 것이다.

6.　시간의 문제(BK. XI).
　　　어거스틴은 자기의 고백록의 구조를 11장에서 13장까지 재검토
　　　한다. 특히 그는 앞으로 그가 기술할 『신국』(De civitate Dei)에
　　　대한 윤곽을 여기에 소개한다.

6.1.　하나님은 영원 전부터 자기와 함께 계시던 하나님의 말씀을 통해
　　　서 만물을 창조하셨다.

6.2.　이로써 창조 이전의 시간과 피조된 시간 사이, 즉 시간과 영원의
　　　관계가 시작된다.

6.3.　시간은 과거, 현재, 미래로 구성되었는데, 그것은 우리의 영혼의
　　　작용인 기억으로 과거를, 인식으로 현재를, 예상으로 미래를 통
　　　일시키는 것이다. 그러므로 순간적인 시간에 사는 인간이지만,
　　　기억을 통하여 시간 전체인 영원의 세계를 유사하게 상기하는 것
　　　이다.

6.4.　하나님의 지식은 전체적이나, 사람의 지식은 정신적으로 기억을
　　　통하여 순간마다 과거 · 현재 · 미래를 연결시키고 있다.

7.　창조와 역사(BK. XII).

7.1.　창조는

7.1.1. 무로부터의 창조요,

7.1.2. 하나님이 하늘나라와 이 세상을 창조하셨다.

7.2.　이렇게 하늘과 땅, 유와 무의 대조로서 창조의 의미는 자연의 유

사적인 비유의 방법으로 표현되고 있다(BK. XIII).

7.2.1. 창조된 만물을 그 표현된 현상 이면에서 좀 더 깊은 창조의 본뜻을
나타내고 있다.

    a. 그러므로 영과 육의 관계,

    b. 세상과 교회의 관계,

    c. 빛의 아들과 어두움의 아들의 관계,

    d. 하나님의 형상과 하나님의 실재와의 관계에 있어서

7.2.2. 이 두 대상이 영지주의의 사상과 마니교의 이원적인 상극적인 입
장을 취한 것이 아니고,

7.3. 그는 그리스도 안에서 이 양극의 조화를 형성하여 영원한 안식과
평화를 얻게 함을 말한다(Summum Bonum).

이상의 간략한 분석에 의하여 보면 그의 고백록 13권 중 1-10권까
지는 학자들이 이미 지적한 바와 같이 과거와 참회 당시의 사건들을
기록한 것이 사실이다.

특히 1-9권까지의 사상적 구조가 『독백』 시대의 그것과는 판이하
게 변모된 것을 우리는 발견할 수 있다. 『독백』에 있어서는 내성적인
상기적 작용으로써 어떻게 하나님을 찾을 수 있었으며, 영생에 대한
확신을 가질 수 있었던가를 말하고 있다. 그러나 『고백록』에 있어서
는 하나님의 섭리 아래 있는 역사적 발전 과정에서 그가 하나님을 만
나게 되었다는 것을 말하였다. 다시 말하면 공간에 축을 둔 상기적(想
起的) 방법으로부터 시간의 축으로 옮겨 역사적으로 전개시키고 있다.
어거스틴은 자기가 『독백』을 쓴 다음 제2기에 습득한 사관을 이 『고
백록』에 응용하기 시작했던 것이다.

어거스틴이 일찍이 상기적 방법만 사용하던 시기에는 그의 주제는 항상 개체와 전체의 대립을 구상하면서 문제를 풀어나갔다. 즉, 개체가 어떻게 개성을 상실하지 않고 전체에 참여할 수 있으며, 전체가 어떻게 나뉘지 않고 개체들을 포용할 수 있는가 하는 문제였다. 이것을 시간으로 환산하여 말한다면 시간과 영원이 어떻게 관련되어 있어 시간에 사는 인간이 영원히 계시는 하나님과 관련을 맺어 죽지 않는 영생을 누릴 수 있는가 하는 문제이다. 이러한 '대칭적 구조'는 고백록에도 사용되고 있음을 볼 수 있다. 예를 들면 부모의 대조적인 성격의 산물로 자기에게는 모순적인 성품이 구성되어 어릴 때부터 벌써 그 개성중에 선하고 악한 두 성격이 발전하고 있었던 것을 말하였다. 후에 그가 장성하자 이 대조적 성격은 격화하여 일면으로는 철학과 명상에 치우치며 이름을 날리는 수사학 교수였지만, 그의 내면생활에 있어서는 정욕과 명예와 이기심에서 벗어나지 못하여 헤매는 것을 엿볼 수 있다. 그러므로 이러한 모순과 이원적 상태에서는 자연히 그의 종교가 극단의 이원적인 마니교를 따르게 되었다. 그러다가 다시 암브로스의 설교에서 성자들의 지행일치(知行一致)의 생활을 듣게 될 때 자신의 역리적 존재를 비로소 증오하게는 되었으나 탈피할 힘은 없었다.

이러한 상태에서 고민하다가 마침내 그리스도를 만났다. 그리스도는 하나님과 인간 사이에 조화를 만드는 중재자요 우주의 조화의 원칙이었으므로 자기의 모순을 해소해 주었다. 여기에서 우리는 그가 초기에 가졌던 사고의 대칭적 구조를 시간의 축에 결부시켜 대칭의 시작, 발전, 해소를 소나타 형식[8]으로 전개하였던 것을 볼 수 있다.

---

8 물론 Sonata 형식이 후대의 음악에 와서 형성된 것이지만, 그 전개 형식이 유사하므로

그러므로 여기에서 우리는 어거스틴 연구자들이 말한 "후일의 입장"이란 것이 무엇인지를 지적할 수 있다. 이것은 다름이 아니라 그가 『독백』을 쓸 무렵까지는 아직 역사적 개념을 가지지 못하고 있었는데, 『고백록』에 와서야 비로소 시간성을 다루게 되었고, 이로 인하여 초래된 구조상의 변동인 것이다. 그러나 일보 더 나아가서 주의해야 할 점은 『독백』을 저술하던 시기의 대칭적 구조도 역시 고백록 구조에 영향을 주고 있다는 것을 잊어서는 안 될 일이다. 그러므로 우리가 어거스틴의 '후기 종교적 입장'만이 그의 생을 서술하는 데 영향을 주었다고 속단하는 것도 역시 일부의 변화만 보고 평가하는 것이라 하겠다.

5. 맺음말

어거스틴의 생의 본연의 모습을 살피는 데는 이러한 구조의 영향에 의한 변형과 과장을 제거하여야 할 것이다. 좀 더 진지하게 그의 생을 이해하는 데 있어 다음과 같은 몇 가지 실례를 재고할 수 있을 것이다. 그가 부모의 성격에 관하여 말할 때 어머니께 관해서는 경건성을 누차 강조하였으며 전형적 어머니가 갖추어야 할 성품을 다 겸비하고 있는 기도와 눈물과 자애의 모상(母像)을 묘사하고 있으나, 아버지에 관해서는 무형 중에 낭만적이요 타락적인 면을 알려주고 있다. 그러나 그의 부친도 사실에 있어서는 역시 입교한 자로서 타인에 비하여 교육과 향상에 관심이 없던 사람이 아니었다는 것을 알 수 있다. 실지

이러한 표현을 사용한다.

로 어거스틴이 아버지의 성품을 모친과 대칭적으로 기술하는 가운데 아버지의 개성을 사실 그대로 표현하지 못하게 되는 구조적인 구속을 받았던 것이다. 또 그의 소년기에 와서는 그가 과원에 들어가 익지 않은 배를 훔치는 기록이 있다. 그가 이 소용 없는 배를 훔치게 된 동기를 분석한 결과, 죄에 젖은 부모에게서 출생한 자기는 원죄를 이어받아 내재적인 악이 발동하였던 것이라고 하였다. 이것은 결국 그 악성의 발단도 자기에게 있는 것이 아니라 부모에게서 이어받았으며, 부모는 선과 악의 대조적 인물들이었다는 구조상 대응을 또 한 번 강조하기 위한 것으로 보인다. 그러나 호기심이 많은 소년기에 악의 없이 이런 행동을 한다는 것을 누구든지 경험하고 있는 이상, 어거스틴의 해석이 너무 과도하게 구조적 제약을 받아 기술되지 않았나 생각된다. 이러한 방향으로 생각한다면 그의 구조에 의한 사건 해석을 제거하고, 구조에 맞춘 변형을 수정하여 본다면, 그의 진정한 본연의 모습을 발견할 수 있을 것이다.

10-13권에 대하여 학자들은 회심 후의 어거스틴의 신앙적 입장이라고 하였다. 특히 워필드는 고백록 전체가 이 마지막 네 권에 있는 입장에 의하여 서술된 것이라 하였다. 그러나 그는 그 입장의 내용이 무엇이며, 어떻게 구성된 것인가에 대하여는 더 말한 바가 없다. 물론 우리가 방법론적으로 이 네 권의 구조를 분석해 볼 수는 있을 것이다.

10권까지는 전술한 바와 같이 『독백』 시기에 사용하던 상기적 방법으로 설명하였다. 제11권에는 시간성에 대한 연구를 거듭하였다. 그는 시간 전체를 간략하게 과거·현재·미래로 나누어 보았다. 그러나 과거는 현재에서 지난 일을 기억하는 것이요 미래는 현재에서 앞날을 예측하는 것이라 하여 시간성을 순간적인 현재의 기초 위에 설정하였다. 이 순간적인 시간이 곧 인간이 사는 시간이요 따라서 사람의 사색은 자연히 점진적으로 전개되는 것이라고 하였다. 반면에 하나님은 질적으로 다른 영원에 계시고, 과거·현재·미래를 초월한 세계에 계시며, 모든 것을 전체적으로 아신다고 하였다. 또 그 시간은 영원에 존재하지 않고서는 그 의미를 가질 수 없으며 그 성격을 규정지을 수 없다고 하였다. 즉, 제11권에서는 어거스틴이 중간시대의 작품에서 인식한 시간성을 되풀이하고 있는 것이다.

제12, 13권에 있어서는 그의 시공(時空)의 발견을 종합하여 창조의 시작과 의미와 목적을 설명하였다. 창조로부터 생긴 신인(神人)의 대칭적─정반대가 되는─ 차이가 어떻게 역사적으로 전개되었으며 어떻게 하나님의 뜻하신 바를 이루시느냐 함을 논하였다. 이것의 구조는 앞에서 언급한 소나타 형식으로 되어 있어 제1-9권까지의 구조와 일치된다는 것을 다시 지적하고 싶다. 결국 제11-14권은 고백에 붙은 부록과 흡사한 것으로서 저술에 있어서 방법의 발전을 보여주는 부분이라 할 수 있다. 이것을 통하여 우리는 386~400년간의 작품들에 있어서 그 내용과 구조의 변화 발전이 일치됨을 보면서 상술한 논지를 입증하고 있다고 주장할 수 있다.

끝으로 이 구조의 성격을 분해하여 볼 때 이 공간적인 상극이 시간을 통하여 조화를 얻어 구원의 역사관(Heilsgeschichte)의 윤곽이 구성됨을 알 수 있다. 어거스틴은 창조에서 시간과 공간의 대립이 시작되고, 역사의 흐름과 함께 이것이 더욱 대립되어 오다가 그리스도를 통하여 이 공간적인 모순이 해소된다고 확신하였다.

그러므로 어거스틴의 고백록의 구조는 결국 그의 『신국』의 원형이 되었고 또한 후일 구원의 역사관을 창설하는 선구적인 소임을 하였다고 할 수 있다. 그가 『고백록』에서 자기의 인생 행로에 대해서 말한 것과 같이 『신국』에서는 우주의 운명을 취급하였다고 할 수 있다.

제 4 장
현대 교회사학의 일면

1. 머리말

반세기가 넘도록 교회사나 교리사 부분에는 이렇다 할 거작이 별로 나오지 못하였다. 기다리는 마음으로 새로 나오는 책이나 학술지(Journals)를 보아도 사건의 어느 한 부분에 충실해 보려고 하는 저작들은 많으나 구태를 탈피하고 새로운 구조를 갖춘 저작은 별로 눈에 띄지 않는다.

2. 하르낙에 대한 파우크의 이해

파우크(Wilhem Pauck)는 명저 『종교개혁의 유산*The Heritage of the Reformation*』을 재판하였다.[1] 새 판에는 석 장을 더 첨가하였는데, 그중 하나가 "아돌프 폰 하르낙의 교회사 해석"(Adolf von Harnack's Interpretation of

---

1 W. Pauck, *The Heritage of the Reformation* (Free press, 1961).

Church History)이다. 파우크는 그 장에서 말하기를 오늘까지 개신교 사학가로서 하르낙이 70년 전에 쓴 교리사를 능가할 만한 책을 낸 사람은 없다고 잘라 말하고 있다.

파우크는 교회사, 특히 교리사에는 두 가지 소임이 있다고 보았다. 우선 신학자는 복음에 그 시대의 문화 형체를 입혀서 믿지 않는 사람이 쉽게 이해하도록 하여야 한다고 주장한다. 그런데 사실은 역사의 흐름에 따라 문화의 형체도 바뀐다. 따라서 교리사가는 옛 문화 형체를 기독교의 기본적인 가르침에서 분리시켜 제거하여 새로운 문화의 형체로 착색할 수 있도록 하는 소임이 있다고 하였다.

파우크는 이 기준에 의해서 하르낙을 높이 평가했다. 그래서 하르낙은 역사를 어떠한 고정된 견해에 입각해서 이를 절대화시키지 않는 사학가로서의 소질이 부여되어 있었다고 하였다. 이전 시대의 문화 양상을 그대로 답습하지 않고, 구시대를 박차고 나오는 점에서 개신교적인 기질이 나타나 있다고 파우크는 말하였다. 이렇게 해서 하르낙은 개신교 역사학계에 있어서 단연 독보적인 존재로 군림하게 되었다고 본 것이다.

파우크가 하르낙을 이렇게 평가하게 된 이론적 근거를 좀 더 구체적으로 설명하면 다음과 같다. 하르낙은 변하고 있는 문화 형태에서 변치 않는 복음의 본질을 추려내려는 데에 그의 본 의도가 있었다. 물론 이 경우 복음을 시대화하는 일에 반대한 것은 아니었다. 그 이유로 파우크는 지적하기를 하르낙이 다음과 같은 것을 제시하였다고 말하였다.

1. 성경을 읽는 자마다 자기가 가지고 있는 사색 체계에 의하여 그 교훈을

곡해하고 있다.

2. 구시대의 해석이 새 시대 사람들에게는 잘 납득이 되지 않으나 관습적으로 받아들여지고 있다.

3. 복음을 그 시대의 주류 사상에 비추어서 교리적으로 해석하고 있다.

4. 교리를 교회의 운영과 예전에 맞도록 규정하고 있다.

5. 정치 세력과 사회 압력의 요청대로 교리가 수정되고 있다.

6. 교리를 기정의 교리와 조화시키어 서로 모순이 없도록 조정하고 있다.

7. 특정 권력층의 이권을 위하여 배치되는 교리는 이단시하고 있다.

8. 전통과 관습에 젖어 어떤 교리를 무조건 보수(保守)하고 있다.[2]

교리의 역사적 형성 과정이 시대가 변천함에 따라서 옛것을 버리고, 새 문화의 형체를 갖추어 입어야 한다는 것이다. 파우크는 하르낙이 이런 견지에서 역사를 취급하였다고 하였다. 가령 다음과 같은 것들이 그 실례일 것이다. 2세기경에 마르키온(Marcion)파라고 하는 한 분파가 있었다. 이들은 과격한 복음주의자로서, 율법주의적인 정신에 입각하여 기록된 구약성서를 정경에서 제거한다고 하는 것은 복음을 문화적 진공 상태에 몰아넣어 질식하게 하는 것과 같았기 때문이다. 그러나 하르낙은 기독교가 5, 6세기에 이르러 문화권 내로 완전히 이입되어 유대적인 문화에서 이탈되어야 했을 때 구약을 정경으로 고수하고자 한 것은 용서 못 할 오류를 범한 것이라고 지적했다.

더 나아가 그는 16세기에 이르러 우수한 종교개혁자들까지도 유물 격이 된 구약을 전통과 관습에 못 이겨 사수한 바 있어 개신교계에

---

2 W. Pauck, *The Heritage of the Reformation*, 346.

필요 없는 종교적 부담을 지워주고 또 신앙생활에 악영향을 초래한 것이라고 보았다. 곧 전 시대의 유물이 역사의 발전 과정을 저지하지 않도록 교리사가가 정리해 주어야 한다는 것이다.

유대 문화에서 육성된 기독교는 그리스, 로마와 중세 봉건 형태의 문화 및 게르만적인 종교개혁을 거쳐 오늘 우리에게 이르렀기 때문에 그 어느 하나의 문화 사상이 절대시되어 다른 것의 평가 기준이 되어서는 안 된다고 하르낙은 주장하였다. 그렇다고 해서 기독교를 상대적인 것으로 보자는 것은 아니었다. 변하는 교리에서 변치 않는 복음의 본질을 분별하자고 하였다(그것이 곧 그가 말한바 '비신화화'인데, 양식비평가들이 이 술어를 다른 의미로 사용하기도 하였다). 이같이 교리사가는 끊임없이 교리와 복음을 판가름하여 전통의 무거운 굴레를 벗겨 주어야 한다고 주장했던 것이다. 이러한 견지에서 볼 때 종교개혁 역시 구교의 유적된 교리를 헤치고 복음의 본질을 되찾으려던 운동이었음을 인식할 수 있다고 보았다.

복음을 되찾는다고 해서 종교개혁자 중 하나인 부서(Bucer)가 주장하듯이 초대교회(Primitive Church) 상태로 복귀하자는 것은 아니다. 하르낙은 초대교회까지도 유대적인 문화에서 육성된 것으로 순수한 복음을 보유하고 있었던 것으로 보지는 않았다. 또 역사는 역전될 수 없는 이상, 복귀 운동이란 것은 비약적인 해결을 대망하는 가운데서 빚어진 단순한 망상이었다고 하였다. 하르낙은 복음을 되찾는 데에 있어 역사를 역사로 극복할 수밖에 없다고 하였다. 각 시대의 복음을 그 시대의 문화 형태로 교리화하고 있다. 새 시대로 옮겨질 때마다 개혁자들의 정신을 따라 구 문화의 양상을 갈라놓아 순복음이 새 시대의 사조와 문화에 밀접한 교섭을 가져 그 능력과 기능을 손색없이 발휘하도록 해야 한다고 하였다. 즉, 역사의 과정을 통해 형성된 교리는 반드시 역사적인 방법으로 극복하자는 것이다. 파우크는 이것이 또 하나의 하르낙의 특징이라고 보았다. 하르낙은 개혁자의 정신과 역사 방법이 구비된 학자로서 개신교 교리사가의 소질을 지니고 저작을 통하여 탁월한 위치를 차지하게 된 것이라고 파우크는 평가하였다.

3. 하르낙의 교리사

하르낙이 교리사가로서 그의 사학방법이 일반 문화사학계에까지 크게 영향을 미쳤다는 사실을 고려한다면 하르낙의 연구를 깊이 있게 다룰 필요가 있다. 우리는 파우크가 하르낙에 대해서 가졌던 그 이해에 머무를 것이 아니라, 우리 자신이 하르낙을 직접 연구하는 데서 새로운 성과를 거둘 수 있지 않을까 생각한다.

먼저 하르낙의 연구 결과부터 검토하여 보자. 그는 자신의『교리사』에서도 말한 바 있지만, 특히 그의 저서『기독교의 본질』에서 그의 독특한 입장을 밝힌 바 있다. 하르낙에 의하면 문화와 무관한 복음의 핵심은 (1) 하나님의 나라와 그 임박성, (2) 하나님 아버지에 대한 믿음과 영혼의 무한한 가치, (3) 좀 더 나은 의(義)와 사랑의 계명 등이다. 복음은 인간이 하나님을 믿고 살아야 한다는 요청을 선포하는 것이다. 이 윤리-종교적 요청(Ethico-Religious Command)은 칸트(Kant)의 지상 명제와 근본적으로는 크게 다름이 없다. 칸트의 선험적 변증도 '하나님'과 '영혼의 불멸'과 '자유'라고 하는 세 조목으로 되어 있다. 하르낙이 말하고 있는 자유는 자연계의 법칙과 규율에서 해탈하는 자유의 경지를 의미한다. 하르낙은 이를 종교적으로 해석하여 '하나님의 나라'라고 불렀다. 모든 물질세계 및 그 규범과의 대립적인 존재를 가지고 있는 자유로운 영의 나라, 즉 하나님의 나라가 그것이다. '영혼의 불멸'은 하나님과 관련시켜 '영혼의 무한한 가치'로 대치하였다. 따라서 그 사회는 윤리적 기준을 '좀 더 나은 사랑과 정의'에 따라 실천함에 있다고 하였다. 이렇게 해서 하르낙은 신칸트학파 신학자로서 칸트의 지상 명제를 기독교의 본질로 신학화하였던 것이다. 하르낙이 칸트의 지상 명제를 복음의 진수로 보았다면, 파우크가 말하듯이 그의 소견이 전 개신교의 입장을 대표할 만한 것이 되지 못한다. 하르낙은 어디까지나 19세기 말에 소속된 교리사가로 보아야 할 것이다. 그 역시 자기가 살고 있던 시대에 사로잡혀 활동하였다는 것을 입증하는 것이라고 하지 않을 수 없다. 파우크가 이해하고 있듯이 그를 초역사적인 위치에 올려놓고 절대화하여 칭송할 것까지는 못 된다.

하르낙은 이러한 복음의 요소를 시대화하여 믿는 집단을 교회라고 칭하였고, 그것을 교회사와 교리사의 연구 대상으로 삼았다. 이념적 집단인 교회를 연구 상대로 만들게 됨에 따라 사료 수집에 있어서도 교회가 신봉하고 있는 경전과 신학적 문서를 주로 사용하지 않을 수 없었다. 이러한 2차적인 사료를 많이 쓴 것에 비하여 일반 문화, 역사, 예술 작품 및 기타 1차 사료는 거의 쓰지 않은 셈이다. 그의 고증 방법도 따라서 외적인 것보다 내적(Internal Evidence)인 방법을 사용하였다. 그의 유명한 사도행전 저자에 대해 밝힌 고증만 보더라도 내적인 방법을 채용했다는 것을 쉽게 찾아볼 수 있다. 그는 누가복음과 사도행전을 각각 분석하고, 두 저작의 용어와 문체가 같음을 발견하였다. 그리고 그는 사도행전에 "우리"라는 용어를 사용한 토막들을 찾아낸 후 그 "우리"라고 하는 무리 중에 누가가 포함되었다는 것을 입증하였다. 이렇게 해서 사도행전의 저자가 누가복음의 저자인 누가라는 것을 고증하였다. 하르낙은 사료 안에 있는 서술에 의하여 내적인 고증 방법으로 저자에 관하여 입증하였던 것이다.

내적인 고증에 치우침에 따라 하르낙의 역사 해석은 자연히 진보적인 문화 양상보다 그 집단의 특이성을 색출하여 살리는 데에 관심을 쏟게 되었다고 할 수 있겠다. 역사의 특이성을 살리겠다고 하는 의도는 신칸트학파사학(史學)의 특색이다. 일찍이 콩트(Comte)로부터 부클레(Buckle)를 거쳐 텐느(Taine)에 이르기까지 실증주의(Positivism) 사학가들은 수시로 변하는 사건을 서술하는 것보다 그 변하고 있는 역사의 변치 않는 법칙을 찾는 것이 그들의 목표가 되었다. 이들은 자연과학이 이와 같은 법칙을 발견해서 비로소 약진한 것을 보고, 인문계와 역사 연구에도 이와 같은 방법을 사용하여 발전하고자 시도했던 것이다.

그러나 신칸트학파에서는 여기에 반기를 들게 되었던 것이다. 왜냐하면 분석하여서 법칙을 찾을 수 있는 종류의 사실과 그 본질이 반드시 반복될 수 있어야 한다는 것이었기 때문이다. 반복되지 않고 가면 되돌아오지 않는 역사적인 사실에서는 그런 보편 타당성을 띤 법칙을 찾을 수도 없고 나타나지도 않는다. 역사적 사실에서는 특이성을 발견하며 그 의미와 효능을 서술하는 것밖에 없다고 보았던 것이다.

이렇게 해서 신칸트학파의 역사가들은 역사의 특이성을 살릴 수 있는 방법을 모색해냈다. 이들은 한 구체적인 사건에는 공통성과 특이성이 함께 부여되고 있다고 보았다. 가령 프레데릭 바바로사(Frederic Barbarrosa)가 십자군 출정 도중에서 익사하였다고 하자. 여기에서 익사하였다고 하는 면은 공통성에 속한다. 물에 빠지면 숨이 막혀 죽는다는 것은 그 사건에 있어서는 공통성이다. 그러나 프레데릭이란 사람이 익사함으로써 그 출정에 어떠한 영향을 끼치게 된 점은 이 사건의 특이한 면이다. 그러므로 역사의 특이한 점을 발견하는 데 있어서 그 구체적인 사건에서 공통성을 빼면 된다고 주장하였다.

하르낙은 역사의 특이성을 살리기 위하여 그 공통성을 먼저 발견해야만 했다. 그는 특히 한 시대가 지니고 있는 문화적 공통점을 찾는 데 노력하였다. 유대 문화에 있어서는 그 공통성이 율법적인 윤리관과 신비스럽고 상징적인 메시아 사상 및 계급에 얽매인 종교 예전이고, 그리스 문화에 있어서는 추리적 사고방식으로 사물을 개념화하는 것이다. 로마 문화의 공통성이라면 법치적이고 실용주의적일 것이다. 그러면 하르낙은 어떠한 재료와 고증 방법으로 이러한 문화 지수를 얻게 되었을까 하는 것이 문제가 될 것이다. 그런데 그는 이러한 문화권의 공통성을 자기가 일일이 연구한 것이 아니고, 문화사가들의 결론을 어느 정도 고찰한 후 채택했던 것이다. 그는 문화사가들의 공헌을 받아들이되 다른 모습으로 이를 사용했을 뿐이다.

하르낙은 기독교의 특이성을 찾기 위하여 역사를 고찰하였다. 기독교는 유대 문화에서 출발하여 그리스-로마 세계를 거쳐 중세를 건너 오늘 우리에게 전해왔다. 그 시대 시대마다 복음을 교리화함에 이어서 다음 시대에 이를 때마다 다시 분리시켜 정화해야만 될 것을 유치(遺置)하여 축적함으로써 오늘날까지 내려왔다. 복음의 특이성을 되찾기 위하여 우리가 가지고 있는 교리에서 이러한 이질적인 공통성을 하나하나 제거해야 한다. 이렇게 역사를 역진하면서 정리하고 얻은 결론이 곧 위에서 말한 바 있는 윤리 및 종교적인 지상 명제이다.

하르낙은 이런 입장에서 헤겔사학파와 맞서게 되었다. 그 당시 대표적인 헤겔과 학자라면 바우어(F. C. Baur)였다. 그도 역시 그리스-로마 문화 및 유대 문화의 공통성들을 요약하여 바울파(Pauline)와 베드로파(Petrine)라고 칭한 일이 있었다. 그는 이 두 문화의 공통성들을 정(正)·반(反)·합(合)의 원칙에 적용하여 베드로파를 정으로, 바울파를 반으로 보고 그 합(合)이 초대교회(Primitive Church)라고 보았다. 그리고 헤겔의 변증법에 의하여 초대교회를 아주 높이 평가하였다. 그러나 하르낙은 이 종합적인 초대교회를 높이 평가할 바 못 된다고 주장하였다. 지난 문화의 형태에서 복음을 분리시키지를 못하였을 뿐만 아니라 그 유전(遺傳)들을 종합하여 보존한다고 함은 복음을 너무 추잡하게 만드는 소행이라고 보았다. 하르낙은 이 두 문화의 형태를 다 저버리고 복음을 되찾은 후 새 시대의 체제를 입히자는 것이었다.

끝으로 하르낙은 한 시대가 복음을 교리화하는 일에 대한 평가 기준을 설명한 바 있다. 그는 복음의 성격을 윤리-종교적 요청(Ethico-Religious Command)라고 하였다. 종교적인 믿음과 윤리적인 실천이 어느 정도로 부합되어 있느냐 하는 데에 평가 기준을 두었다. 그는 하나님의 나라를 믿는 데 그칠 것이 아니라 그 나라를 어떻게 임하게 하느냐 함을 강조하였다. 그는 하나님을 아버지로 믿을 뿐만 아니라 이를 믿음으로써 내 영혼의 가치가 얼마나 무한해지는가 하는 것을 동시에 강조하였다. 그리고 이러한 믿음과 포부를 가지고 있는 자로서 탁월한 도덕적 행동이 있어야 할 것이라고 주장하였다. 복음이 교리화함에 있어 이론적인 합리성에 기준하여 평할 것이 아니라 나 자신과 그 사회에 어떤 변화를 일으켰느냐에 준하여 평해야 할 것이라고 보았다. 역사를 자유주의자들과 같이 한 연속적인 발전으로 보아 그다음 시대에 미친 영향에 비추어서 평가하자는 것이 아니고, 시대마다 복음에 어느 정도로 충실하여 실천에 옮겨졌느냐 하는 것에 기준을 두었던 것이다.

이런 면들을 검토하여 본 결과, 파우크는 하르낙을 너무 피상적으로 보고 평가하였다고 할 수 있다. 파우크는 하르낙의 사료학(史料學), 고증법, 해석학 및 방법론에 있어 세밀하게 분석하고 연구한 바 없이 피상적인 '개신교 사학가'라는 기준을 세우고 지나치게 그를 절대화한 셈이다. 우리는 우리대로 하르낙에 대하여 구체적인 이해와 평가가 있어야 할 것이다.

하르낙은 이차 사료를 재료 삼아 내적인 고증 방법을 사용한 후 역사의 특수성을 제시해 주려고 했다. 그 특수성은 그 시대의 주류 사상과 조화되었을 뿐만 아니라 그 자체의 평가 기준까지도 되었던 것이다. 그래서 그의 저작은 어느 모로 보든지 일관된 조화를 이루고 있다. 우리는 그 저작이 구조상 조화를 가진 면에 있어서 대작이란 평가를 할 수 있다.

4. 아울렌의 새로운 시도

파우크가 하르낙을 절대적인 존재로 평가한 내용 중 아직 반증하지 못한 점이 있다. 하르낙의 저작과 비견할 만한 작품이 아직 나오지 못하였다는 점이다. 하르낙의 것과 같은 거작이 나오지 못하고 있는 이유 중의 하나는 이 시대가 신칸트학파적인 사고방식을 버렸고, 실존주의를 강조하는 데 있다고 볼 수 있다. 하르낙은 어디까지나 종교-윤리적인 명제를 역사의 원동력으로 보았고, 그것을 중심으로 역사가 구성되었다고 보았다. 그는 그 명제 자체를 비판 없이 받아들인 후 그 명제와 실생활이 일치하는가, 일치하지 않는가의 여부에 관해서만 비판하였던 것이다. 실존주의자들은 이 명제 자체에 도전을 했고, 이 명제는 불합리한 것으로서 우리 생활의 기준이 되지 못한다는 것을 주장했다.

우리는 하르낙의 명제로부터 다른 명제를 도출해 낼 수 있다. 가령 부모를 사랑할 것과 국가사회의 복지를 도모할 것 등이다. 그런데 이것들은 구체적인 생의 입장에서 실천하려고 할 때 둘 다 동시에는 실천할 수가 없다. 하나를 하려면 다른 하나를 저버려야 하게 되어 있다. 한 젊은 청년이 적군의 점령 구내에서 늙은 부모를 버려야 하든지, 부모를 섬기기 위하여 나라를 저버려야만 하게 된다. 한 명제 내에서 연출된 두 명제는 부조화를 이루어 실천을 망설이게 한다는 사실은 그 명제 자체가 불완전하며 모순을 내포하였다는 것을 입증하는 것이다. 이런 명제를 중심으로 하여 구성된 역사도 자연히 같은 비난을 받게 되며 몰락을 겪지 않을 수 없었던 것이다. 이 시대의 신칸트적인 '역사'에 대한 관심을 저버렸고, 구체적인 처지에서 어떻게 행동을 취할 것이냐 하는 '역사성'의 문제에 더 관심을 가지고 있다. 재래적 방법에 의존하여 쓴 역사는 이 시대의 호응을 받지 못하게 되어 그와 같은 것을 다시 쓸 필요가 없게 되었다.

실존주의 시대에 호소하려면 이 시대적인 사상 구조에 맞춰 쓰면 될 것이다. 실존주의는 역리적인 구조를 가지고 있는 까닭에 거기에 맞는 사료의 고증과 해석 및 서술을 사용해야 한다. 그러면 합리적인 것보다 역리적이며 원시적인 신화와 잠재의식의 세계를 파헤치는 역사를 쓸 수 있을 것이다. 교리사 면에 있어 구스타프 아울렌(Gustaf Aulen)의 *Christu Victor* 같은 저작이 곧 이러한 새 시도의 결정이라고 볼 수 있다. 이 저작이 모든 교리를 다 취급하지 않고 구원론에 국한하여 서술하였으나 그 방법만은 현대화의 새 계기를 만든 책이라고 봐도 과언이 아닐 것이다.

아울렌은 과거 교리사가들이 역사를 바로 해결하지 못하였다는 점을 지적한다. 교리사란 학문은 18, 19세기에 이르러 비로소 그 면모를 갖추게 되었다. 그때는 역시 계몽주의가 성행하던 시대이다. 신학 안에 있는 불합리한 점을 전적으로 배격하던 시대이다. 정통파들이 타율적인 권위에 의존하여 설립한 교리는 예외 없이 그리고 철저하게 공격받았다. 19세기에 이르러 타율적인 정통파와 합리적이고 주관적인 자유파의 싸움은 더욱 치열하여졌다. 이러한 분쟁 가운데 처하여 있는 학자들이 초대교회의 교리를 연구할 때, 그들이 살고 있는 현대의 문제를 그 연구 과제에 무형 중 투입시켜 보게 되었다. 초대교회의 속죄론을 연구하면서도 19세기적인 문제인 것처럼 타율적이냐 주관적이냐 하는 것을 가려 보려는 것에 주력하였다. 19세기의 문제를 1세기에 던져 그 해답을 얻으려는 데서 오류를 범한 것이다.

아울렌은 고전적인 속죄론이 그 어느 하나에 예속할 수 없다고 하였다. 그것보다 더 깊고 넓은 데서 생긴 것이므로 이 '극적'(dramatic)인 성격을 띤 그 교리를 이들로서는 이해할 수 없다고 하였다.[3]

이런 사조적인 차이를 개의치 않고 각 시대에서 사용하는 신학적인 용어가 문학상 같다고 간주하여 일괄적으로 같이 해석해 버린다면, 교리사가들도 하여금 이상에서 언급한 오류에서 벗어나기 힘들게 만드는 결과가 될 것이다. 구속론에서 사용하는 용어들을 예를 들어

---

3 G. Aulen, *Christus Victor*, 7-8.

말하면 제사(Sacrifice), 대속(Substitution) 등이 있는데, 11세기에 이르러 라틴 신학자들이 사용했듯이 객관적인 경향으로만 해석하였다. 그러나 그전에 고전 신학에서도 그런 의미로 사용하지 않았고, 그 후 종교개혁 시기에도 그렇게 쓰지는 않았다. 루터도 이런 용어를 사용하였으나 그는 객관적인 율법주의자가 아니었던 것이 분명하다. 그가 비록 전통적인 용어를 버리지는 않았지만, 그 의미는 그리스도의 은총을 토대로 하여 재해석한 것이었다. 어느 한 용어든 역사성을 벗어나 의미를 가질 수 없으며 또 용어의 의미를 그 시대의 사색 구조와 이탈시켜 해석하여서는 안 된다고 아울렌은 말하였다.

아울렌은 자유주의 신학자들이나 정통주의자들이 고전적인 구원론을 현대적인 기준에서 이해하려면 올바른 인식과 비판을 할 수 없다고 주장하였다. 그들은 모두 신학이라면 신앙을 이론적으로 명확하게 모순 없이 전개하는 것으로만 알고 있었다. 그렇기 때문에 고전 신학에서 구속론을 서술적인 방법과 상징적인 술어를 사용하고 있음을 보고 미숙한 신학적인 표현이라고 멸시하였던 것이다. 특히 자유주의 신학자들은 이런 신화적인 어휘를 증오하였다. 라스달(Rasdall)은 이렇게 그의 *The Idea of Atonement in Christian Theology*에서 고전 신학에서 말한 대로 그리스도가 사탄에게서 인간을 속량했다는 등의 서술을 액면 그대로 받아들이게 되면 오류에 빠진다고 역설하였다. 이러고 보면 정통파나 자유주의자들이나 다 그들의 협소한 입장을 넘어 역사의 사실을 직시해 볼 아량이 준비되어 있지 않은 것을 증명한 셈이 된다고 하였다.

아울렌은 초대교회가 선과 악 그리고 하나님과 사람을 이원적인 존재로 믿었다고 하였다. 사탄도 실제로 존재하고 있는 것으로 간주

하였던 것이다. 그러나 라틴 신학에서는 악을 선의 결여로 여기고, 사탄을 주관적이고 종교적인 반항을 객관시한 데 불과하다고 여겨 일원적인 경향으로 논리를 이끌어 갔었다. 19세기 신학자들은 유형, 무형 중에 진화론적인 일원론에 이끌려 고전 신학의 이원론을 용납하지 못하게 되었다. 그래서 그 비슷하게 표현한 것이 있다면 예수가 그 시대 사람들을 쉽게 이해시키기 위한 방편에 불과하다고 하든가, 조로아스터교와 같은 이교적인 영향이 침입된 것이라고 하였다. 그러나 이원론적인 요소를 고전 신학에서 제거한다면 그들의 교리를 탈색함과 같다. 그 시대를 그대로 이해하려는 시도는 아니라는 것이다.

아울렌은 고대, 중세, 종교개혁 및 현대로 나누어 구속론의 발전 과정을 설명하였다. 고전 신학 중에서 그는 특히 이레니우스(Irenaeus)의 구속론을 상술하였다. 이레니우스는 죄와 죽음과 사탄을 하나님과 대립하며 실제로 존재하고 있는 이원적인 것으로 보았다고 하였다. 이러한 적(敵)에게서 사람을 구원하기 위하여 신이 사람으로 화(化)하여 사람으로 신성을 지닐 수 있도록 하였다고 한다. 이레니우스는 구속론에 있어서, 라틴 신학과 달리 예수의 인격과 활동 면에 있어서 어느 하나에 치우치지도 않고 분리시켜 보려고도 하지 않았다. 하나님의 하나의 일로 보았다. 하나님이 죄 중에 있는 인간들을 의롭게 하시는 데 있어서 자신을 희생하셔서 이루신 것은 사실이나 그의 의와 사랑의 내재적인 충돌을 인간의 어떠한 체계와 이론으로도 합리화할 수 없는 것으로 보았다. 그는 이 문제를 이러한 이론적인 테두리 안에서 해결하지 못할 것을 알고 실재적인 역사에 호소하였던 것이다. 그는 이렇게 해서 그 유명한 '복원의 교리'(Recapitulation)를 세웠던 것이다. 그래서 아담의 타락으로 낙원을 상실한 인간은 그리스도의 복종으로 하나님의 나라를 완성하는데 이르렀다고 하였다. 상실했던 에덴이 그리스도를 통하여 천국으로 실현케 되었다고 하였다. 그리스도를 통하여 타락된 역사가 역전되었다고 하였다. 그는 역리적인 현실을 구체적인 역사로 입증하여 보려고 노력한 것이다.

중세 시대에 라틴 신학자들은 모순적인 신앙의 실체를 약화시켜 합리화하였다. 사탄을 피조물의 일원으로 보고 섭리하에 있는 악의 사자로 여겼고, 죄를 주관화하여 도덕적인 반항으로 보았다. 구원론에 있어서는 의로우신 하나님이 죄 없는 그리스도의 수난을 높이 평가하여 인간이 받아야만 하는 징벌과 바꾸게 하였다. 그리스도는 이 은혜를 교회에 물려주어 믿는 자의 죄를 속량하도록 하였다고 한다. 두 극단적인 요소가 대립되어 있다고 하는 것을 수정하여 일원적으로 만들어 합리화한 것이다.

종교개혁 시대에 이르러 루터는 고전적인 신학을 되찾아 역리적인 신학을 주장하였다. 악은 하나님과 별도로 존재한다고 하였고, 하나님은 악과 대결하여 심판하신다고 하였다. 또 하나님은 사랑이시며 증오이시라고도 하였다. 그러나 이러한 모순은 하나님의 품성에 있는 것이 아니고 좁은 인간이 하나님을 볼 때 우리의 마음이 그렇게 작용하여 그처럼 보인다고 하였다. 아울렌 자신도 그리스도교의 신앙을 역리적인 것으로 믿어 합리화하지 못할 것으로 생각했다.

아울렌의 서술을 통하여 우리는 그의 방법을 고찰키로 하자. 그는 먼저 구속론의 제 방향을 열거하였다. 죄, 구원, 화육, 신의 속성 등을 나열하였다. 그다음 이러한 문제를 구성하는 요소를 분석하였다. 죄관에 있어서는 주관적이고 합리적인 것과 객관적이고 본질적인 면을 나누어 보았고, 구원론에 있어서는 의와 속량을 문제시하여 보았다.

또 기독론에서는 예수의 인격과 사역의 관계를 논의하였다. 그는 한 문제를 두 요소로 나누어 보았다. 그 두 요소의 성격은 대칭적이었다. 사랑과 대칭되는 것이 증오이고 주관의 상대가 객관이다. 사랑이나 증오, 주관이나 객관이라는 요소는 다 대칭적인 것이다. 그다음 그는 이 두 요소 사이에 있는 관계를 검토하였다. 그래서 고전 신학은 모순적인 관계, 라틴 신학은 합리적인 관계를, 루터는 다시 역리적인 관계를 주장하였다고 해석하였다.

아울렌이 변하는 사조에 따라 요소 사이에 관계가 달라지는 것을 발견한 면을 그의 큰 공헌이라고 볼 수 있다. 막연한 개념적인 분석보다 초점을 잡아 그 변하고 있는 관계를 구체적으로 표현한 것은 그의 독특한 공헌이다. 그러나 시대마다 그 신학 문제들의 요소가 일률적으로 둘로 되어 있다고 하는 그의 결론은 재검토되어야 할 것이다. 예를 들면 고전 신학에 있어서 인간을 허수아비로 보지는 않고 있기 때문이다. 이레니우스는 그의 저서 *Adversus Heresius*에서 "인간은 자기의 존재 가치를 소유하고 있는 존재이다. 변천과 더불어 소멸되는 것에 속해 있지 않고 모든 존재와 같이 날로 새로워진다. 미쁘신 창조주는 항상 피조물의 본질이 무의미하게 사라질까 염려하시며 죄악이 남기고 간 자국만을 날로 소멸시키고 계신다"라고 하였다.

이레니우스는 하나님과 사탄 이외의 피조물, 특히 인간의 입장을 두둔하여 삼원적인 구조를 형성하였다. 그의 구원론에 있어서 예수 그리스도는 하나님께 인간의 죄를 대속하여 주셨고, 사단에게는 차압된 인간의 영혼을 되찾기 위하여 속량하셨으며, 사람에게는 새 생의 길을 가르쳐주기 위하여 선생이 되었다고 하였다. 이레니우스는 그리스도를 가리켜 "우리의 선생이 되시는 그분을 따라 배우는 길밖에 없다. 그의 이룩하신 일을 알고 그의 교훈대로 살아, 완전하게 영원부터 계시며 우리를 키우시는 그분과 끊임없는 사귐을 갖는 데 이르게 된다"라고 하였다. 이레니우스의 구원론 구조는 이처럼 삼원적인 면이 있다. 이런 사실을 보아 우리가 시대마다 동일하게 그 구성 요소를 이원적인 것으로 봐야 한다는 것은 무리라고 생각된다. 아울렌이 이 과오를 범하게 된 것은 그가 라틴 신학에 기준으로 하여 고전 신학의 특이성을 추리하려는 데서 기인한 것 같다. 라틴 신학이 두 요소의 관계를 합리화한 것에 반하여 고전 신학은 역리적이라고 보았고, 요소의 수 자체에 관하여는 더 자세한 검토를 하지 않고 그냥 둘이라고 전제한 것 같다. 그가 19세기 사가들의 관점을 벗어나 고전 신학을 그대로 이해하고자 시도하고 요소 간 관계의 성격이 역리적인 것이라고 규명한 것은 일대 공헌이라고 할 수 있으나, 요소의 수가 둘이 아니고 셋이었다는 것을 알았더라면 그가 이레니우스를 좀 더 적절하게 해석하였을 것이라고 생각된다.

5. 교회사 교육에 대하여

우리는 근대 역사철학의 선구자인 헤겔과 그 학파에 소속한 사학으로부터 신칸트학파 사학을 거쳐 실존주의적 사학파에 이르기까지의 변천을 고찰하였다. 사학은 그 시대의 사조와 어울려 발전하고 있으며, 시대마다 거기에 알맞은 재료와 방법을 채택하여 역사를 새롭게 쓰곤 한다. 방법론이 뚜렷이 서기 전까지는 사가들은 기록된 역사가 어디까지가 사실을 말하는 것이며, 어디부터가 사가의 해석인지 판가름하기에 고민하고 있었다.

어떨 때는 사가의 주견과 해석을 완전히 버려야 한다고 하였다. 이와 같은 지나간 날의 랑케(Ranke)의 주장이 오늘날 한국 사학계를 아직 지배하고 있다. 그러나 사료(史料)를 읽을 때부터 사료를 선택하고 배열하는 것까지만 보더라도 그 사가의 사고방식에 영향을 받고 있으므로 그것을 분리시킬 길이 없다. 그리하여 사학 방법이 일종의 '필연지악'(必然之惡)의 존재인 양 취급을 받게 되었다. 근자에 이르러 사학의 구조를 인식하게 됨에 따라 이를 의식적으로 조종하여 사학에 이바지할 수 있다는 데서 방법론이 새로운 학문으로 발전하게 된 것이다.

교회사 교육의 위치를 끝으로 검토하고자 한다. 교회사 교육 면에 있어서 주목할만한 발전이라면 1962년부터 프린스턴 신학교에서 교회사 교수법과 커리큘럼을 대폭 혁신한 것을 언급할 수 있겠다. 그들은 학생에게 먼저 방법론을 알린다. 그리고 교회사 중 가장 의미 있다고 생각하는 한 시기만을 선생이 집중하여 강의한다. 그다음에 교회사 전체를 학교에서 지정한 서적을 위주로 하여 학생 자신으로 하여금 읽게 한다. 마지막으로 학교에서는 이 읽힌 내용에 대하여 시험을 실시하고 성적을 평가하도록 되어 있다. 이렇게 변경한 이유의 하나는 교회사의 초기부터 현대까지를 모두 강의하려 하면 7년이 걸려야 하는데, 3년 신학교 교육 기간 내에 도저히 다 가르칠 수 없다는 데 있다. 둘째로는 쓰여진 역사가 역사 자체가 아닌 이상, 역사가의 방법과 해석을 배워 스스로 올바로 인식할 수 있는 길을 새롭게 찾자는 것이다. 그래서 사학방법론이 사학의 필수적 분야로 등장하여 역사 기술과 그 이해에 많은 도움이 될 수 있도록 하였다. 이러한 혁신이 교회사 교육에 큰 전환을 가져올 것으로 기대한다.

제 5 장
부르크하르트 사학과 위기신학

1. 머리말

　연구하다 보면 많은 학자의 눈에 잘 띄지 않았을지라도 대가들이 극히 칭찬하거나 극히 논박하는 학자들이 있다. 그런 사람 가운데 하나가 바로 부르크하르트(J. Burckhardt)이다.

　부르크하르트는 1815년 스위스 바젤(Basel)이라는 소도시에서 목사의 아들로 태어났다. 이곳은 신교 구역이었으므로 신교의 보수적인 입장의 영향을 받았다. 그는 또한 고등학교 시절을 프랑스 문화에 소속된 스위스의 한 구역에서 보내게 되었다. 그러면서 또한 완전히 구교 구역이요 옛 르네상스의 잔적이 많은 이탈리아에도 자주 드나들게 되었다. 그래서 부르크하르트는 어려서 자랄 때부터 양극을 다 가졌는데, 신교의 보수와 진보적인 유럽의 예술, 문화 등에 익숙하게 되었다. 그는 베를린대학에서 공부하였는데, 그때도 대립된 입장의 두 교수에게서 배웠다. 하나는 랑케(Ranke)로 그는 역사란 순수하게 객관성 있게 처리해야 한다고 보고 사건에 어떠한 주관적 해석이 개입되어서는 안 된다고 주장하였다. 반면 드로이젠(J. G. Droysen)은 오늘의 우리가 통치하는 문제를 과거에 투사시켜서 과거를 해석하고자 하는 정치적 사학의 입장을 취하였다.

이렇게 하나는 중립적인 것이며, 다른 하나는 이데올로기적인 것이었다. 다시 말하자면 하나는 객관적이요, 다른 하나는 주관적인 두 사학의 거장에게서 부르크하르트는 공부하였던 것이다. 그리고 다시 스위스로 돌아와 1895년까지 살았다. 그는 프랑스 혁명을 지나서 나폴레옹 시기를 직접 체험하였다. 우애와 평등과 자유를 주제로 한 프랑스 혁명이 나폴레옹의 반격으로 끝나버린 것이다. 부르크하르트는 스위스로 돌아와 학생 운동에 참여, 자유와 평등을 주장하였으나 정부 번복 후 정권의 얼굴만 바뀌게 되었다는 것을 보았다. 결국 프랑스 혁명 이후 각 지방에서 일어난 혁명은 평등은 어느 정도 이루었으나 평등의 이름 아래서 대중문화가 싹트게 되었고, 산업 혁명을 통해서 물질적인 평등은 어느 정도 이루어졌으나 자유를 찾지 못하였음을 발견하였다. 결국 대중문화의 노예라는 또 하나의 속박에 예속되었다는 것이다. 그래서 그 후로 그는 조용하게 바젤 대학에 들어가 교수 생활을 시작하게 된다. 그때 바젤 대학에는 25세에 정교수로 그리스 고전을 가르치게 된 니체(Nietzsche)가 들어오게 되었다. 니체도 당시 대중문화의 종말성을 강조하였다. 그러나 니체는 너무 과장된 초인 (Super-Man)의 이상을 주장하게 되었고, 반면 부르크하르트는 대중문화가 어떻게 생겼고 어떻게 끝이 나며 역사란 무엇인가를 차분하게 생각하게 되었다. 그 둘은 한때 매우 가까운 친구였고 서로 많은 영향을 주었으나 니체는 바그너(Wagner)를 거쳐 마지막에는 극단적 견해에 도달하였고, 반면 부르크하르트는 낮에는 대학을 가르치고 밤에는 로잔느라는 호숫가에서 조용히 명상하고 집필하면서 50여 년을 보냈다. 그런데 제1차 세계대전 후 그가 앞으로 올 위기를 경고한 것이 적중하자 사람들이 그에게 관심을 집중하게 되었다.

2. 이분법적 논리의 종결

서구 문화는 오랫동안 이분법의 논리를 펴왔다. 자연과학이나 인문과학, 사회과학, 종교 등 모든 분야에 걸쳐 이분법적 논리로 일관되어 있음을 간파한 사람이 바로 야콥 부르크하르트(Jacob Bruckhardt)였다.

그는 어거스틴(St. Augustine)의 신 중심의 사관과 헤겔(Hegel)의 절대 정신, 즉 정치-중심의 사관, 마르크스(Marx)의 계급 사관 등 세 가지 중심의 사관들을 다 통합하였다. 그는 서구의 두 기초 범주로 전개하던 이론을 세 기초 범주로 어떻게 풀이할 수 있는가를 탐구하였다.

3. 역사에 대한 새 해석

부르크하르트는 기본 주제를 역사는 세 가지 구성 요소로 구성되었다고 하였다. 즉, 예술, 정치, 종교가 그것이다. 즉, 세 기본 범주로 형성되었다는 것이다. 그다음에 그는 이 셋 가운데 하나의 위치가 올라가면 나머지 둘은 예속된다고 전제한다. 예를 들면 로마는 정치 중심, 법 중심의 체제였다. 즉, 일종의 조직 체제가 중심이 되었으므로 로마의 종교나 예술은 그 아래 예속되어 제구실을 못 하였다고 한다. [그림 1]: 중세는 종교가 위로 올라가 정치와 예술이 그 아래 예속되는 체계이며, [그림 2]: 르네상스는 예술이 위로 올라가 종교와 정치가 그

정치　　　　　　　종교　　　　　　　예술

예술 △ 종교　　　정치 △ 예술　　　종교 △ 정치

[그림 1]　　　　　[그림 2]　　　　　[그림 3]

아래 예속되는 체제라는 것이다. [그림 3]: 이처럼 역사관이 삼각 구조가 자리바꿈하는 것이라고 보았고, 이 자리바꿈하는 동안은 역사에서의 위기라고 보았으며, 이 위기에서의 위대함은 위기를 받아들여 다음 형태의 균형을 잡는 데까지 끌고 가는 것이었다. 이렇게 하여 이분법적 논리를 극복하게 되는 것이다.

3.1. 로마: 정치 중심 체제

부르크하르트는 『콘스탄틴 대왕의 생애*Life of Constantine*』라는 책을 썼다. 콘스탄틴 대왕은 원래 로마의 족벌 출신이 아니다. 그는 외족 출신으로 로마의 황제가 되었다. 일반적으로 기독교를 국교로 받아들인 로마제국의 첫 황제라고 알려져 있다. 교회사에서도 두 가지 유명한 책이 있는데, 하나는 락텐시우스의 『박해자들의 죽음*Death of the Persecutors*』으로 이는 콘스탄틴 이전의 모든 황제는 마땅히 죽어 지옥으로 가야 한다고 주장한 것이었으며 또 하나는 유세비우스(Eusebius)의 『교회사』로 그는 여기서 콘스탄틴을 위대한 황제로 신화화하여 묘사하였다. 그런데 부르크하르트는 이를 다른 차원에서 분석하기 시작하였다. 첫째로 락텐시우스가 말한 바와 같이 콘스탄틴은 기독교도이며 선한 황제라고 보고 기독교를 박해한 왕들은 모두가 악하고 나쁜 왕이었다고 이분화한 것을 조사하였다. 콘스탄틴 이전에는 디오클레티안(Diocletian)이 있었다. 그는 기독교인을 매우 박해하였다. 그러나 그는 자기 왕위를 아들에게 주기를 거부하고 그 시대의 명장에게 양위하게 하고 자신도 20년만을 다스려야 한다고 하였다. 즉, 나를 위해서는 모든 사상을 버려야 할 뿐만 아니라 그 소임의 기간 이외에 더 탐내어서는 안 된다고 보았던 것이다.

그 이전에 마르쿠스 아우렐리우스도 그의 『명상록』에서 한 나라와 한 황제와 한 종교를 주장하였다. 즉, 플라톤의 이데아 사상을 발전시켜 모든 야만족에게까지도 로마 시민권을 부여하였던 데에 연원하는 것이다. 디오클레티안도 이러한 사상을 이어받은 황제였다. 단 그에게 있어서 하나의 나라, 하나의 황제, 하나의 종교라는 것도 통합된 하나를 말하는 것이었다. 그런데 로마가 정치 중심이 되었으므로 종교와 예술은 하위로 떨어지게 되었던 것이다. 당시 조각도 거의 아우구스도 카이사의 조각들은 많으나 그리스처럼 비너스 같은 것은 나오지 않았다. 즉, 예술은 정치인을 위한 예술로 격하되었다. 그와 같이 종교도 정치를 위한 종교가 되어 제구실을 못 하게 되었다. 이런 체제에서 종교인들은 깊이 있는 조언을 제대로 하지 못하였다.

디오클레티안은 나라가 너무 커서 하나로 다스리기가 어려우므로 사제들에게 어떻게 하면 되겠느냐고 물었다. 그때 사제 하나가 당신과 똑같은 사주를 가진 사람을 택하여 나라를 동·서로 분리한 후에 한쪽을 크게 하면 그도 똑같은 성격을 가지고 생각을 할 것이므로 하나의 나라로 될 것이라고 조언하였던 것이다. 그래서 이를 받아들여 생년월일이 같은 사람을 택하여 나라를 갈라 반씩 다스리게 하였다. 그리고 그들의 예비 후계자들까지 택하여 넷이 되었다. 문제는 여기에서부터 발단이 되었다. 넷이 서로 싸우는 정치 아래에서 오히려 오랫동안 혼란을 겪게 되었다. 예속된 종교는 어느 민족이든 어느 시대이든 간에 종교가 이렇게 예속되고 만다고 하였다. 이들을 모두 제거하고 황제가 된 자가 바로 교회사에서 칭송하고 락텐시우스가 신 같이 바라본 콘스탄틴이었다. 부르크하르트는 이를 분석하고 콘스탄틴이 기독교를 받아들인 이유를 탐구하였다. 로마에 있어서 당시 하나의 종교라는 것은 하나 이외에 다른 것이 없는 상태가 아니라, 하나가 주 종교이고 나머지는 정치 체계같이 그 아래 다 예속될 수 있다는 것이었다. 그래서 콘스탄틴은 기독교를 신봉한 것이 아니라 기독교를 로마제국 아래 있던 여러 종교 가운데 하나로 인정해 주었을 뿐이라는 것이다. 그래서 그는 죽을 때까지 세례도 받지 않았으나, 다만 처음으로 기독교 총회를 소집하고 사회도 자기가 주재하였던 것이다. 이러한 실상을 모르고 디오클레티안은 악하고 콘스탄틴은 선하다고 잘못 평가되었다는 것이다.

3.2. 중세: 종교 중심 체제

중세의 조각은 성마리아, 예수, 사도, 성자 등을 주제로 하며 누가 조각했는지가 밝혀지지 않는다. 왜냐하면 종교의 대상을 예술화했기 때문이다. 즉, 예술이 종교 아래 예속된 것이다. 또한 교황청의 역사를 들여다보면 로마교황청이 통일의 역할을 했을 뿐만 아니라 실제로는 이탈리아의 편에 서서 정치를 예속시켰던 것이다. 교황 그레고리 7세 같은 이는 교황은 모두를 판단하나 아무에게도 판단을 받지 않아야 한다고 주장했다. 즉, 정치도 종교에 예속되었던 것이다.

3.3. 르네상스: 예술 중심 체제

그는 또 르네상스에 대해서도 언급했다. 르네상스는 역사상 예술이 최고 정점에 올라간 것이다. 그러나 당시 정치에 있어서는 고작 마키아벨리가 등장했다는 것이다. 종교에는 루터 말고도 여러 사람이 나오는데 유명한 비베스(Vives)의 "인간에 대한 우화"가 이에 속한다. 이것은 우화의 형식으로 그 사상을 유유히 표현한 것이었다. 천상의 쥬피터가 하루는 생일을 맞는 자기 부인 쥬노를 기쁘게 해주려고 사람을 만든다. 천지를 다 창조하고 사람을 만들었는데, 그날 무대에서 각 피조물이 연극을 하도록 했다. 식물은 식물대로, 동물은 동물대로 연극을 했는데 사람은 사람대로 연극을 할 뿐만 아니라 동물이 되라면 동물의 역을, 식물이 되라면 식물의 역을 했다. 사람은 식물 흉내도, 동물 흉내도 낼 뿐만 아니라 신의 흉내까지도 내었다. 그래서 쥬피터가 "너는 신의 반열에 왔으면 좋겠다"라고 한다. 여기서 하나님은 하나님, 식물은 식물, 동물은 동물밖에 못 되지만 사람은 하나님, 동물, 식물의 역까지 모두 한다는 생각을 던져 준 것이다. 그러니까 이런 시대에서의 종교는 예술에 예속되게 마련이고, 정치도 개인의 능률에 의해서 조정하게 되었던 것이었다. 즉, 이 시대에는 예술이 우위에 있고 종교와 정치는 그 아래에 예속되었다는 것이다.

부르크하르트는 이 세 요소가 서로 자리바꿈을 하는 것을 역사의 체계로 해석했고, 한 시기에서 또 한 시기로 이행하는 것을 위기라고 보았다.

4. 위기의식의 형성

4.1. 위기에 대한 새 해석

첫째로 부르크하르트에게 있어서 위기(Crisis)란 한 구조상의 변화를 말한다. 마치 열이 피부를 덥게 느끼게 만드는 것이 아니라, 원자 활동이 활발하게 되거나 운동 거리가 늘어나게 되면 덥게 느껴지게 된다는 것이었다. 그러므로 위기의 측정에 있어서도 개인에게 닥쳐오는 위기가 그 대상이 아니다. 부르크하르트는 앞의 삼각 구조의 양상이 변화하는 것을 위기라고 보았다. 예를 들면 정치 중심의 체제가 사회 중심의 체제로 변하는 것이 현대 산업 사회의 위기인 것이다. 이 균형의 변화가 바로 급격한 위기를 초래한다. 그러므로 위기란 문화가 하나의 형태에서 다른 하나의 형태로 변화하는 것을 말한다.

4.2. 진보 사관의 종결

둘째로 어거스틴이나 헤겔이나 마르크스가 본 것처럼 역사란 종국에 가서 좋은 결과를 가져오리라는 좌·우익의 낙관에 대하여 부르크하르트는 한 문화 체제에서 다른 체제로 바뀌면 새 시대의 새 문제, 즉 구조적으로 제한된 문제가 체제가 바뀐 것으로 등장한다고 보았다. 그러므로 역사가 어떠한 긍정적인 새로운 희망을 준다고 말할 수 없다는 것이다. 즉, 정치가 위로 가면 종교와 예술이 이에 종속되고, 종교가 위로 가면 정치와 예술이 이에 종속되며, 예술이 위로 가면 정치와 종교가 이에 예속될 뿐, 이를 발전이라 말할 수 없다는 것이다.

이로부터 모든 낙관주의 사관이 일거에 정리되었던 것이다. 당시 낙관주의 아래에서 세계가 모두 발전하리라는 희망을 가지고 제국주의가 팽창하고 식민지를 확대했던 것인데, 이것이 제1차 세계대전으로 말미암아 모두 붕괴되어 버리고 말았다. 그래서 '발전'이란 말도 또 하나의 신화일 뿐임을 인식하게 되었던 것이다. 이를 깨닫게 해준 역사가 바로 부르크하르트였다.

4.3. 역사의 본질

역사의 본질에 있어서 세 가지의 기본 범주는 같으나 단지 그사이의 관계가 달라질 뿐이라는 이권에서 재래의 이원적인 인과론은 성립될 수 없다. 우리는 지금까지 위대한 인물에 대해서 평가할 때 그가 많은 업적을 남겼다고 평가한다. 그러나 이 새 이론에 의하면 그 사람의 장점은 곧 그 사람의 약점이 된다. 타인의 약점이 곧 자신의 장점일 수 있다는 것이다. 동양의 새옹지마(塞翁之馬)라는 말이 유사한 의미를 지니고 있다.

부르크하르트는 처음으로 복합 상황 윤리를 제창하였다. 이분법적 사고의 틀에서 벗어나면 불교에서 말하는 해탈과 같은 구조적 위치에 놓이게 된다. 그래서 부르크하르트는 자기의 주장은 "사후에 문제를 해결할 지식을 주는 것이 아니라, 지혜의 근본을 준다"라고 하였다.

5. 부르크하르트의 영향

부르크하르트 사학의 영향은 먼저 트뢸취(E. Troeltsch)에게 미쳤다. 트뢸취는 『기독교회의 사회적 교훈*The Social Teaching of the Christian Churches*』에서 예술을 사회로 대치하여 정치·종교·사회의 세 요소로 설정하고 종교도 신비파, 소종파, 교회파의 셋으로 나누었다. 먼저 교회가 오랜 세월을 거쳐 전통과 조직이 비대해질 때 그중 일부가 새로 성령의 은혜를 받았다고 강조하고 말세가 가깝다고 주장하면서 소종파가 생산된다고 해석했다. 그러다가 이들도 몇 세대 지나면 다시 교회형으로 변화되어 분열을 거듭하며 성장한다고 하였다. 또한 리차드 니버(R. Niebuhr)는 이를 미국 교회에 적용하여 분열에 대해 분석하였다(*The Social Sources of Denominationalism*). 마지막으로 이를 국부적으로 채용한 것은 틸리히(P. Tillich)였다(*The Shaking of Foundation*). 그는 교회형(Church-Type)의 교회는 앞으로 기초가 흔들려 종말을 볼 것이라고 예견하였다.

6. 맺음말

끝으로 한국 교회의 사정을 살펴보고자 한다. 근자에 에큐메니즘(Ecumenism)이 도입되어 교회는 합일되어서 늘 하나가 되어야 한다고 줄곧 주장하는 것을 볼 수 있다. 초대교회로 돌아가서 한국 교회도 하나가 되어야 한다는 것이다. 그러나 초대교회도 그렇지 않았다. 우리는 바울과 베드로도 다투었던 흔적을 기억한다. 외국 신학자들은 곧잘 "한국은 왜 그렇게 싸움이 많고 종파가 많은가?"라는 질문을 한다. 그러나 다른 학설로 보자면 이것은 안에서 떠오르는 열이 강하다는 것을 의미한다. 그래서 우리 교회는 급속도로 성장하는 반면, 분열이 쉽게 일어나기 마련이다.

에큐메니즘의 입장에서 볼 때 소종파의 증식이 수치스러운 일같이 평가되고 있으나, 구체적으로 보자면 한국 교회는 넘치는 저력으로 성장과 분열을 동시에 하고 있는 복합 상황을 잘 터득하고 있는 것으로 이해될 수 있다. 기독교가 어떤 방향과 양상으로 전개된 것인지를 달관하여 탐구해야 할 것이다.

제 6 장

100년을 맞이하는 한국 교회
— 그 평가와 자세

1. 교회의 성서적 기준과 한국 교회

한국 교회의 지난 100년을 어떻게 보며 어떤 자세를 가져야 되겠
는가에 대해 무슨 학설에 의해서가 아니라 우리 신앙의 토대가 되는
성서에 근거하여 생각해 보려고 한다.

한국 교회의 지난 모습을 살펴보면서 먼저 '교회가 무엇인가?' 하
는 것이 문제가 된다. 교회라고 하면 흔히 글자를 따라 에클레시아
(Ecclesia)라 하여 '부름을 받은 사람들의 모임'이라 하는데 그렇다면
누가 어떻게 왜 불렀는가 하는 것이 질문되어야 한다. 이러한 용어 풀
이를 통해 교회의 본질을 생각하는 것과 더불어 역사적으로 교회가
맨 처음 성립된 사건에서 교회가 무엇인가를 살펴보아야 할 것이다.

사도행전 2장에 교회의 처음 모습이 기록되어 있는데, 이 사건은
예수가 떠난 후 마가의 다락방에 제자들이 모여 기도하다가 성령의
감화를 받고 예수 그리스도가 구주인 것을 증거하기 시작했다는 것으

로 요약된다. 그때 그 증거를 통해 많은 사람이 감화를 받아 교인(모인 자)의 수가 수천 명으로 늘어났다. 이들이 모여 기도하는 가운데 성령을 받고, 나아가 예수가 그리스도임을 증언함으로, 그 증언을 통해 또다시 감동을 받은 사람이 늘어나게 되고, 이러한 사이클을 반복하면서 교회가 확장되었다. 이러한 사건의 연쇄를 단순히 수평적으로 볼 것이 아니라 이 사건의 골격을 정리해보면 모임, 성령, 예수 그리스도에 대한 증언이라는 세 가지 구성 요소를 찾을 수 있다. 성서가 말하는 이러한 교회의 본질적인 성격에 비추어 한국 교회의 100년을 살펴보는 것이 필요하다.

교회의 첫째 요건은 모이는 것이다. 한국 교회에서는 모이는 일에는 문제가 없다. 모이기를 열심히 해 온 것이 한국 교회의 전통이며 또한 자랑이다. 우리는 수만 명이 일시에 한자리에 모이기도 했기 때문이다. 그러나 외국 사람들이 우리를 비판하여 한국 교회는 모이기는 잘하는데 분열이 많다고 한다. 그러나 이 비판에 상심할 필요도 없다. 교회가 하나되길 강조하지만, 역사적으로 보면 하나가 된 적이 없었다. 초대교회에도 베드로파, 바울파, 요한파 등이 있었으며, 바울도 많은 지체가 있다는 것을 전제하고 그다음에 한 몸이 되자고 하였다. 교회 일치주의 운동만 해도 최근에 특수한 상황에서 생긴 것이다. 1, 2차 세계대전을 통해 적대국의 교회들이 자국의 전승을 위해 기도하다가 전후에 세계평화를 위해 우선 교회가 하나로 뭉치자는 운동이 생긴 것이다. 우리 민족이 다투기를 좋아하고 분쟁을 좋아하여 분열이 많다고 하지만, 외국에도 분열은 늘 있었다. 그래서 여러 가지 교회의 통합운동이 일어난 것이다.

우리나라의 교회 분열에는 다른 이유가 있다. 세포조직에 있어서

열이 과하면 둘로 분열하게 되는데, 우리에게는 다른 나라 사람들보다 박력이 많고 열과 영력이 많기 때문에 적은 수가 모였어도 다른 세포를 키울 수 있으므로 쉽게 분가할 수 있다. 이 열을 이용하여 분가해야 할 때 분가해야 하며, 이를 막으면 오히려 비생산적인 싸움밖에 일어나지 않는다. 교회가 통합하여야 한다는 것도 우리가 반드시 받아들여야 할 기준은 못 된다. 왜냐하면 통합하겠다는 기준도 서로 다르기 때문이다.

우리가 새롭게 되어서 예수 그리스도를 전하는 일에 하나가 될 뿐이지 우리 몸이 하나가 될 수는 없다. 교회는 많은 것 가운데 하나이요 하나인 것 가운데 많은 것이지 하나인 것만은 아니다. 우리에겐 영남, 호남, 서북이 있는데 이것을 하나로 만들지 못한다. 하나님께서 땅을 그렇게 만들어 놓으셨기 때문이다. 각 교파가 자신의 성격을 그대로 살려서 한국 교회 전체의 발전에 공헌하여야 할 것이며 교파가 서로 나누어져 있는 현실을 너무 상심할 필요가 없다고 생각한다.

두 번째, 성령의 문제에 대해서는 한국 교회가 곤란을 많이 겪고 있다. 목회하는 제자들의 말을 들어보면 아무 교파에서는 새벽기도, 금식기도, 안수기도 등으로 병도 낫게 하니까 자기도 그렇게 해야겠다고 생각한다는 것이다. 이처럼 한국 교회의 성령운동이 과열된다고 걱정할 필요는 없다고 본다. 이 성령의 문제를 교회의 잘못이라고 해서 성령의 불을 꺼버리면 그날로부터 한국 교회는 쇠약해지기 시작할 것이다. 문제는 성령을 말할 때 성서적 기준이 있어야 한다는 점이다. 그런데 우리 한국 교회는 무조건 병이 낫거나 향내가 나거나 불이 붙는 것처럼 뜨거운 체험이나 무슨 기상천외한 것을 성령의 역사라고 보는 것에 문제가 있다. 성령 감화의 내용으로 고백된 것은 예수가 그리스도라는 믿음인데, 이러한 내용이 없으면 열광과 광신으로 변하기 쉽다. 이점을 우리는 주의해야 한다.

사도행전에는 성령의 감화를 받은 베드로가 일어나 너희 유대인이 죽인 예수가 바로 하나님의 아들 그리스도라고 증언하였다. 그러므로 성령과 방언의 모든 영감의 내용은 예수가 바로 그리스도라는 것이다. 성령을 통해 사람이 변화되어야만 예수가 하나님의 아들이시며, 창조주가 피조물이 되었다는 것을 고백하고 증언할 수 있게 된다. 예수 그리스도는 참 인간이요 하나님이라는 신앙의 내용은 없고 신앙의 열심만 있기 때문에 신학적인 빈곤을 벗어나지 못하고 있다.

마지막으로 증언이다. 우리 교회가 할 일은 예수 그리스도를 증언하는 일이다. 이 증언을 하는 데는 두 가지 주의할 점이 있다. 첫째는 증언하는 사람이 확신을 가지고 있느냐 하는 것이다. 남에게 증언하는 소리가 내 영혼 속에서 우러나오는 것이어야 한다. 그렇기 때문에 우리의 증언은 나는 제외하고 상대만 믿으라는 것이 아니라 나를 포함한 증언이어야 한다. 한국 교회에서는 나를 포함한 공동의 증언이 약한 것 같다. 둘째로 우리가 증언할 때 다른 사람 위에 있는 입장에서 증언해서는 안 된다. 우리는 하나님 앞에서 의롭게 된 죄인일 뿐 나만 의로운 사람은 아니다. 하나님은 내 죄를 용서하시고 기억도 아니하시지만 우리 자신은 하나님 앞에서 죄인임을 잊어서는 안 되는 그러한 죄인들이다. 그러므로 우리는 의롭게 된 죄인의 입장에서 나를 포함한 공동의 증언을 해야 한다.

교회가 무엇인가 하는 본연의 성격을 바로 찾아야 한국 교회가 하나님 앞에서 소임을 다할 수 있을 것이다.

2. 우리의 과업: 하나님의 나라

100주년을 앞두고 한국 교회에서 많은 사업을 계획하고 추진하고 있는데, 예산이 허락되면 그렇게 하면 될 것이다. 그러나 이 교회의 사업이란 100주년을 기해서 해야 하는 것은 아니다. 그것은 창세 전부터 시작된 사업이요 예수가 오신 때로부터 예수가 다시 오실 때까지 계속될 사업이다. 100주년을 맞이하여 우리가 먼저 해야 할 일은 성서로 돌아가서 성서가 우리에게 무엇을 요청하는가를 찾아야 한다.

성서를 전체적으로 보면 신약과 구약이 있다. 그렇다고 해서 구약은 율법이고, 신약은 은혜라는 서구의 이분법적인 신학 해석에 얽매여서는 안 된다. 성서를 포괄적으로 보고 그 중심 메시지를 찾아야 한다. 구약에서 전체적인 중심인 모세 오경에서 다시 그 핵심을 찾자면 십계명이다. 신약에서는 가장 중요한 것은 주기도문이므로 이 두 내용의 구조에서 성서의 포괄적인 내용을 찾아볼 수 있다.

먼저 십계명을 세 단계로 구분하면 세 가지의 관계가 설정된다. 첫째, 둘째, 셋째 계명은 하나님 아닌 것은 만들지 말고 섬기지도 말고 하나님의 이름을 망령되이 부르지 말라는 것이므로, 이 셋은 하나님과 인간과의 관계에 대한 계명이다. 다섯째, 여섯째, 일곱째 계명은 네게 생명을 준 부모를 공경하고 인간과의 관계에서 상대방을 죽이지 말고 대인 관계를 더럽히는 간음을 하지 말라는 것이므로, 이 셋은 인간과 인간과의 관계에 대한 계명이다. 여덟, 아홉, 열째 계명은 남의 물건을 탐내지 말고 도둑질하지 말고 법정에 가서 내게 유익하게 거짓 증언을 하지 말라는 것이므로, 이것은 사람과 물질의 관계에 대한 계명이다. 그러므로 아홉 계명이 세 계명으로 요약된다. 넷째 계명을 설명하기 전에 이 세 관계가 아담의 타락 기사에서 어떻게 나타났는 가를 살펴볼 필요가 있다. 아담과 하와가 선악과를 따먹은 후에 서로 벗은 것을 알고 무화과 잎으로 가렸다고 한다. 이전엔 둘이 하나였는 데 이제는 서로 비밀이 생기고 서로를 가리게 되어 피차에 소외되기 시작한 것이다. 인간과 인간과의 관계가 멀어진 것이다. 그다음에 모든 땅이 저주를 받아 가시와 엉겅퀴가 생기고 인간은 피땀을 흘려가 며 먹을 것을 얻고 마지막에는 흙으로 돌아가게 된 것이다. 이것은 자연에 대한 저주이다. 사람과 자연이 하나였는데 이제는 저주를 받아 서로 소외되게 되었다. 마지막으로 하나님께서 아담과 하와를 동산에 서 추방하고, 불검으로 에덴동산을 지켰다는 것은 하나님과 인간의 관계가 단절된 것을 말한다. 그러므로 아담의 타락으로 인해 하나님 과 사람, 사람과 사람, 사람과 자연의 관계가 끊어진 것이다. 그런데 십계명의 네 번째 계명은 안식일에 모든 일에서 쉬라고 했는데 이것 은 놀고먹으라는 말이 아니다. 문자적으로 안식일을 지키는 것이 안 식일의 진정한 이념이 아니다. 자연의 저주에서 풀려나고 인간이 소 외된 데에서 다시 모여서 하나님을 떠난 인간들이 하나님께 경배하는 날이 바로 안식일이다. 이날은 단순히 쉬는 날이 아니다. 아담의 죄로 인해 사람과 하나님, 자연, 사람의 관계가 단절되었던 것이 다시 회복 될 것을 암시해서 앞으로 올 하나님 나라의 안식을 전제로 하여 말한 것이다.

그다음 신약에서 주기도문을 같은 관점에서 살펴보자. 이것은 이 야기가 아니다. 예수께서 하나님께 기도한 내용이다. 하늘에 계신 우 리 아버지, 이름을 거룩히 하옵시며라는 것은 십계명의 이름을 망령 되이 부르지 말라는 계명의 긍정적인 표현이다. 이는 하나님과 인간

사이의 긍정적인 관계에 대한 기도이다. 그다음에 우리가 우리의 죄인을 용서한 것같이 우리의 죄를 사해달라는 것은 죄를 짓고 피차 멀어진 이웃을 용서하고 하나님 앞에서 용서를 받을 때 사람과 사람과의 관계가 다시 회복될 것이라는 의미이다. 일용할 양식을 주옵시고라는 기도는 끼니를 해결해 달라는 것이 아니다. 나하고 자연이 저주를 받아 거리가 멀어졌는데 순간마다 이 거리를 주님의 은혜로 채워달라는 것이다. 이외에 주기도문에는 십계명에 없는 내용이 있다. 악에서 구하옵시며 시험에 들지 말게 해달라는 것은 십계명에 없다. 그러나 이 말은 하나님과 사람, 사람과 사람, 사람과 자연의 관계를 마귀가 시험을 하고 있다는 것을 전제한 것이다. 그리고 이 시험을 이기게 해달라고 한 것이다. 그리고 뜻이 하늘에서 이룬 것같이 땅에서도 이루어 달라는 기도는 이 세 관계에 있어서 천지인의 조화를 내용적으로 말하는 것이다. 하나님 나라의 임함이 바로 하나님의 뜻이 하늘에서 이룬 것같이 땅에서도 이루어지는 것이다.

이 세 관계에 있어서 아담의 실패를 예수의 광야시험과 대조해 볼수 있다. 첫째 시험은 돌이 떡이 되게 하라는 것이다. 40일 금식을 한 예수에겐 광야에 널려있는 주먹만 한 돌덩이들이 떡으로 보였을지도 모른다. 마귀가 와서 이 돌덩이가 모두 떡이 되면 이스라엘의 궁핍이 사라질 것이라고 시험한다. 예수께서 오병이어의 기적을 통해 떡을 떡으로 만든 일이 있으므로 사실상 돌을 떡으로 만들어 먹는 것 자체는 잘못이 아니라 할 수 있다. 문제의 핵심은 하나님을 배제하고 인간 멋대로 사람과 자연의 관계를 만들어 보라는 것이며, 이것이 시험의 내용이다. 첫째 시험에 대해 사람이 떡으로만 사는 것이 아니라 하나님의 말씀으로 산다고 한 것은 바로 하나님과 인간과의 관계를 강조하는 주장이다.

둘째 시험은 성전에 올라가서 뛰어내려 보라는 것이다. 예수가 승천할 때 둥둥 떠올라갔는데 그렇다면 성전에서 뛰어내리는 것도 별문제가 되는 것은 아니다. 여기서 마귀가 시험한 내용은 사람 위의 사람이 되어서 사람을 설득해 보라는 것이었다. 목회자로서 가장 어려운 점은 교인들이 목회자들에게 사람 위의 사람이기를 요구한다는 점이다. 그래서 목회자가 기도만 하면 복이 쏟아지는 줄로 알고 있다. 두 번째 시험은 바로 사람과 사람의 평등한 관계를 거부하고 사람 위의 사람이 되어서 복음을 전해보지 않겠느냐는 사람과 사람의 관계에 대한 시험인 것이다.

예수의 셋째 시험은 십자가에 달려 죽고 부활하는 복잡한 절차를 거치지 말고 사탄이 직접 자기와 손을 잡자는 것이다. 마귀의 시험은 단순한 것이 아니다. 하나님의 뜻의 핵심인 사람과 하나님, 사람과 사람, 사람과 자연의 관계를 마귀가 시험한 것인데 예수는 이 모든 시험을 믿음으로 이겼다. 아담이 패배한 것과 반대로 예수는 승리하였다. 예수는 처음으로 하나님의 뜻을 온전하게 인간사회에 실현하여 열매 맺게 해주신 분이다. 우리가 하나님의 뜻을 잘못 생각하는 경우가 많다. 그리스도의 생애를 보면서 하나님의 뜻을 찾을 때, 거기엔 반드시 내용이 있기 마련이다. 하나님의 뜻은 하나님과 사람, 사람과 사람, 사람과 자연, 즉 천지인의 조화이다. 이러한 성서적인 내용을 무시하고 자기 생각대로 되는 일마다 하나님의 뜻이라고 하거나 자기에게 주어진 모든 결과를 하나님의 뜻으로 받아들인다면 그것은 될 대로 되라는 운명주의자의 태도이지 하나님의 뜻하고는 관계가 없다고 하겠다. 그러므로 100주년을 맞이하는 우리가 할 일은 이 땅에 하나님의 뜻을 이루고 하나님의 나라를 임하게 하는 데 한 걸음이라도 더 나가자는 것이라고 생각한다.

3. 우리의 자세

우리 기독교인들이 성서에 입각한 하나님의 뜻과 하나님의 다스림을 이 땅에 이루자는 신앙이 간혹 두 가지 잘못에 빠지기 쉽다.

3.1. 기능의 부정

하나는 기능의 부정이다. 공중에 나는 새와 들에 핀 백합화를 보라 일하지 않아도 하나님이 먹여 살리지 않느냐, 그러므로 염려하지 말라고 인용하며 우리의 기능을 부정하고 나온다. 그러나 이러한 태도는 성서에 대한 잘못된 해석에서 비롯된 것이다. 공중에 나는 새를 보라는 것은 새가 날개 치며 힘써서 나는 것을 보라는 것이지 가만히 있는 새를 보라는 것이 아니다. 새에게 날개를 주신 이는 하나님이지만 그 날개를 힘차게 사용하지 않으면 새는 공중을 날 수 없을 것이다.

들에 핀 백합화도 마찬가지이다. 백합화는 물을 많이 머금는 초본이다. 그리고 백합화는 뿌리를 내리기가 무척 힘들어서 식물원에서 뿌리가 견고하게 되었을 때 화분에 옮긴다고 한다. 그런데 성서가 말하는 백합화는 물기도 없는 메마른 광야에 뿌리를 내린 백합화를 뜻한다. 백합에게 뿌리를 준 것은 하나님이지만 뿌리가 힘써 수분을 취하지 않는다면 메마른 들판에서 백합이 꽃을 피우기가 어려울 것이다. 우리는 영적인 노력의 결과만을 보고서 하나님을 믿으면 그러한 결과가 저절로 생기는 것으로 생각한다. 노력의 과정을 망각하는 이러한 기능의 부정은 우리가 오랫동안 남에게 의존하여 왔기 때문에 생긴 것이다. 이제 우리는 스스로 생산하여 먹고 입게 되었으므로 우리의 기능을 마음껏 발휘하여야 된다고 가르칠 때가 왔다고 생각한다.

3.2. 기능의 과장

둘째는 기능의 과장이다. 믿음이 있으면 무엇이든지 다 할 수 있다고 말하는 경우가 많은데 이러한 기능의 과장은 큰 잘못이다. 우리 교회가 너무나 잘 모이고 교인들이 하라는 대로 잘 따라 하니까 무엇이든 하면 되는 줄 안다. 전능하신 하나님이 계시니까 자기도 전능한 줄 착각하지만, 사실 인간의 모든 기능은 한계가 있음을 깨달아야 한다. 학문에 있어서나 신앙에 있어서 자신의 한계를 인정하지 않고 이것저것 다 하겠다고 덤비다간 실패하고 말 것이다. 우리의 기능은 각기 다르기 때문에 이 사람은 이러한 일, 저 사람은 저러한 일을 하여야 한다.

3.3. 우리를 비어(빌립보서 2:5-8)

선교 100주년을 맞이하여 우리가 취할 자세는 빌립보서 2장 5-8절의 말씀이다. 그것은 예수 그리스도께서 본체는 하나님이셨지만 자기를 비어 인간이 되시어 이 땅에 오사 구원의 역사를 이루셨다는 것이다. 여기에 비었다는 것을 기능의 부정으로 오해해서는 안 된다. 이 용어의 참 의미는 잔의 빈 공간을 비유로 설명할 수 있다. 잔은 음료를 담기 위해서 만든 것이다. 그러나 흙으로 만들어진 잔 자체 속에 음료가 담기는 것이 아니다. 잔이 만들어 놓은 빈 공간 속에 음료가 담기는 것이다. 우리가 집을 만들기 위해 많은 건축 재료를 사용하여 바닥과 기둥과 지붕을 만들지만, 우리가 사는 곳은 지붕이나 벽 속이 아니라 만들어 놓은 건물 내부의 빈 공간이다.

그러나 바닥과 기둥과 지붕이 없으면 또한 내부 공간이 생기지 않게 된다. 따라서 여기서 비었다는 말은 부정도 과정도 아닌 상태를 말한다. 기능의 부정도 아니며 기능의 과장도 아니다. 우리가 할 수 있는 소임은 바닥과 지붕과 기둥의 구실뿐이며 우리가 내부 공간이 될 수는 없다. 그러나 이 바닥과 기둥과 지붕 없이는 내부의 빈 공간이 생기지 않는다. 다만 우리는 우리에게 맡겨진 소임만을 다하라는 이 비움의 뜻을 진정으로 느낄 때 하나님을 경외하는 마음이 생기며 하나님 앞에서 겸손히 하나님의 뜻을 이 땅에 이루는 우리의 자세를 가다듬을 수 있을 것이다.

우리는 하나님과 인간, 인간과 인간, 인간과 자연의 조화인 하나님의 참뜻을 이루어야 할 소임이 있으므로 하나님의 뜻을 이루는 사역자로서 할 일을 다 해야 되겠지만, 하나님과 동등하셨으나 자기를 비우신 예수 그리스도를 본받아 늘 겸손한 자세를 가져야 할 것이다. 이러한 신앙의 바른 자세를 성서에 입각하여 새롭게 정립하는 일이 선교 100주년을 맞이하여 우리가 어떤 사업을 계획하고 추진하기에 앞서 가다듬어야 할 신앙의 자세라고 생각한다.

제 7 장
하나님을 이해하는 틀

1. 머리말

성경의 말씀 중에 "그는 자기를 비어 종의 형체를 가져 사람들과 같이 되었고"(빌립보서 2:7)라는 구절이 있다. 무엇에 대한 해석은 그 시대와 정서를 반영하기 마련인데, 이 구절 또한 일제 수난기에 번역하면서 '비었다'를 부정(否定)으로 해석하여 하늘에서의 영광과 존귀를 다 버리고 이 세상에 오셔서 사람이 되었다는 것으로만 생각했다. 그래서 그 뜻을 겸양지덕(謙讓之德)으로 풀이하였으나 본의와는 다르다.

오히려 그 말씀이 사람이 생각하고 일했다는 것의 궁극적 성격이 무엇인가를 시사해 주는 바가 있다. 그 의미는 단지 속의 내용이 버려지고 비었다는 것이나 있으면서 없는 척하는 허위에 있지 않다. 학문을 하는 일에 있어서나 세상을 살아가는 일에 있어서 우리가 한 것은 우리의 대상에 대한 것을 우리 나름대로 조금 담아본 것일 뿐이지, 담긴 것을 우리의 것이라고 하면 문제가 생긴다.

사람이 한 것은 반드시 약해지고 낡아지며 또 새것이 나와서 대체하게 되어 있다. 역사적으로 많은 체제가 흘러갔으며 한때의 소임을 다 하고 다른 것으로 교체되었음을 볼 수 있다. 그때 생각을 궁극적 본질에 대한 문제로 되돌려 무엇이 중요한 것인지를 생각해야 할 것이다.

2. 기독교의 인지구조

신학에 있어 구약과 신약에서부터 오늘날 우리에게 이르기까지 전체 생각의 틀이 여러 차례 변동되었다. 크게 보자면 유대교적 인지구조, 그리스-로마적 인지구조, 개신교적 인지구조, 현대 신학적 인지구조 등으로 구분할 수 있다. 여기에서 인지구조란 어떤 그릇이지 궁극적 진리가 아니다.

먼저 유대교적 인지구조는 구약의 공모인 십계명에 잘 드러나 있다. 십계명의 1, 2, 3계명은 사람과 하나님 사이의 관계, 5, 6, 7계명은 사람과 사람 사이의 관계, 8, 9, 10계명은 사람과 자연 사이의 관계에 대한 교훈이다. 이와 같은 내부적으로 세 그룹으로 형성된 관계를 다시 제4계명으로 묶어 하나님과 사람과 자연의 조화(Shalom)를 이룩하라고 되어 있다. 이것은 사고 유형에 있어서는 단체적 모델(Simplex)로 표현될 수 있다.

신약에서는 예수가 주기도문을 통하여 십계명의 모델을 긍정적으로 표현하여 가르쳤다. 하나님과 사람, 사람과 사람, 사람과 자연의 관계가 조화를 이루게 되는 것이 하나님의 뜻이 이루어지는 것이며, 그것이 곧 하나님의 나라가 임하는 것이라고 설명되었다. 그래서 하나님의 대적자인 사탄은 바로 하나님과 사람과 자연의 조화를 파괴하려고 예수를 시험하였다. 구약에서 아담이 첫 번째 시험에서 사탄의 시험에 무릎을 꿇었기 때문에 하나님과 사람, 사람과 사람, 사람과 자연의 온전한 관계가 파괴되었으나, 예수는 이에 관한 세 가지 시험을 모두 이겨내고 본연의 관계를 정상적으로 회복하였다.

그리스-로마적 인지구조는 이분화된 틀로 구성되었다. 그래서 언어의 구조가 이분화에 근거하여 성립되었고, (1) 명사(Noun)와 동사(Verb), (2) 명사: 주격(Subject)과 목적격(Object), (3) 동사: 자동사(Intransitive)와 타동사(Transitive), (4) 형용사(Adjective)와 부사(Adverb)의 8가지 요소로 구성되었다. 이 시대의 논리는 4가지 형태로 정립되었다. 우선 범주를 대위적으로 '전체'(One)와 '개체'(Many)로 나누었으며 그사이의 관계(Relation)를 연역과 귀납, 변증과 역설로 구성했다. 전체를 기준으로 보고, 전체에서 개체로의 관계를 밖으로(de) 이끌어 간다(duco)고 하여 연역(Deduction)이라고 하였고, 그와 대칭적으로 개체에서 전체로의 관계를 안으로(in) 이끌어 간다(duco)고 하여 귀납(Induction)이라고 하였다. 이것이 하나의 논리적 그룹을 형성했다. 그리고 다른 그룹으로는 연역과 귀납을 사용하여 서로 말함(lego)을 통하여(dia) 어떤 합의점을 얻게 될 때 변증(Dialectic)이라고 하였고, 전체와 개체의 의견(Doxa)이 팽팽하게(para) 맞서게 될 때 역리(Paradox)라고 하였다. 그 시대에는 네 가지 논리 중에서 연역과 귀납과 변증을 타당한 논법이라고 긍정적인 가치를 주었고, 역리를 불합리한 궤변이라고 하여 부정적 가치를 두고 제거하려 했다. 그런데 그 시대에 기독교는 신앙의 대상인 예수 그리스도를 하나님(창조자)이자 사람(피조물)으로 설명하였기 때문에 바로 이 버려진 역리 위에 그 신학을 건설한 셈이었다. 예를 들어 바울(Paul)이 그 시대의 지배적이었던 가치 평가

(Value Judgement)를 변경시켰다고 할 수 있으나 그 기본 틀에는 변함이 없었다.

　종교개혁의 시대에 루터(M. Luther)는 죄의 용서에 대한 문제를 가지고 고민하다가 한 차원 높은 인지구조를 통하여 해결하게 되었다. 과거에는 죄를 용서받고 하나님 앞에 나아가려 하면 그만큼 옛날에는 인식하지 못했던 작은 죄가 하나님 앞에 가까이 다가간 비례만큼 큰 죄로 인식되었다. 그러므로 회개를 통하여서는 결국 하나님 앞에 도달할 수 없음을 깨달았다. 그러나 시편에 있는 "주님의 의(義)로 나를 구원하소서"라는 말을 새롭게 이해하게 되면서 하나님의 의(義)를 하나님에 대한 명사적 속성이 아니라 인간에 대한 동사적 이중구조(의롭게 만드심에 의해 의롭게 하심)임을 깨닫게 되고, 그동안 고민하던 문제를 극복하게 되었다. 여기에서 비로소 죄인이 노력을 통하여 하나님에게 다가가는 것이 아니라 하나님이 죄인에게 오심으로써 사람이 하나님을 가까이 모실 수 있다고 확신할 수 있게 되었다.

　현대 신학의 아버지로 불리는 슐라이어마허(Schleiermacher)는 그리스-로마의 평면적 이분화의 인지구조로부터 한 차원 높아진 루터의 개신교 인지구조에 다시 경건이란 한 차원을 추가하여 깊이를 가지게 되었다. 이성과 신앙을 포함한 사유의 장과 경건의 축이 만나는 지점에서 내향적인 절대의존의 감정(Feeling of Absolute Dependence)과 외향적인 경건(Piety)을 하나로 연결시켜 하나님을 이해하였다. 하나님을 이해하는 데 있어서 국소적 단체구조(localized Simplex)를 신학적으로 이룬 것이었다.

3. 현대 사회의 문화와 종교

문화는 역사와 같이 흘러간다. 문화의 형틀은 역사의 산물이므로 그 자체가 영원한 것이 될 수 없다. 문화의 역사적 흐름을 추상적 도구와 평가 기준으로 서술할 수 있다. 예를 들어 책(冊)을 가지고 말하자면 1차원의 책(冊)은 우리가 보통 말하는 여러 분야에서 여러 저자들이 저술한 책을 말한다. 그 종류는 약 3,000만 종이 된다고 한다. 그런데 2차원의 책은 책에 관한 책(冊·冊)인데 서지(書誌)라고 하는 것이다. 각 분야의 서지는 하나하나의 책의 저자와 내용을 상세히 요약하였고 그 책에 관한 서평(書評)이 있는 잡지를 알려주고 있다. 이러한 책(冊·冊)의 종류는 약 1만 종이 된다. 그리고 3차원의 책(冊·冊·冊)은 책들의 책에 관한 책이다. 즉, 서지에 대한 서지인데 그 종류의 책은 불과 몇 권이 있다. 그러므로 도서관에 가서는 일차원의 책(冊)을 찾을 것이 아니라 3차원의 책(冊·冊·冊)을 찾아서 자기 분야의 책(冊·冊)을 선택하여 다시 1차원의 책(冊)을 찾아야 한다.

기계문명이라는 말을 사용할 때 흔히 오늘의 발달된 기계만을 지적하여 말하고 있다. 그러나 기계는 제1빙하기에서도 찾아볼 수 있다. 우리 조상들이 3만 년 전에 만들어 사용하던 석기들이 속속 발굴되고 있다. 그러므로 그 시기부터 200년 전까지 사용된 도구는 그 재료나 크기를 막론하고 모두 기계(機械)에 속한다. 이 단순한 기계는 외재적인 힘에 의해 가동되었다. 그러다가 산업 혁명의 시대에 와서 비로소 기계를 기계의 힘으로 움직일 수 있었다. 이것은 2차원의 기계(機械·機械)에 속한다. 이를 통하여 기계는 수천, 수만 마력을 가지게 되었고 생산력의 혁명을 가져오면서 산업에 큰 변화를 가져왔다. 20세기 이

후 근자에 이르러서는 기계를 기계의 힘으로 움직일 뿐만 아니라 기계로 조정까지 하는 3차원의 기계(機械·機械·機械)가 제작되면서 산업을 질적으로 혁신하게 되었다.

이러한 변화가 책이나 기계에만 국한되어 있지 않다. 생각의 분야에서도 같은 현상이 전개되었다. 수학적으로 분석해 본다면 대상을 생각하는 생각은 1차원의 생각이다. 그 생각에 대한 생각은 2차원의 생각(생각·생각)이 된다. 그리고 생각에 대한 생각을 생각하는 것이 바로 3차원의 생각(생각·생각·생각)이다. 이와 같은 양상은 수리논리의 발전에서 쉽게 찾아볼 수 있다. 이것은 시대에 따라 언어와 사고와 논리가 어떻게 발전되어 왔는가를 의미하기도 한다. 따라서 현대에 와서는 저차원의 언어와 생각으로 고차원을 설명할 수 없게 되었다. 다양한 차원을 규명하기 위해서는 다차원(Multidimension)의 용어와 인지구조가 필요하게 되었다.

현대란 오늘의 이 시대를 말하는 것이 아니다. 앞에서 다룬 문화사적 척도를 기준으로 볼 때 현대 사회라는 것은 2차원의 산업사회(産業社會)에서 3차원의 산업자동화사회(産業自動化社會)로의 이행을 전제한 말이다. 그러나 이러한 발전에 있어서 힘의 동차원적(同次元的) 성장으로 이루어진 양적인 차이보다는 고차원적(高次元的)인 비약에서 오는 질적인 간격이 초래되었다. 이 근본적인 문제는 오늘날 인문사회과학에서 보다는 자연과학과 순수수학 분야에서 다루게 되었고 경제학에서 이를 활용하고 있다.

현대 사회에도 민주주의, 사회주의, 공산주의, 독재주의 등이 주축을 이루고 있는 것 같다. 그러나 이들 이념의 바탕은 산업화 이전의 문화와 논리의 형틀로 산업화 이후의 사회적 문제를 다루려는 데에서 큰 어려움을 겪을 수밖에 없다. 2차원적인 생각의 틀이 성립되기 이전에 사용되던 이분화된 일차원의 생각과 문명이 계승되어 사용되고 있기 때문이다. '연역, 귀납, 변증, 역리'의 논리가 '전체주의, 민주주의, 공산주의, 무정부주의'에 각각 그대로 적용되고 있다. 또한 자본주의나 공산주의는 모두 헤겔(Hegel)의 변증론의 틀에서 파생된 것으로 좌로는 포이어바하(Feuerbach)의 유물화를 거쳐 마르크스(Marx)의 공산주의의 이론적 기반이 형성되었고, 우로는 다윈(Darwin)의 진화론을 통하여 자본주의의 낙관적 자유경제론으로 전개되었다.

현대 사회의 이념적 공간 범주 '全體·個體'나 시간 범주 '정·반 → 합', '우, 승, 열, 패'가 모두 이분화된 문화의 언어와 논리로 형성된 것이어서 산업화 시대의 2차원적 논리가 적용되고 있지 않다. 예를 들면 사회주의 사회에서는 산업화에 따른 결과로 생성된 계급의 문제와 분배의 문제에 대한 사후 처방에 그침으로써 산업화 자체에 대한 이해와 논리를 가지고 산업자동화사회를 대처하지 못했다. 흔히 자본주의와 사회주의의 두 구조적 대립을 변증법적으로 해결하려고 시도한다. 그러나 두 가지 모두 같은 차원에서 생겨난 대립이므로 또 다른 상위의 차원에서 다루어야 한다. 이것은 종교적으로 말하자면 두 대립된 사상의 화합이 아니라 또 다른 차원에서의 순수한 경건과 만나는 포인트에 해당된다. 성경에 기록된 "하늘에는 영광, 땅에는 평화, 사람에게는 기쁨"(누가복음 2:14)이라는 말씀은 그러한 차원을 암시해 주고 있다. 2차원적인 대립은 거룩함과의 만남에서 평화와 영광과 기쁨을 자아내게 된다. 현대 사회에서 기독교는 3차원적인 생각의 틀을 가지고 대립된 것들의 직접적인 화해를 도모하기보다는 대립 자체가 나오게 된 본연의 문제를 생각하고 거기에는 다른 차원과의 연결이 있음을 입증하는 일에서 선교의 성격과 소임을 생각해야 할 것이다.

4. 맺음말

이상에서 고찰한 생각의 틀은 인간이 만든 것으로, 제한된 것이며 궁극적 목표는 아니다. 그동안 서구의 신학이 그들의 아집에 고착된 인지구조를 고수함으로써 하나님을 그들의 문화 양상과 생각의 수준대로 표현하였으나 하나님을 이해하는 틀은 앞선 문화의 형틀과 생각의 틀에 대하여 늘 열려 있어야 하며, 아울러 앞서 나가는 학문을 연구하여 새로운 문화 양상을 형성하고 그것을 통하여 하나님의 존엄성을 이 시대에 새롭게 알리는 것이 신학의 소임일 것이다.

제3부

기독교의 신앙

제 1 장

신앙과 이성

배움의 매개물인 이성(理性)과 우리가 지니고 있는바 신앙(信仰) 사이에 어떠한 관계가 있는지는 항상 새롭게 묻게 되는 문제이다. 신앙과 이성 사이의 관계에 대해서 역사적으로 추리하여 보면 다음과 같은 세 가지 전형적인 발전이 있었다고 할 수 있다.

첫째로 터툴리안(Tertullian)의 입장이 있는데, 그의 명제는 "나는 불합리한 무엇을 믿고 있다"(Credo quia Absurdum)는 것으로 신앙만을 극도로 주장한 것이라고 할 수 있다. 이 말은 불합리한 것이라야 믿겠다는 것이 아니다. 이 말의 진정한 의미는 자연의 모든 현상은 합리적이지만, 신앙이 상대하고 있는 것은 순수하게 이지적으로만 해석할 수 없다는 데 있다. 이렇게 본다면 이 사람이 이루어 놓은 것은 신앙과 이성의 분야를 구별한 것뿐이다. 따라서 신앙과 이성과의 관계에 대해선 아직 언급한 바 없다고 지적할 수 있다.

그 반면에 18세기에 이르러 합리주의가 그 시대를 주도하고 있을 때 그들은 이성의 모든 진리를 비판할 만한 기준이 된다고 주장했다. 따라서 신앙 문제에 있어서 합리주의의 이론과 가장 날카롭게 상충되는 것은 기적 문제였다. 예를 들자면 성서 안에 있는 여러 이적 곧 처녀 수태(處女受胎), 병 치유, 부활(復活) 등에 관해서 이들은 부정하고 있었다. 신이 스스로 완전하신 이상, 그가 창조한 바 만물도 어느 정도 내에서 완전하며 독립성을 확보하면서 스스로 진보할 수 있다고 믿었다. 그런 까닭으로 신께서 창조해 놓은 세상에 기적을 통해서 간섭할 리 없다는 것이 저들의 논리였다. 이렇게 보면 이들은 이성을 주장하긴 했으나 신앙을 부인하지는 않았음을 알 수 있다. 단지 이성의 표준으로 신앙의 본질을 다른 영향에서 변절시켰던 것이다. 그러나 합리주의자들 역시 이성의 입장에서 신앙을 일방적으로 비판하기는 했으나 양자의 관계점을 명백히 설명하지는 못했다.

셋째의 것은 헤겔(Hegel)의 입장인데 그는 처음 이 신앙과 이성의 문제를 변증론적 정(正)·반(反)·합(合)의 관계로 전개시켰다. 그가 신앙이란 것은 인간이 보편적이요 필수적인 진리를 체득할 때 표현된 바의 상징을 의미하는 것으로 보았다. 예를 들면 우리의 역사는 유한한 정신인 우리 인간이 절대정신인 신으로 발전되는 것이다. 다시 말하면 인간이 신이 된다는 것으로 기독교의 소위 "하나님의 육체를 이루었다"라는 것을 지적해서 한 말이란 것이다. 그러나 이 진리를 선구자적으로 발전시킨 예수를 기독교에서는 진리 자체와 같은 것으로 혼돈하고 있다고 헤겔은 보았다.

그리고 이성에 관해서 헤겔은 말하기를 그것이 분석과 비판의 작용임을 해명하면서 우리가 이성을 통해서 신앙적으로 비판 없이 가지고 있었던 상징(象徵)과 원체(元體)와의 혼돈을 구별함으로써 상징을 상징의 가치로 줄였던 것이다. 여기서 이성은 종교를 파괴하는 것이라고 생각했으나 바로 이 순간에 이성은 다시 우주적 진리를 철학의 형(形)으로 재확립해서 더 높은 자리에 그 진리에 대한 인식을 지양시켜 놓았던 것이다. 이런 면에서 헤겔은 신앙과 이성의 관계점에 대해 직접 다룬 최초의 사람이었다고 할 수 있겠다.

헤겔의 철학 체계가 좌·우파로 분열되었을 때 좌파 중에서 우리는 저명한 학자로 포이어바하(Feuerbach)를 생각할 수 있다. 그는 헤겔의 정과 반의 관계를 재검토하면서 소위 순수 절대정신이란 것이 어디서 유래되었는가를 규명해냈다. 그에 의하면 절대정신이란 것은 우리의 유한한 정신을 부정하는 데서 나왔다고 한다. 예를 들자면 사람은 유한한 정신인 까닭에 시공간의 제한을 받고 있다고 할 수 있다. 이것을 부정하면 곧 무소부재하며 영원성을 띤 무엇인가를 산출하게 되는데 이것이 바로 절대정신의 본질과 같은 것을 보아 결국 절대정신이란 것은 유한한 정신의 부정적 산물이라고 간주했던 것이다. 그래서 『기독교의 본질』이란 책에서 말하기를 기독교 교인들이 신을 '사랑'이라고 부르는 것은 인간의 심정 속에 있는 무한한 소욕(所慾)을 충족시킬 대상으로 신적 존재가 요청되며, 따라서 그것을 하나님으로 인식하고 있다고 주장했다. 또 삼위일체의 신이란 것도 인간의 사회성을 이상화하여 그런 것이 신 속에는 공존적인 원리로 개개하는 것으로 추상했다고 억지를 부린다. 이런 결론이 헤겔이 설정한 신앙과 이성과의 관계를 분쇄시킨 것처럼 보일는지도 모른다. 이러한 여러 변천에 대해서 좀 더 철저한 인식이 있어야 할 것이다.

이런 여러 가지의 전형적인 관계를 보아서 이들 가운데서 몇 가지 공통적 요소를 발견할 수 있다. 첫째로 우리가 아무리 신앙을 강조한다 해도 터툴리안처럼 이성을 부인하지 못하며 또 이성을 합리주의자들처럼 전적으로 옹호하더라도 역시 신앙의 존재를 부인하지 못하고 단지 지적으로 재해석한 데 불과하다는 사실이다. 이성이 신앙을, 신앙이 이성을 가져오는 것이 아니다. 한 실체의 두 면을 신앙과 이성이 표출했을 따름이란 것이다. 둘째로 이런 역사적 변천이 생긴 원인을 간단히 설명하자면, 이 변천의 배후엔 시대성 및 사상의 조류와 같은 어떤 공통적인 힘이있어서 신앙과 이성에 똑같이 영향을 미쳤다는 사실을 들지 않을 수 없다는 것이다. 헤겔이 정, 반, 합의 형(形)으로써 신앙과 이성의 관계를 수립했을 때 이 형(形)은 비단 여기에만 국한된 것이 아니었다. 시간과 공간의 관계, 논리에서의 긍정과 부정의 관계, 기타 여러 가지가 다 이런 대립성을 띠고 나온 것을 우리는 잘 알고 있다. 따라서 좀 더 깊이 들어가 헤겔의 근본적 사색형을 발견해서 거기에 의해 이 관계를 연구해야 할 것이다. 그러고 보면 진정한 의미에 있어서 우리가 늘 말하고 있는 신앙과 이성의 문제는 대립된 것이 아니요 결국 "같은 형(形)" 안에서 발표되어 나온다는 것을 알게 된다. 그러므로 생각하고 있는 사람이 곧 믿는 사람이요 믿고 있고 또 생각하고 있는 "나"(自我)는 둘이 아니고 "하나"인 것이다.

그렇다면 신앙과 이성 간에 서로 긴장한 관계에 있는 것처럼 보이는 까닭은 무엇인가? 이것은 우리 인간의 내재한 부분적인 상충이 아니요 인간 그것이 신을 만나게 될 때 거기서 생기는 관계인 것이다. 그러면 어디서 인간은 하나님과 대면하게 되느냐? 이것이야말로 초점이 아닐 수 없다.

인간이란 무형 중에 자기에게 한계가 있음을 시인한다. 석가가 마지막에 발견한 진리는 다른 것이 아니요 나 자신을 부정하고 그 부정한 사실까지도 부정하면 "佛"의 경지에 이른다고 하는 것이었다. 그러면 "佛"이란 것의 본질은 무엇이냐? 그는 여기에 대해선 신비적인 태도를 취할 수밖에 없었다. 잘 알고 있는 것처럼 사람이 무엇을 부정한 후 또 부정한 다음엔 그 본질에 대해 언급할 여지가 없게 되는 것이다. 이같이 석가도 부정한다는 데서는 큰 윤리적 교훈을 주긴 했으나 그 궁극이 무엇인가에 대해서는 애달파하긴 했으나 잘 보여주고 있지 못함을 볼 수 있다.

그 반면에 서구에 있어서 그 문화의 경향을 상징적으로 표현한 것이 있다면 괴테(Goethe)의 『파우스트』를 들 수 있겠다. 파우스트는 인간으로서 배울 수 있는 바를 다 통달했고 할 수 있는 바를 다 했다고 했으나 충심으로 소원한 바는 미흡했다고 한탄하고 있었다. 마침내 사탄이 와서는 그의 시선을 돌려 창밖을 보게 하여 아름다운 봄철에 어여쁜 소녀들이 일터로 나가면서 노래 부르는 장면을 손짓해 준다. 그리고 마음속 깊이 바라고 소원해서 하고자 했던 바를 다 해보려 했으나 해보지 못한 이상, 다시 한번 청춘으로 돌아가 범속한 생활로 돌아가지 않겠느냐고 시험했을 때 거기에 빠지고 만다. 이 명제를 가지고 슈펭글러가 『서구의 몰락』이란 책을 썼다는 것을 우리는 다 잘 알고 있다.

인간이 그 절박한 궁극의 입장에 도달했을 때 두 가지 나갈 길밖에 없다. 하나는 자기가 알고도 자기의 원칙을 경시하여 악의 세상으로 퇴락하며 자멸하는 길이요 또 하나는 거기에서 하나님의 도우심을 기다리는 이 두 길뿐이다.

바울(St. Paul)은 기독교의 신앙을 통해서 이런 경지에 이르렀다. 그는 "내가 하고자 하는 일을 못 했고 원치 않고 있는 바를 하고 있다"라고 탄식했다. 그래서 "오호라 인간은 괴로운 존재"라고 토로했던 것이다. 그러나 하나님의 사랑이 그의 마음에 비칠 때 그는 새로이 변화되었다. 전에 그를 괴롭히고 또 유혹하던 모든 것들이 다 사라져 없어졌다. 좀 더 깊고 원대한 새 목표인 하나님을 영화롭게 하려는 생활을 위하여 커다란 발길을 내디딘 것이다. 레오나르도 다빈치의 그림 <모나리자의 웃음>은 단순한 육감적이 아닌 그 무엇의 웃음이었다. 그 그림의 배경에는 길고 먼 곳에 높은 하늘이 넓은 땅을 접촉하고 있다. 실로 하나님의 사랑이 우리의 마음에 비추어 일어나는 그 변화 그것이야말로 인간이 절박한 정황에서 나와 평안을 차지할 수 있는 기회가 아닐 수 없다.

이같이 신앙과 이성의 문제는 신과 인간의 문제로 결국 전화(轉化)해 버리며 그리고 이 하나님과 사람과의 대면은 오직 하나님께로부터의 사랑의 빛이 비칠 때, 바로 그곳에 일어난다는 것을 잊어선 안 된다.

제 2 장
성탄의 기원과 현대적 의의

'성탄'(聖誕)이란 문자는 성인들의 생일을 기념하는데 흔히 쓰인 말이다. 예를 들면 공자나 석가의 생일을 '성탄'이라 불러왔다. 이렇게 해서 기독교가 우리나라에 선교된 이후에도 그리스도의 생일을 가리켜 '성탄'이라 불렀다.

오늘날 기독교계에서는 신·구교를 막론하고 이날을 성대히 지키고는 있으나, 사실상 초대교회에서는 이러한 명절을 지켰다는 기록을 찾아볼 수 없으며 당초에 제정되던 과정 역시 미정한 상태에 놓여 있다.

그날이 명절로 지켜지기는 약 주후 370년경에서부터였으나 그 정확한 탄일에 대한 논의는 일찍부터 있었다. 2세기 말경에 교부(敎父) 히폴리투스(Hippolytus)는 예수가 잉태되는 날부터 운명하신 날까지가 꼭 33년 만이라 추상하고, 그의 나시던 날과 운명하시던 날이 3월 25일이라고 단언했다. 그는 예수가 잉태하던 때부터 만 9개월을 가상하여 성탄일을 12월 25일이라고 주장했다. 히폴리투스와 동시기에 교부 클레멘트(Clement)는 파콘월(Month of Pachont) 25일이라고 하였는데 현재의 월력으로 환산하여 5월 20일에 해당된다. 또 그 당시 영지주의(Gnostic)란 종파에서는 정월 6일이라고 하기도 했다. 이런 여러 학설을 보아 그들이 예수의 탄생 일자에 대하여 토의했다는 사실은 분명하나 그 이상 더 나아가 명절로 축하했다는 기록은 없었다.

첫 성탄 경축에 관하여 크리소스톰(Chrysostom)이란 교부가 언급한 바를 보면 "주님이 육신으로 난 것을 경축하는 일이 오늘날 안디옥에서 실시된 지 10주년밖에 되지 않았다"라고 하였다. 이 말은 386년에 한 말이므로 성탄절이 약 주후 370여 년경부터 지켜진 것이라 할 수 있었다. 그는 또 말하기를 "자기는 여기 대하여 찬성하고 있으나 많은 사람이 반대하고 있다"라고도 했다. 이 사건에 관하여 11세기에 이르러 한 아르메니안 지방에 있는 사가(史家)가 다시 설명하였는데 그는 말하기를 "이 명절은 알트만(Arteman)이란 이단자가 로마에서 발기하였고 373년에 이르러 콘스탄티노플에서 처음 경축하였다"라고 하였다. 이러한 고증 외에 팔레스타인과 이집트에서도 약 주후 4세기부터 이 명절을 경축하기 시작했다는 기록이 남아 있다. 그러므로 크리스마스는 초대교회에서부터 지켜오던 것이 아니고 4세기에 이르러 시작된 것이다.

교회사적으로 보면 성탄절이 있기 전에는 도리어 예수님이 세례 받으시던 날을 더 중히 여겨 기념하였는데 이것은 그의 구원의 사역의 시작이란 의미에서 이러한 중요성을 갖게 된 것이라고 할 수 있다. 이 명절을 가리켜 공현절(Epiphany)이라고 하며 매년 정월 6일로 정하고 주후 3세기부터 지켜오던 것이다. 교부 가운데 암부로스(Ambrose)는 예수께서 만 30세 되던 날 세례를 받았다고 생각하여 그의 생일과 세례받던 날을 동일시하여 성탄도 정월 6일에 함께 지켰던 것이다.

그러나 내용적으로 보아 그 시대에 있어서는 아직 예수의 세례에 치중하고 있었으니만큼 그 후에 성탄절이 성행한 다음에 비로소 탄일로 경축하게 된 것이다. 이 정월 6일을 성탄으로 동구 여러 나라에서는 지키고 있다. 특히 그리스 정교회와 러시아 정교회에서는 오늘날까지 이날을 크리스마스로 지켜오는 것이다.

그러나 서구에 있는 기독교 국가에서는 12월 25일을 성탄일로 작정하였다. 물론 전에 히폴리투스가 언급한 말도 있거니와 이날은 역시 서양 월력에 있어서 동지(冬至)인 것이다. 우리가 잘 아는 바와 같이 연중에 춘분과 추분에는 낮과 밤의 길이가 같은데 전설에 의하면 천지를 춘분에 창조하였다는 말이 있다. 이 지음을 받은 세상이 타락된 후에 온 세상을 구원할 소임을 갖고 그리스도가 탄생한 이상 춘분과 대립되는 동지에 나시어 재창조한다는 의미에서도 12월 25일을 성탄일로 작정한 바이었다.

그런데 이 서양 동지는 기독교가 창립되기 전 로마에서 사툴날리아(Saturnalia)란 명절로 지켜왔던 것인데 그날부터 낮이 다시 길어짐을 연상하여 태양의 생일로 여겨 즐거운 명절의 날로 지냈던 것이다. 그러한 관습이 그리스도교에 전입되어 그리스도의 탄생을 기념하는 날로 지키게 된 것이다.

크리스마스가 명절로 되자 거기에 따라서 여러 가지 부산물이 생기게 되었다. 예를 들면 그날에 적합한 성가(聖歌)도 작곡하게 되며 이것을 주제로 하는 종교극이 발생하게 된 것이다. 또 이러한 성절기를 계기로 하여 구제사업도 이루어졌고, 산타클로스 같은 신화적 인물도 등장케 되어 오늘날에 이르러 일반 어린이들이 가장 환영하는 인물로 되어진 것이다. 또 이러한 기회에 예물을 서로 나누는 풍습도 있게 되었는데 인쇄술과 우편제도가 발전되자 크리스마스카드가 성행하게 된 것이다.

이러한 종교적 축일을 세속화함에 대하여 교회 내에서 다방면으로 자아비판이 계속되고 있었다. 특히 16세기 이후에 종교개혁에 따라 성경을 중심을 초대교회의 형식대로만 살겠다고 하는 신교도들까지도 어느 정도에 있어서 비판함은 있으나 대체로 보아 이 사도교회 시대 이전에 산출된 '크리스마스'에 대하여 별다른 수정을 하지는 않았다.

또 이러한 축일을 영업화한 것을 보고 일부 경건한 교인들은 '크리스마스'를 폐지하자고 하는 경향도 없지 않다. 그러나 상인들은 장사해야 하는 이상 크리스마스를 폐지한다고 하여도 필시 동지(冬至)라는 대명사를 붙여 그 소원을 달성하려 노력할 것이다. 그런 이상 상인들이 크리스마스를 이용한다고 하여 그날을 폐지하여야겠다고는 말을 성립시키지 못할 것이다.

현대 일반 지식층은 성탄의 본의로 돌아가자는 주장을 하고 있다. 하나님이 인간의 형상을 입어 역사에 탄생했다는 사실, 다시 말하자면 영원과 시간의 교차인 그 진리만 대할 것이지 통속적으로 만들어낸 형식적인 경축은 도리어 본의에서 빗나간 것이니만큼 거부해도 좋다고 생각한다.

그러나 지식인의 장점은 능히 감각의 세계에서 관념의 세계에 이입할 수 있다고 하는 데 있다고 볼 수 있는데, 그러한 특수한 능률은 일반이 갖고 있는 것이 아니요 다수만이 갖고 있다. 관념의 세계에서 살 만한 자에게는 이상의 이론도 어느 정도 타당하다고 볼 수 있으나 사람마다 그처럼 특권이 없는 이상 그러하지는 못할 것이라고 생각된다. 아직도 우매 가운데 사로잡힌 대중에게는 이러한 높은 수준을 요구할 수 없는 것이다. 그들에게는 보이는 것이 보는 것이요 들리는 것이 들리는 것이니만큼 이 외형적인 면을 제외할 수도 없는 것이다. 교회는 이러한 문제에 봉착할 때 일반 농가들이 태양을 중심으로 해서 지구가 회전함을 따라 사시를 분별하며 농기(農期)에 적용하듯이 그리스도를 중심으로 일 년을 몇 기로 구별하여 그의 생의 일면 일면을 우리의 일상생활에서 강조하도록 하고 있다.

지식층이나 대중이나 그의 환경에 따라 적합한 형식을 취하는 것이 타당하나 크리스마스 본의로 돌아가서 우리는 동일한 관념을 가져야 한다. 그리스도가 이 세상에 온 것은 막다른 골목에 처한 인간에게 하나님의 사랑과 구원을 구체적으로 표현한 것이다. 우리는 이 성탄을 맞으면서 이 구세주를 마음껏 받아들여야 할 것이다.

제 3 장

바른 신앙과 곧은 길

우리가 어떠한 신앙을 가지고 어떠한 길로 가야 하는가 생각해 보고자 한다. 이 문제를 다루면서 어떤 개인의 견해보다도 개혁자들의 신앙에 비추어 검토해 볼 필요가 있다. 여기에서는 특히 루터가 가졌던 개신교의 기본적 교리를 중심으로 재음미하고자 한다. 마르틴 루터의 신학 사상은 그의 생애와 구분해서 볼 수 없으며 그의 생의 발전을 따라 신앙이 성장한 것을 검토하고, 그의 발전 과정을 측정하기 위해 그 표준을 시편 71장 1-3절에서 찾을 수 있다.

여호와여! 내가 주께 피하오니 나로 영영히 수치를 당케 마소서. 주의 의로 나를 건지시며 나를 푸시며 주의 귀를 내게 기울이사 나를 구원하소서!

루터는 1505년에 석사학위를 마친 후 수도원에 들어가게 되었다. 그는 몸과 마음을 하나님께 드렸다는 자부심에서 퍽 만족한 가운데 지내게 되었다. 그러던 중에 그가 예정론(豫定論)을 강의하게 되었는데 이때 그는 그 자신이 하나님의 예정 안에서 택함을 받았는지 못 받았는지 회의가 생기게 되었다. 그리하여 그는 구원의 확신을 얻기 위해 하나님 앞에서 좀 더 진실한 생활을 해보려고 하였다. 그러나 이때에 그는 '주(主)의 의(義)'라고 하는 말이 '의로우신 주'라고 생각하여 그런 하나님 앞에서의 자기의 존재를 의롭지 못한 죄인으로 인식하게 되었다. 그리하여 그는 자기의 육체에 의해 이러한 불의가 발생되었다고 생각하여 극단의 금욕생활로 들어가 금식하며 기도하고 자기의 육체에 고통을 줌으로써 해결해보려고 하였다. 그러나 이렇게 '의(義)로운 하나님' 앞에 진심으로 흠이 없는 생활을 해보려고 하는 동기는 숭고하다고 볼 수 있으나 거룩하신 하나님 앞에 가까이 가려고 하면 할수록 두려워 멀어지는 처지를 고백하였다.

그렇게 약 2년간 고생하다가 어느 날 아침에 시편 71편의 본문을 읽을 때 큰 변화를 체험하게 되었다. "당신의 의(義)로 나를 구원하소서" 하는 말씀이 하나님의 본질이 의롭다고 하는 것이 아니라 그가 우리 인간을 의롭게 하시는 역사(役事)라는 의임을 깨닫게 되었다. 이것은 우리 자신의 힘으로 의롭게 될 수 있다고 하는 것이 아니라 하나님이 우리를 의롭게 인정하심으로 우리를 죄에서 구원하신다는 말씀이다. 그 후 그는 히브리서 11장 1절을 읽던 중에 "믿음은 보이지 않는 것의 증거라는 것"을 통하여 '보이지 않는' 변화를 믿음이 증거한다고 깨달았다. 그다음 그는 로마서 5장을 보다가 "믿음으로 의로움을 얻는다"라고 한 말씀을 읽게 되었다. '믿음'이란 곧 하나님께서 우리를 의롭게 하신 그 역사에 대한 믿음이고 이것을 통하여 우리가 하나님 앞에 의로움을 입는다는 말씀으로 알게 되었다. 그때부터 루터는 믿음으로 의로움을 얻는다는 말을 신앙의 푯대로 삼아 개혁 운동을 전개할 수 있는 원동력을 갖추게 되었다. 이것이 개신교의 기본 교리이다.

우리가 이러한 복음을 전하려면 먼저 믿지 않는 사람의 심정을 잘 이해하여야 하겠다. 이 문제에 대하여 대체로 두 가지 길을 걸어왔다고 볼 수 있다. 장로교에서는 인간의 전적 부패를 주장하였다. 이 말은, 즉 우리의 힘으로는 하나님을 알 수도 없고 그에게 갈 수도 없다는 것이다. 한편 감리교에서는 인간의 자유의지를 주장하여 비록 우리의 이성은 타락했으나 의지에는 아직도 바른 것을 선택할 자유가 있으므로 우리의 결단으로 믿을 수 있다는 것이다. 그러나 절대 부패성을 주장한다고 하면 사람이 복음을 전파할 필요가 없게 되며, 반대로 자유의지를 절대적으로 주장하면 그리스도의 구속의 은총을 약화시킬 위험이 있다.

이 문제를 바로 이해하기 위하여 우리는 다시 개혁자들의 의견을 찾아봐야 한다. 칼빈(J. Calvin)은 믿지 않는 사람의 심정을 분석하여 다음과 같이 말하였다.

> 만약 우리가 하나님이 없다면 우리의 마음이 불안하고, 만약 우리가 하나님이 있다고 하면 우리는 그에 대하여 구체적으로 말할 말이 없다.

이 말이야말로 진정한 경험에서 나온 말이다. 믿지 않는 사람의 극단적 입장에서 나와 입으로는 하나님이 없다고 하면 마음에 평안은 고사하고 불안하게 되며, 그 반대로 인간이 하나님의 계시가 없이 하나님에 관하여 말하고자 하면 아무 말도 할 수 없다. 이러한 처지에 놓인 비신자에게 우리는 복음을 전파하고 있는 것이다.

그러나 우리가 복음을 듣고 믿게 되는 순간에 성부, 성자, 성령, 삼위일체 하나님을 고백하게 된다. 삼위일체 신관은 논리적으로는 불합리한 말이다. 셋이 하나가 아니며 하나가 셋이 아닌 만큼 이 교리는 이론으로는 해석되지 않는다. 그런데 이것이 우리의 신앙의 중심이 되어 믿는 사람의 마음에서 살아 움직이는 것이다. 우리가 예수를 그리스도라고 찾을 때 성령의 감화가 없이는 될 수 없으며 하나님을 우리 아버지라고 부르려면 성자의 구속과 성령의 능력이 아니면 도저히 불가능한 일이기 때문이다.

이러한 삼위의 하나님은 우리의 힘으로 증거하는 바가 아니다. 즉, 우리가 주격이 되고 하나님을 목적격에 처하게 하는 관계가 아니라, 하나님이 우리의 주격이 되시어 우리는 인격적 존재로서 목적격의 위치에 처하여 하나님이 친히 우리를 찾아 주시고 구원하여 주시며 힘을 주어 믿고 살아가게 하여 주심으로 우리는 비로소 건전한 신앙의 길로 나갈 수 있는 것이다.

오늘날 우리의 세계는 고독과 고민 가운데 쌓여 있다. 단자(單子)와 같이 우리는 우리의 모순 속에 갇혀 사르트르(Jean Paul Sartre)의 표현대로 "나갈 문이 없는 인생이다"(No Exit). 이러한 처지에 있는 우리가 우리의 힘으로 하나님을 찾는다는 것보다 우리를 찾아 주시는 하나님을 믿어야 된다. 그는 우리를 위하여 하늘의 영광을 버리고 우리의 형체를 입으시고 자아 모순 속에 갇힌 우리를 이끌어 하나님과 새로운 사랑의 관계를 맺어주셨다.

제 4 장
바울의 기도

여러 계시를 받은 것이 지극히 크므로 너무 자고하지 않게 하시려고 내 육체에 가시 곧 사단의 사자를 주셨으니 이는 나를 쳐서 너무 자고하지 않게 하려 하심이니라 이것이 내게서 떠나기 위하여 내가 세 번 주께 간구하였더니 내게 이르시기를 내 은혜가 네게 족하도다 이는 내 능력이 약한 데서 온전하여짐이라 하신지라 이러므로 도리어 크게 기뻐함으로 나의 여러 약한 것들에 대하여 자랑하리니 이는 그리스도의 능력으로 내게 머물게 하려 함이라(고린도후서 12:7-9).

기도하는 가운데 우리는 마음의 평안을 얻고, 기도로 삶의 용기를 얻을 수 있다. 그러나 우리는 기독교계의 이상야릇한 것들이 기도로 인해서 발생하고, 세상을 놀라게 하였던 기독교의 추태가 모두 기도와 관련하여 나왔다는 사실을 알아야 할 것이다. 기도란 미명 아래 자기 독선에 바치는 그릇된 신념과 정열은 세상을 발칵 뒤집어엎을 만큼 끔찍한 사건들을 유발시켰던 사실을 많이 보아 왔다. 신문 지상에 나타났던 교회의 추태들을 다 열거할 필요는 없지마는 지금도 교회의 한구석에서는 기도에 의한 추태가 여전히 계속되고 있을지도 모른다. 기도가 그렇게 중요한데 기도가 왜 이렇게 수치스러운 것이 되는가가 항상 우리에게 문제가 된다.

기도가 뭐냐, 기도 자체가 잘못되었느냐, 어느 때 우리가 기도하게 되느냐, 어떻게 기도하는 것이 옳으냐는 것이 오늘 우리의 문제이기도 하다.

이 물음은 성서에서 해답을 얻어야 한다. 우리는 첫째, 기도를 수단으로 쓰는 오류를 범하지 말아야 된다. 마음이 갑갑할 때 기도한다. 속이 타면 기도한다. 답답하면 어디엔가 하소연하고 싶다. 그래서 사람들은 달을 향해서 하소연했다. 이것은 시(詩)이다. 사람들은 신비스런 바위나 고목을 향해서 하소연했다. 이것은 샤머니즘이다. 신자들은 하나님 앞에 간구(하소연)한다. 이것은 결코 기도가 아니다. 인간은 자기 안에 무엇이 꽉 차 있으면 이것을 누구하고 이야기해야만 시원해한다. 때로는 친구들이 찾아와 나에게는 별로 흥미도 없는 일을 열심히 털어놓고 후련해하는 모습을 경험하지 않는가? 요즘 심리치료라는 것은 이 방법을 이용하여 돈을 내고 남하고 털어놓고 이야기하는 기회를 마련하는 것이다. 천주교에서의 고해라는 것도 마찬가지이다. 신부에게 모든 죄를 털어놓고 자유함을 얻어보려는 것이다.

그러나 이것이 기도는 아니다. 인간의 본성에 의해서 이렇게 하소연하고픈 것이지 하나님을 향해서 하는 기도는 아니다. 우리는 하나님 앞에 하소연할 뿐만 아니라 하나님에게 나의 문제를 해결해 달라고 기도하는 줄 안다. 우리가 병을 앓을 때 기도하면 낫는다고 믿는 데에 오류가 있다. 하나님이 전지전능하시고 무소부재하시다는 것을 의심할 수는 없다. 하나님이 능치 못한 것이 없다는 것은 의심할 수 없다.

그러나 기도가 능치 못한 것이 없다는 생각은 주의해야 한다. 그것은 기도의 본뜻이 아니다. 하나님은 믿어도 기도를 믿어서는 안 되기 때문이다. 병이 낫지 않을 때 좀 더 심각하게 기도해보려 들고, 좀 더 몸을 괴롭히면서 기도해보려 들지 말자. 기도원에 모여든 정신병자들은 대부분 이러한 기도에 대한 이해가 없는 데서 생긴 신앙의 변태자들이다.

그러면 기도의 바른 이해를 위해서 본문에 의지하여 바울의 기도를 살펴보자.

바울은 그의 속에 하나의 가시를 가졌다고 했다. 가시가 찌르기 때문에 바울은 가시를 치워달라고 기도했다. 그러나 기도가 전능하다면 가시가 없어져야 될 텐데 가시가 없어지지 않았다. 가시를 없애 달라는 기도에 대한 하나님의 응답은 '내 은혜가 네게 족하다'고 했지 '네 가시가 이제 없어졌다'라고 하지 않았다. 하나님의 대답은 완전히 다른 차원에서 주어진 것이다. '하나님의 뜻'대로 이루어진다는 것은 옳지만 기도하는 대로 된다는 것은 아니다.

바울에게 가시가 어째서 문제가 되었는가. 가시가 나쁜 것은 아니다. 나무의 가시는 우리의 손톱과 같아서 그 자체를 보호하며, 네 발 가진 짐승의 발톱은 큰 무기이기도 한 것이다. 장미꽃에도 가시가 있어서 장미의 아름다움을 보호하는 역할을 한다. 우리의 상대방이나 악마의 무리들이 가진 손톱과 발톱과 가시는 무서운 것이지만, 우리 자체 내의 가시는 중요한 것이며 삶을 창조해 가는 역사에는 가시가 필요한 것이다.

바울의 생애에도 살아나가려는데 가시가 자꾸 찌르고 있다. 그러나 인간은 가시와 함께 산다는 것이 하나님의 응답이었고, 이 가시와의 선의의 경쟁과 투쟁을 바울은 은혜로 경험하였던 것이다.

살아가는 데는 언제든지 어디에든지 가시가 있는 법이다. 며느리가 부러워 며느리를 보면 시어머니와의 사이에 문제가 있고, 돈이 소원이어서 돈을 벌고 나면 더 큰 문제가 도사리고 있으며, 무엇이 있으면 무슨 문제가 따르는 등 삶이 있는 곳은 어디에나 가시가 있다. 그러나 이런 가시를 치워달라고 조르지 말아야 한다. 그것은 약자의 비명이기 때문이다. 가시도 있어야 하고 나도 있어야 하며 삶의 용기는 가시와 나 사이에서 이루어지는 것이다.

가시를 밟으면서 앞을 전진할 수 있는 용기를 구하는 것이 기도이고, 때로는 가시에 찔려서 넘어지고 피 흘리면서도 앞으로 하나님이 보여주시는 푯대를 향해 전진하는 것이 그리스도인의 삶이다. 고통과 쓰라림의 깊은 심연 속에서 본연의 자세로 돌아와 하나님과 대화한다는 것, 거기에서 그 쓰라림과 고통을 은혜로 여겨 감사하고 다시금 용기를 얻어 또 일어서서 발걸음을 옮겨 놓을 수 있는 이것이 진정한 기도이다.

기독교는 죄를 두려워한다. 그래서 죄지은 자가 있으면 교회 밖으로 쫓아내려 한다. 얼마나 모순된 생각인가? 결코 죄지어도 좋다는 뜻이 아니다. 죄지은 자를 쫓아버리면 교회는 누구를 구원하겠다는 것인가? 이것은 죄를 미워하는 것이 아니라 죄지은 자를 하나님의 아들로 만들 용기가 없다는 것을 말한다. 죄인은 우리 속에 있어야지 밖에 있으면 안 된다. 기독교는 흑과 백을 가려내려고 필요 이상의 신경을 쓰는 때가 많다. 한국 교회는 그동안 흑과 백을 가리려고 얼마나 불미스런 투쟁을 해왔으며 자기의 신앙이 옳다는 집념이 얼마나 부끄러운 강대상 위의 연출을 하였던 기억들이 아직도 생생하지 않은가.

크리스천의 삶에는 흑과 백이 동시에 있어야 한다. 삶과 죽음이, 선과 악이, 보수와 진보가, 정통과 자유가, 이 세상과 저세상이, 정신과 물질이 동시에 있어야 한다. 삶의 역사 위에서는 흑이 없어지면 백도 없어진다. 삶에는 제한성은 있어도 한계성은 없다. 한국 축구팀이 외국팀과 대전하는 그 그라운드가 삶의 광장이라고 볼 수 있다. 상대편 진영으로 우리의 전선을 밀고 나가는 데 우리의 정열을 바치는 것이지, 적을 없애버리려고 시도한다면 얼마나 어리석은 일이겠는가? 아니면 양 팀의 실력 비중을 어느 한 선에 고정시켜 둘 수 있는 한계성이 있다고 생각하는가?

역동적인 삶의 광장은 여러 가지 부정적인 요인들과 더불어 긴장관계를 가지고 전진하는 것이며, 넘어지며 전진하는 과정에서 우리는 주님의 음성을 듣고 주님과 대화하는 것이다. 상하고 찢김 속에서 주님의 은혜를 체험하는 것이다.

바울의 기도의 다른 한 예를 들어보자. 바울이 기도 중에 삼층천에 올라가 신비한 가운데 하나님과 이야기했다는 기록이 있다. 하늘이 삼층천인지는 모르나 이러한 신비경에서 기도했는데, 바울은 삼층천이 어떻게 생겼다는 말은 한마디도 안 했다. 요즘 기도해서 작은 병이 나았다고 "아, 하나님의 기적"이라고 떠드는 사람을 볼 수 있다. 가시가 치워졌다고 기뻐한다. 바울은 가서 문제가 아니라 좀 더 깊은 하나님의 품 안에서 하나님의 모든 신비한 것을 맛보면서도 기록도 이야기도 하지 않았다.

우리는 하나님의 더 깊은 하나님의 은혜를 봐야지, 은혜의 말초적인 변동에 주목하여 그것이 기도의 전모인 양 생각해서는 안 된다.

기도는 불편한 것, 더러운 것, 아픈 것, 슬픈 것을 족한 은혜로 이기고 살 수 있는 힘을 말하는 것이지, 가시를 치워버리려는 나의 뜻을 말하는 것은 아니다. 기도해서 가시가 치워지는 법은 없다.

그러면 기도는 어떻게 해야 하는 것인가? 여기에서 바울의 애초의 기도가 '하나님의 은혜를 충만히 달라'고 했어야 될 것이다. 그것을 구하지 않고 가시를 치워달라고 할 때 하나님께서 대신 기도해 주셨다.

너의 은혜는 족하니 이기고 살 것을 믿으라는 것이다.

여기에서 우리는 기도의 목표화 기도의 본질을 생각할 수 있다. 기도는 너무 이상하게 신비한 것으로 생각해서는 안 된다. 하나님과 내가 본연의 자세로 돌아가서 하나님 앞에서, 나 자신이 그대로, 하나님 자신이 그대로, 서로 만나는 그 장면을 기도하고 하는 것이다.

기도란 것은 우리가 모든 허황된 생각에 둘러싸여 있고, 모든 나 자신의 이익에 얽매여 있으며, 나 자신의 모든 욕망 속에 갇혀있는 날부터 한번 벗어나서 하나님과 본연의 자세를 가지면서 그와 함께 대화하는 순간이다.

예수님 기도도 역시 "이 잔을 나에게서 치워주소서" 한다. 바울의 처음 기도와 같다. 그러나 주님께서 하나님 대신에 자신이 한 말씀이 있다. "내 뜻대로 마시고, 하나님의 뜻대로 이루소서"라고 했다. 여기서는 어떤 이해관계로 얻느냐 못 얻느냐, 맞느냐 때리느냐의 판결이 아니요 하나님의 뜻 가운데서 우리의 본연의 자세를 찾는, 너무나도 철저한 본연의 자세를 찾는 피 맺힌 대화이다.

하나님 앞에서 구하는 것이 기도가 아니라 하나님 앞에서 나 자신이 나 자신 그대로의 모습을 되찾는 순간이 기도의 순간이요, 그 순간에 펼쳐지는 미래, 촉구되는 행동과 용기, 여기에 따라오는 것이 찬송이요 기쁨이요 쾌락이요 평화이다.

제 5 장
경건의 길

이에 예수께서 제자들과 함께 겟세마네라 하는 곳에 이르러 제자들에게 이르시되 내가 저기 가서 기도할 동안에 너희는 여기 앉아 있으라 하시고 베드로와 세배대의 두 아들을 데리고 가실새 고민하고 슬퍼하사 이에 말씀하시되 내 마음이 심히 고민하여 죽게 되었으니 너희는 여기 머물러 나와 함께 깨어 있으라 하시고 조금 나아가사 얼굴을 땅에 대시고 엎드려 기도하여 가라사대 내 아버지여 만일 할 만하시거든 이 잔을 내게서 지나가게 하옵소서 그러나 나의 원대로 마옵시고 아버지의 원대로 하옵소서 하시고 제자들에게 오사 그자는 것을 보시고 베드로에게 말씀하시되 너희가 나와 함께 한 시간 동안도 이렇게 깨어 있을 수 없더냐 시험에 들지 않게 깨어 있어 기도하라 마음에는 원이로되 육신이 약하도다 하시고 다시 두 번째 나아가 기도하여 가라사대 내 아버지여 만일 내가 마시지 않고는 이 잔이 내게서 지나갈 수 없거든 아버지의 원대로 되기를 원하나이다 하시고 다시 오사 보신즉 저희가 자니 이는 저희 눈이 피곤함 일러라 또 저희를 두시고 나아가 세 번째 동일한 말씀으로 기도하신 후 이에 제자들에게 오사 이르시되 이제는 자고 쉬라 보라 때가 가까웠으니 인자가 죄인의 손에 팔리우느니라 일어나라 함께 가자 보라 나를 파는 자가 가까이 왔느니라(마태복음 26:36-46).

　　종교는 극한상황보다는 한계상황에 속한 것 같다. 대립에서 오는 긴장이기보다 더 나갈 수 없는, 더 보이지 않는 인간의 한계에서 생기는 현상인 것 같다. 겟세마네 동산에서 예수께서는 죽음의 극한문제에 부딪히고 있었다. 그는 이 심각한 문제 때문에 피땀을 흘리셨다. 그러나 그것은 아직 생의 한계 내에서의 문제이다. 살았기 때문에 죽음의 위협에 공포를 느낀 것이다. 삶의 테두리 내에서 닥친 공포의 소재지이지 하나님을 만나는 곳은 아니었다.

　　예수께서는 겟세마네에서 말씀하시길 "이 잔을 나에게서 떠나게 하옵소서. 그러나 나의 뜻대로 할 것이 아니라 당신의 뜻대로 하옵소서"라고 하였다. '내' 뜻과 '당신'의 뜻, 이것은 '우리'의 뜻으로 풀이되기보다 대조되어 어느 것이 올바른 것인지 가려내기 힘들게 역리적으로 얽히고, 갈등으로 얽혀있다. 이 앞에서는 이성이 약해지고 무기력하여, 무엇이 옳다고 알 것 같기는 하나 그대로 따를 힘은 없어 갈등에 대한 갈등을 보이게 된다. 아무리 마음을 가다듬는다고 하더라도 굿하는 여인의 머릿결같이 난맥(亂脈)이 되게 마련이다. 여기에서 미래를 내다보려고 하나 강한 충격으로 시력을 상실하게 된다. 그때 무엇이 보인다면 속에서 자라난 공포의 미래상밖에 떠오르지 않는다. 여기에 우주는 부피도 없고 앞뒤도 없으며 위아래도 있을 수 없는 하나의 흑점으로 보이게 된다. 이것이 한계상황이다.

　　우리가 한계상황에서 하나님을 만난다고 할 수도 없다. 하나님께서 우리를 만나주신다면 여기서 그를 보게 될 것이다. 대부분 우리는 이 한계상황에 이르면 하나님을 당연히 만나게 될 것이라고 기대한다. 그러나 그곳은 만남의 장소이지 만남의 대상은 아니다. 때로 사람이 이에 희망을 두고 온 힘으로 순교자적으로 몸을 던지기도 한다. 그러나 이곳은 하나님을 만나게 해주지는 못할 것이다.

겟세마네에서의 주님은 하나님의 임재하심을 느꼈다. 하나님께서 그곳에서 예수께 오시었다. 하나님과 만난 곳이다. 여기에는 전에 있었던 열띤 죽음의 항변도 들리지 않았고 침묵이 있을 뿐이다. 예전에 모세는 바로에게 쫓겨 광야로 피해갔다. 그때 우레와 폭풍이 있었으나 그곳에는 하나님이 계시지 않았다. 잔잔하고 고요한 가운데 모세의 문제를 풀어주었다기보다 경건이 무엇이고 경건해야 할 것을 먼저 알려주셨다. 그리고 그 경건의 대상은 "나는 곧 나노라" 함을 알려주시고 인간의 요청이라기보다 사랑의 하나님께서 악을 미워하는 데서 스스로 구원하기를 작정하시고 시행하는 것임을 알려주셨다.

하나님은 욥에게도 같은 모습으로 나타나 주셨다. 욥은 자기의 유복하고 의로움을 의식하고 있던 사람이다. 그는 마귀의 시험으로 잘못도 없이 모든 것을 잃게 될 때 하나님을 원망하지 않은 것까지 의식하고 있는 사람이다. 그런 의미에서 하나님이 계신다면 이런 무리한 불행이 있을 수 없다고 믿고, 이것을 하나님께 퍼부어 보려고 마음먹고 있었다. 그러나 하나님께서 그에게 나타났을 때 문제의 해답을 얻었다기보다 문제가 해소되어버리고 말게 되었다. 극한상황에서 울부짖던 문제란 '인간적인, 너무나 인간적인' 물음이었다. 종교의 경지에 있지 못했을 때의 물음이다. 하나님이 답을 주어야 할만한 성격의 문제가 아니다. 그 앞에서는 햇빛 아래의 안개처럼 사라져버리게 된다. 우리의 많은 문제를 '주님'께 고하며 값싼 해결을 보려고 하는 태도는 아직도 잔재하는 봉건영주에게 생존을 의탁한 농노들의 생태가 아닌지 반성하고 싶다.

하나님이 임재하신 곳에서는 우리의 문제가 우리 속에 얽힌 갈등으로 인하여 맺혀진 것을 알게 된다. 하나님을 우러러볼 때 나의 마음 속에 갈등이 시야를 주름잡고 있음을 깨닫게 된다. 그러나 때로는 우리의 흐려진 눈으로 하나님을 바라볼 때 하나님도 그러한 문제에 걸쳐있는 것으로 보이게 된다. 성서를 보면 때로 두 극단의 말이 다 적혀있음을 보게 된다. "너희는 소금이 되라… 너희는 세상의 빛이다"라고 하였다. 소금은 음식에 스며 자취를 감추면서 봉사하는 것이요, 빛은 등잔 위에 놓여 몸을 드러내어 세상을 밝게 하는 것이다. 노출되어 봉사하느냐, 소리 없이 사라져 섬겨야 하느냐? 한 성구 속에 두 가지 말이 있는데 이것이 갈등으로 얽힌 구도인의 마음에 비칠 때 갈등 관계로 보이게 되는 것이다. 그렇게 보이는 것이 그렇게 생기지 않을 수 있다. 그러나 갈등 관계로 보이게 될 때 우리는 인간의 한계에 이르러 더 나아갈 수 없는 경지에 속하였음을 상기해야 할 것이다. 이와 같이 하나님을 사랑이라고 또 의로우시다라고도 한다. 의로우시며 악을 꾸짖으신다고 말하고, 사랑하시며 악을 용서하신다고 한다. 사랑과 의로우시다 함을 우리의 갈등으로 일그러진 마음으로 보면 하나님도 내적 갈등을 지니고 있는 것 같이 생각하게 된다. 그러나 우리가 우리의 한계상황의 심정을 의식하는 데서 이 모순을 우리의 지각 세계의 반영이지 하나님 자신 속에 있는 갈등으로서는 볼 수 없다. 따라서 하나님의 속성이 갈등으로 얽혀있지나 않을까 하는 물음도 하나님을 만나는 순간 사라지고 말게 된다. 거기서 비로소 하나님다운 하나님을 모시고 그의 말씀을 들을 수 있게 될 것이다.

이 인간의 한계는 그의 경험에 따라 성장하기도 한다. 먼 수평선이 마치 하늘과 땅이 닿아있는 것같이 보여 그곳으로 접근해 나가면, 가면 갈수록 뒤로 밀려가게 된다. 이와 같이 우리의 경험이 적은 데서부터 커지고 복합될 때 그 한계도 역시 넓어지게 마련이다. 넓어질 수는 있으나 가도 가도 하늘과 땅이 맞닿아 있는 곳은 존재하지 않는다. 수평선에 가서 본다 해도 하늘은 위에 있을 것이요 땅은 아래에 있을 것이다. 나의 지각 세계에서 엮어놓은 한계를 늘여 볼 수는 있으나 밖에 놓인 것에 대한 우리의 주장은 역시 경건으로 일관하게 마련이다.

제 6 장
칼빈의 신앙과 우리의 생활

교회사를 전체적으로 보면 칼빈처럼 하나님의 말씀을 사랑하며 귀중히 여긴 분이 드물다는 것을 깨닫게 된다. 여기서 내가 바라는 것은 그의 사상을 기념하는 가운데서 우리가 걸어야 할 길을 바로 찾고 또한 혼란한 가운데서도 칼빈처럼 하나님 말씀에 좀 더 가까이 살 수 있었으면 하는 것이다. 이러한 의도에서 오늘 나는 "칼빈의 신앙과 우리의 생활"이라는 제목을 가지고 여러분과 함께 생각을 나누고자 한다.

1. 칼빈의 생애

먼저 저는 칼빈의 생애를 간단히 소개하고자 한다. 존 칼빈(John Calvin)은 1509년에 프랑스 파리 동북쪽에 있는 노용(Noyon)에서 출생하였다. 그의 아버지는 그 지방의 감독의 법률고문이었다. 그리하여 그는 적당한 수단으로 자기 아들로 하여금 교직자로 만들어 이 직책에서 나온 봉급으로 학비와 생활비를 얻도록 하였던 것이다. 그는 파리대학에 가서 공부하게 되었는데 여기서 주로 철학과 수사학을 공부하였다. 오늘날에 있어서는 사람들은 이러한 학과에 별로 관심을 가지지 않으나 그때에는 매우 중요한 과목의 하나였다. 그러나 그때 아버지와 감독과의 사이에 분쟁이 있게 되어 신학을 공부하여 교직자가 되는 것보다 법률을 공부하여 교회 법률가가 되는 것이 좋겠다고 하는 아버지의 요청으로 말미암아 칼빈은 법률을 공부하기 시작하였던 것이다. 1528년 19세가 되는 해에 칼빈은 파리대학 법과를 졸업하고 계속하여 연구 생활을 하였다. 이 기간에 그는 세네카의 『관용론』을 주해하였는데 이 일로 인하여 높은 인기를 차지할 수 있었다. 다시 말하자면 그의 문학적 소질이 청년기부터 드러났던 것이다.

이 책을 쓴 지 얼마 안 되어 그는 자연스럽게 문예계의 신진들과 접촉하게 되었는데 그들은 주로 개신교적 경향을 가진 학자들이었다. 거기서 그는 개신교를 배우게 되었으며 이어서 1532년으로부터 1533년 사이에 회심의 체험도 얻었다. 그러나 이 체험에 대하여 별로 설명하지 않고 다만 이런 일이 있었다고만 한 것으로 보아 드러내는 성격의 사람이 아니라 신념 속에서 살아보려는 사람이었던 것을 충분히 짐작할 수 있다.

이 신진 인물들과 함께 칼빈은 개혁자들이 독일에서 성공적으로 혁신한 것을 보고 모국에서도 그와 같은 운동이 있기를 바라고 추진하다가 결국 실패하게 되어 부득불 1534년에 국외로 망명하여야 할 운명에 이르렀다. 이때 국내에서는 개신교도들이 무슨 일을 저지를 것이라고 하여 구교는 흥분한 가운데 박해를 시작하여 적지 않은 개신교도들의 생명을 빼앗았다. 칼빈은 이 박해에서 친구 데라 포지(Estienne de La Forge)를 잃었는데 그의 정신적인 타격은 이만저만이 아니었다.

그다음 해인 1535년에 프랑스와 독일 사이에 전쟁이 일어났다. 이 두 나라의 왕은 모두 다 구교인이었다. 그러나 프랑스의 왕은 독일의 유력한 제후들이 개신교도들인 것을 알고 이것을 이용하여 프랑스에서 있었던 박해는 사실 소위 개신교도들이란 자들이 정당한 신도들이 아니고 과격파들이어서 박해하는 것을 국왕으로써 용인한 것이라고 하였던 것이다.

칼빈으로서는 자기의 친구와 동료들이 폭력에 희생당한 것만 해도 참을 수 없이 분하였는데 이 같은 괴변으로 그들의 충성스러운 영혼을 모독하는 데 대하여 더 용인할 수 없어 1536년 37세 되던 해에 『기독교강요*Institute of Christian Religion*』를 저술하여 개신교도들의 정당성을 변호하였던 것이다. 물론 그 내용에 있어도 장로교의 기초가 되었지만, 문학적으로도 라틴문학에 공헌한 바가 크며 1541년에 자기가 친히 모국어로 번역한 것은 프랑스어를 형성하는 초기에 있어 큰 업적을 남긴 역작이었다.

칼빈이 스위스로 망명 갔을 때 거기서 그는 파리대학의 동창인 화렐(Farel)을 만났다. 화렐은 이때 벌써 제네바를 개신교의 도시로 만들어 놓았다. 그러나 그는 혼자서 사태를 수습하기가 벅차서 칼빈에게 동역해주기를 요청하였다. 칼빈은 뜻밖의 일이어서 다소 주저하였으나 해야 할 일이라고 생각하고 흔쾌히 협조할 것을 승낙했다. 1536년으로부터 1538년에 이르기까지 그들은 약 2년 동안 열심히 일하였으나 아직 젊고 높은 이상에서만 살아온 탓으로 다소 지나친 방법을 사용하게 되었는데 이로 말미암아 그들은 잠시 추방을 당하여야 했다. 2, 3년 후에 그들을 동정하는 사람들이 득세하게 되자 그 두 사람은 다시 돌아올 수 있게 되었다. 그리하여 칼빈은 여기서 1541년으로부터

1564년의 임종 시까지 전생을 바쳐 개신교에 공헌을 남겼던 것이다. 그는 거기서 처음으로 개신교 대학을 창설하고 많은 학자와 개혁자들을 배양하고 여러 지방에 파송하여 개혁운동을 조직적으로 전개시켰던 것이다. 이러한 사실로 보아 칼빈은 개인 자격으로 자기 영혼이 구원 얻었다는 데서 만족하지 않고 좀 더 나아가 동지를 모으며 제자를 양성하여 조직적이고 연속성 있는 일을 하신 분이라는 것을 알 수 있다.

2. 칼빈의 신앙

이상과 같은 생의 배경을 중심으로 해서 칼빈이 믿는 바를 그의 거작 『기독교강요』를 통하여 소개하고자 한다.

먼저 칼빈이 하나님을 어느 정도로 경외하였는가를 알기 위해서는 그가 하나님의 존엄성을 어느 정도로 설명하고 있느냐 하는 데서 알아볼 수 있다. 나는 강의실에서 학생들에게 "칼빈은 하나님을 어느 정도로 존엄하다고 하였을까?" 하고 질문한 적이 있다. 학생들은 "제일 존엄하시다고 하였겠지요"라고 대답하였다. 나는 또 물었다. "그러면 제일 존엄하단 말은 어느 정도를 의미하는 것이냐?" "최고로 존엄하다는 말입니다." "그러면 최고로 존엄하다는 것은 무슨 뜻이냐?" "그것은 제일 존엄하다는 뜻입니다" 하고 묻고 대답하였다. 그들의 정도로는 이 이상 더 대답이 나오지를 않는 모양이었다. 그런데 '제일'이나 '최고'라는 말은 아직 기분의 표현이요 무엇에 의하여 내용을 가진 말은 아니다. 칼빈은 이 문제에 대하여 말하기를 "하나님은 너무 존엄하시어 우리로서는 그의 본질을 감히 추측할 수 없다"라고 하였다. 인간 스스로는 하나님을 도저히 알 수 없으나 하나님께서 그리스도를 통하여 우리에게 알려주심으로 비로소 하나님을 알게 된다고 말하였다.

둘째로 칼빈은 어느 정도로 하나님께서 우리에게 자신을 알려주셨는가 하는 계시의 범위에 대하여 또한 우리에게 새로운 것을 보여주었다. 그는 말하기를 하나님께서 우리에게 자기 자신, 즉 자기의 본질을 알리신 것이 아니고 다만 우리와 관련된, 즉 우리와의 관계에 한하여 알려주셨다고 하였다. 예를 들어 "하나님은 거룩하시다"라고 해 보자. 이 말은 하나님의 본질이 거룩하시다는 말이 아니다.

개신교에서는 루터(Martin Luther)로부터 다음과 같이 생각했다. 루터는 말하기를 사람들이 하나님께서 거룩하시다고 생각할 때 그는 자연히 그 거룩하신 하나님 앞에 거룩하지 못함을 느끼게 된다고 하였다. 또한 사람이 하나님을 가까이하고자 할 때 하나님이 그와 상반됨을 느끼게 되어 부득불 멀리 피할 수밖에 없게 된다고 하였다. 그러므로 이러한 인식 착오로 이상야릇한 경지에 빠져있게 되는데 이것이 바로 율법주의 시기에 놓여 있는 생활상태라고도 볼 수 있다. 루터가 이러한 고민을 몸소 겪고 나서 새로이 얻은 것이 있다고 하면은, 하나님께서 거룩하시다는 것은 그의 본질을 말하는 것이 아니고 그가 우리를 거룩하게 하시는 하나님이라는 것을 알게 되었던 것이다. 그러므로 우리는 거룩하게 하시는 하나님을 두려워서 피할 것이 아니다. 오히려 우리는 하나님에게 나아가 그의 거룩하게 하심을 입어 하나님과 새로운 관계를 맺어야 할 것이다. 그러므로 우리는 하나님의 본질이 어떻다고 머리로써 추상할 것이 아니라 하나님의 구원을 체험하고 그와 신앙의 관계를 맺고 그 새로운 관계를 성서에 쓰여 있는 대로 바르게 이해해야 할 것이다. 이것이 신교의 기본 교리가 되어 혁신을 일으키는 힘의 원천이 되었던 것이다.

칼빈도 하나님에 관하여 루터와 같은 노선을 취하였다. 이 신관에 대하여 여기서 더 설명하지 않겠고, 이제부터 하나님과 인간과의 관계에 대하여 말하고자 한다. 이 문제를 4단계로 나누어서 설명코자 하는데 그 첫째는 에덴동산에서의 원시적인 신인 관계요, 둘째는 타락, 즉 하나님과 인간의 분리요, 셋째는 하나님과 사람과의 관계가 어떻게 복구되는가에 대한 구원이요, 마지막으로 구원받은 사람들의 생애에 관하여 차례대로 설명하게 될 것이다.

2.1. 하나님과 인간과의 본연적 관계

하나님이 에덴동산에서 사람을 창조한 것은 그가 사람을 이처럼 사랑하신다는 표현이다. 하나님은 우리를 자신의 형상대로 지으셨다고 하셨다. 지극히 존엄하신 하나님께서 사람만을 자기의 형상대로 지으셨다고 하신 것이다. 칼빈은 하나님이 이처럼 우리를 지으셨다는 점을 대단히 강조하였다.

하나님은 자기 형상대로 만든 사람을 그대로 내버려 두는 것이 아니고 계속하여 섭리하신다고 칼빈은 역시 역설하였다. 하나님의 섭리에 관하여 설명하기 전에 먼저 우리가 이것을 어떻게 설명하고 있는가를 찾아보는 것이 좋다고 생각한다. 첫째로 섭리를 기계화하는 잘못을 저지르고 있는 것이다. 하나님께서 전지전능하시다는 것을 전제로 하여, 못하시는 것이 없이 다 관할하신다고 하여 사람은 다만 수동적인 기계에 불과한 것으로 생각하는 사람들이 있는 것을 보게 된다.

위에서 하나님의 형상을 말할 때는 하나님이 인간을 이처럼 사랑하신 다고 하였는데, 여기에서 섭리를 논할 때 기계라고 말한다면 전후가 모순되는 것이다. 이와 같이 기계적인 운명과 살아계신 하나님의 섭리를 혼동하는 데서 우리는 많은 오해를 개입시키고 있었던 것이다.

섭리를 기계적으로 보는 데서 인간의 동기를 무시하게 되는데 그렇다면 인간이 범하고 있는 죄의 책임도 기계적인 사람이 질 것이 아니라 기계를 운전하는 자가 져야 할 것이다. 그 결과는 하나님을 죄의 책임자로 보아야 하는 것이 된다.

또한 섭리를 기계적으로 보게 되면 그 섭리는 불변하리라고 생각하게 될 것이다. 그러나 하나님의 섭리가 변하신다는 것을 칼빈은 성서적으로 우리에게 보여주었다. 예를 들면 하나님께서 히스기야왕에게 선지자 이사야를 보내어 곧 죽을 것이라고 말씀하셨다. 이 말씀을 듣고 왕이 슬퍼 벽을 향하여 애곡할 때 하나님께서는 선지자를 다시 보내어 15년간 더 살 것을 알려주셨던 것이다. 하나님은 여기서 섭리하시면서 또 그 섭리를 돌리기도 하셨다. 기계적이라면 변치 않아야 한다. 이렇게 생각하면 하나님의 섭리는 변치 않는다고 해야 하겠는데 사람은 기계화되고, 그 반대로 섭리는 변한다고 하면 섭리가 섭리로 성립되지 않을 것이며 따라서 변화가 심한 것이라는 비난을 받게 된다.

칼빈은 섭리가 섭리 자체를 위하여 있는 것도 아니요 인간을 위하여 무한정 변하는 무엇도 아니라고 하였다. 섭리는 어떠한 목표가 있어 움직이는데 곧 우리 마음속에 있는 하나님의 형상을 완성하여 인간다운 인간을 형성하는 목표를 달성하기 위하여 움직이고 있다고 알려주었다. 하나님은 이 목표를 이룩하시기 위하여 모든 것을 조정하신다는 것이다. 이것으로써 우리는 에덴동산에서의 하나님과 인간 사이에 있는 정상적인 관계를 보았다.

2.2. 하나님과 인간과의 분리

칼빈은 인간이 타락하여 하나님과 사이가 멀어졌으며 이로 인하여 생긴 원죄로 인간은 전적으로 타락하였다고 했다. 우리는 흔히 이 '전적 타락' 혹은 '전적 부패'라는 말을 문자 그대로 해석하여 오늘날 교회 청년들이 기도할 때 "지극히 큰 죄인을 용서하옵소서" 하는 말을 늘 듣고 있다. 그러나 교회 안에서 깨끗이 자라 극히 적은 물건 하나 훔쳐보지 못한 사람으로서 이런 기도를 드릴 때 그 진실성이 의심스럽다. 어떤 면으로 보아 이 전적 타락이란 교리를 곡해하는 데서 온 것이라고도 생각된다.

칼빈이 말한 전적 타락이라는 말은 사람이 몇 부분으로 구성되었는데 그 부분마다 모두가 죄로 인하여 파괴되었다는 말이다. 칼빈은 사람을 두 부분으로 구성되었다고 보았다. 즉, 혼과 육이다. 살았을 때는 이 둘이 같이 있다가 죽으면 분리하여 혼은 영으로 천국에 가서 쉬고 육은 흙으로 돌아간다고 하였다. 그는 영과 혼을 따로 떼어 보지 않고 그것을 두 상태로 해석하였다. 그런데 그는 이 혼을 이지와 의지로 재분해하였다. 타락하기 전에는 이 두 부분은 조화되어 마음에 원하는 것을 행하였고, 바르다고 생각하는 것을 실현하였다. 그러나 타락한 후에는 '내가 원하는 것은 행하지 못하고 오히려 원치 않는 것을 행하고' 있는 '곤고한 혼재'로 변하였다. 이렇게 내적 분열을 가진 인간을 가리켜 전적으로 타락하였다고 하는 것이다.

칼빈은 인간이 전적으로 타락하였다고 하였는데 그러면 이 상태에 놓인 인간은 어느 정도로 하나님을 알고 있느냐 하는 데 대해서 말하고자 한다. 만일 전적으로 하나님을 모른다고 하면은 죄의 책임이 무지한 데서 오는 이상 우리의 과오가 아니라고 보아야 할 것이다. 이에 대하여 칼빈은 "사람이 만일 하나님이 있다고 하려면 무엇이라고 할 말이 없게 되고 하나님이 없다고 하면 마음 불안에 잠기게 된다"라고 말하였다. 칼빈은 참으로 믿지 않는 자의 심층 심리를 투시하는 듯하다. 이것은 불신자의 심정을 적절하게 묘사한 것이다. 그들이 내적인 부조화로 불안과 공포에 갇혀있는 상태를 마치 우리가 눈으로 보고 체험하는 것처럼 생생하게 우리에게 보여주는 것이다.

2.3. 복구된 하나님과 인간의 관계

칼빈은 우리가 만세 전부터 택함을 받아 구원을 얻는다고 하였다. 우리가 타락한 후에 예정한 것이 아니라 역사가 시작되기 전에 우리를 구원하시기로 결정하셨다는 것이다. 그러면 우리의 자유의지가 묵살되지 않았을까 하는 문제가 일어난다. 그것도 문제이지만 자유의지가 없는 한, 죄의 책임도 우리에게 없을 것이고 또한 사람으로서 하나님께 구원을 요청할 필요조차 없을 것이다. 그러나 전에 말한 것과 같이 칼빈은 인간성을 투철히 이해하고 인정하였다. 이렇게 서로 조화가 없는 것을 다 승인하고 있다는 것은 그가 그리스도를 믿는 까닭이라고 볼 수 있다. 그는 하나님이 사람의 몸을 취하시어 영원과 시간의 조화를 가져왔다는 것과 또한 거룩하신 하나님으로서 죄악으로 물든 인간을 구원하신 사건을 믿었던 것이다. 이 그리스도를 믿는 데서 그는 하나님의 절대성과 인간의 자유의지를 조화시켰던 것이다.

칼빈은 예정으로 구원에 이르는 것으로 충분하다고 하는 구원 중심의 교리를 따르지 않고, 예정은 우리로 하여금 하나님과 바른 관계를 맺게 하며 우리 속에 있는 하나님의 형상을 회복시키며 또한 섭리에 따라 인간으로 하여금 완전한 상태에 이르게 하는 것이라고 주장하였다. 또한 그는 예정과 섭리를 연결시켜서 우리로 하여금 믿음과 소망이 있는 생애를 가질 수 있도록 가르쳐 주었다.

예정 받은 사람은 믿음으로 의롭다고 인정을 받게 된다. 그런데 믿는다는 것은 인간 측에서 믿고 있느니만치 우리의 노력이 섞여 있다고 할 수 있는데 그렇다면 칭의는 완전히 은혜로 되었다고 할 수 없을 것이다. 칼빈은 믿음으로 의롭게 됨에 있어서 어느 정도로 인간의 노력이 섞여 있는가를 설명하기 위하여 마가복음 9장에 있는 실례를 들어 말했다. 그 이야기는 이렇다. 간질병에 걸린 아이의 아버지가 별의별 약을 다 써보았으나 아무런 효과도 얻지 못하였다. 마지막에는 예수님을 찾아와서 자기 아들의 병을 고쳐주기를 간청했다. 그때 예수께서 말씀하시기를 "믿는 자에게는 능치 못한 일이 없느니라"고 하였다. 그 아버지는 "내가 믿나이다. 나의 믿지 못함을 도와주소서" 하고 대답했다. 그러면 이 말이 믿는다는 말인지, 믿지 못한다는 말인지 말의 모순이 있는 것 같다. 칼빈은 오직 사람의 힘으로만 믿으려고 하면 믿지 못할 조건들이 섞여 있어 도저히 믿을 수도 없고 믿지 않을 수도 없는 모순 속에 빠진다고 하였다. 사람의 힘으로만 하나님께 나아가려는 것은 플러스와 마이너스가 비약되고 말기 때문에 노력이면서도 노력이 아닌 노력이 되고 만다는 것이다.

그 아버지의 믿으려고 하는 노력이 그리스도를 만난 데서 내용을 얻었고 힘을 얻게 된 것처럼 믿으면서도 못 믿는 환경에 놓여 있을 때 그리스도의 임하는 은혜가 그 사태를 해결해주시는 것이다. 그러므로 그리스도 안에서 다시는 모순에 사로잡히지 않을 것이다.

칼빈은 우리가 항상 말하고 있는 그리스도의 구원과 이 구원에서 오는 칭의를 해명하였을 뿐만 아니라 칭의를 통하여 우리에게 미치는 영향까지 설명하였다. 또한 우리는 그리스도 안에서 우리의 분리된 이지와 의지를 다시 조화시켜 새사람이 되어서 하고자 하는 것을 하며 원치 않는 것을 하지 않는 조화있는 건실한 인간이라는 것을 칼빈은 우리에게 알려주었다.

2.4. 소명의 적합한 생활

구원받은 사람은 구원으로 만족할 것이 아니라 한 걸음 더 나아가 하나님의 섭리를 따라 완전을 기하는 부르심의 적합한 생활이 있어야 하겠다. 그러므로 우리는 개인의 구원에 만족하는 개인주의에서 떠나서 거룩함을 서로 추진시키는 성도의 교제를 가져야 하겠다. 우리는 개인 자아를 버리고 교회에 모여 세상을 성화해야 하겠다. 그런데 교회의 표준은 하나님의 말씀을 올바로 전하고 성례를 베푸는 데 있다고 하였다. 오늘날 우리 교회가 반목과 질시로 말미암아 교회 분열의 위기를 앞에 두고 있는 바로 이때 우리는 다시 칼빈의 정신으로 가야 할 줄로 안다. 교회에서 하나님의 말씀을 전하며 경건한 성도들에게 성례를 베풀고 있는 한, 우리는 결코 가를 수 없는 것이다. 이러한 표준이 없이 분리한 것은 허용할 수 없는 것이다.

성도의 책임으로서 칼빈은 일반 정치에도 관심을 가지라고 하였다. 그렇다고 해서 목사가 정치가가 되라는 것은 아니다. 그는 교회와 국가를 내외로 갈라 교회는 하나님의 말씀으로 국가의 나아갈 길을 바로 인도할 것이요, 한편 국가는 하나님의 말씀대로 악을 제거하고 선을 조장하는 데서 신정(神政)을 완성할 것이라고 하였다.

칼빈의 모든 교리를 하나로 묶어보면 그는 분명히 "하나님이 세상을 이처럼 사랑하사 독생자를 주셨으니 누구든지 그를 믿으면 멸망치 않고 영생을 얻으리라"고 한 말씀으로 일관되어 있는 것을 볼 수 있다. 하나님의 사랑이 우리를 선택하셨으며 그리스도를 보내주시어 우리를 구원하셨다. 구원을 받은 우리는 하나님과 형제를 사랑하는 마음으로 교회와 국가에 봉사해야 할 것이다.

찾아보기